U0601535

寶刻叢編

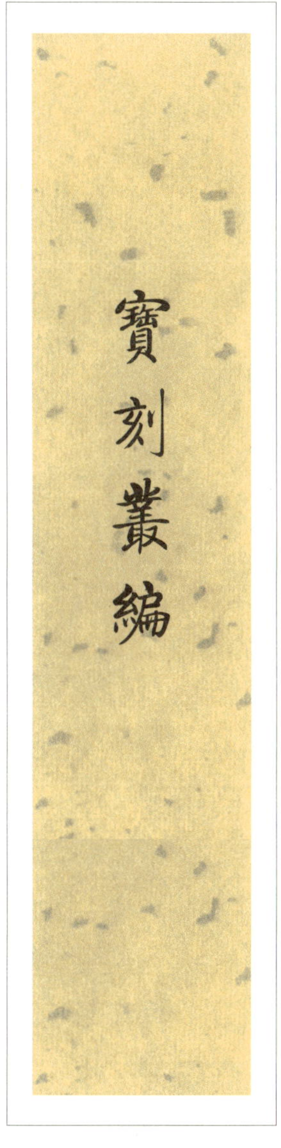

寶刻叢編

〔宋〕陳思 輯

1

中華書局

圖書在版編目（CIP）數據

寶刻叢編：全 2 册 /（宋）陳思輯 .— 北京：中華書局，2015.11

ISBN 978-7-101-11289-4

Ⅰ. 寶… Ⅱ. 陳… Ⅲ. 碑刻—彙編—中國—古代 Ⅳ. K877.42

中國版本圖書館 CIP 數據核字（2015）第 237728 號

責任編輯：徐　蜀　靳艷君
封面設計：蔡立國

微信

新浪微博

寶刻叢編

（全二册）

〔宋〕陳　思　輯

*

中 華 書 局 出 版 發 行

（北京市豐臺區太平橋西里 38 號　100073）

http://www.zhbc.com.cn

E-mail:zhbc@zhbc.com.cn

三河弘翰印務有限公司印刷

*

889×1194 毫米 1/16 · 81⅝印張

2015 年 11 月北京第 1 版　2015 年 11 月三河第 1 次印刷

定價：1200.00 元

ISBN 978-7-101-11289-4

出版説明

金石碑刻，以其内容的豐富性和真實性，可補充傳世文獻之缺略，訂正正統史傳之訛誤，是學術研究的重要文獻。然而，「金石有刻，示傳遠也，世歷漫久，或淪於水火，或毁於兵革，或駁於風雨之餘。於是乎所以傳遠者，亦有時而窮，獨拓本僅存於好事者之篋笥，是則金石之堅，反不逮幅紙之壽，然幅紙因人而存，聚者必散，又豈足恃哉？」（《寶刻叢編》序）正鑒於此，陳思輯著《寶刻叢編》一書。

陳思（生卒年未詳），臨安（杭州）錢塘人，南宋書商，理宗時，官至成忠郎、國史實録院秘書省搜訪。性嗜古，好搜古籍以藏，又設書肆於都城棚北大街，亦將所藏古本，板刻梓行。陳氏所刊之書，雕刻精良，書後大多刻有「臨安府棚北大街陳氏書籍鋪刊行」等牌記，爲歷代藏書家所珍視。著名藏書家陳振孫於《寶刻叢編》序中有云：「都人陳思儥書於都市，士之好古博雅，搜遺獵忘，以足其所藏，與夫故家之淪墮不振，出其所藏以求售者，往往交於其肆。且售且儥，久而所閲滋多，望之輒能别其真贋……」陳思，終其一生，與書爲伍，善辨識，旁搜博徵，勤於著述，編著《書小史》《小字録》《書苑英華》《海棠譜》《兩宋明賢小集》等。

《寶刻叢編》二十卷，著録自秦代石鼓文到五代石刻文字的目録，亦包含少量銅鉦、銅鐘、鐵器銘文，另選部分發帖入書，內容豐富詳實。全書石刻首以《元豐九域志》所載京府州縣爲綱，後依年代先後爲據，順序排出。石刻地理明確者，按各路編纂；所在地未詳者，附録卷末。較之王象之《輿地碑目》，《寶刻叢編》囊括地域更廣。陳思將河、淮以北石刻收入書中，因而，此書成爲宋代石刻目録諸書中較爲完備的一種。每條石刻名稱之後，列有《集古録》《金石録》《隸釋》《隸續》《諸道石刻録》《訪碑録》《京兆金石録》《南豐集古録》和《資古紹志録》等書的各家題識，對相關石刻作補充説明。上述諸書多有亡佚，《寶刻叢編》保存之功不待自言。

此書完成之後，屢經傳抄，遺失較多，至清代已無完帙，更有卷者内容全佚，衹存目録。現今能見刻本，除《四庫全書》本外，尚有道光吴式芬刻本和光緒陸氏十萬卷樓刻本。

此次影印《寶刻叢編》所用底本爲國家圖書館藏清抄本，存卷一至十、十二至十五、十八至二十。原書高二十七點五釐米，寬十七點五釐米，版框高二十點四釐米，寬十四點五釐米，每半葉十行，行二十字，黑口四周雙邊；卷八起十行二十字，無格。此底本字跡工整，清晰可辨，便宜閱讀。是書原稿共分八册，首册卷端鈐有「故宫邢氏珍藏善本」朱文長方印、「邢之襄印」朱文方印。邢之襄，現代著名藏書家，收藏甚富，尤好古籍，以購珍本稱於故都，與張元濟、傅增湘齊名，曾將多種善本贈與國家圖書館，《寶刻叢編》即在其列。故此可見，此書具有較高的文獻價值和版本價值。

服務學術是中華書局的一貫原則，願是書的出版，能夠便利讀者、嘉惠士林。

中華書局編輯部

二〇一五年十月

目録

欽定四庫全書提要

寶刻叢編

宋陳思撰思臨安人所著小字録前有結銜稱成忠郎緝熙殿國史實録院祕書省搜訪又有海棠譜自序題開慶元年則理宗時人也是書蒐録古碑以元豐九域志京府州縣為綱其若刻地理之可考者案各路編纂未詳所在者附於卷末兼採諸家辨證審定之語具著於下今以元豐九域志及宋史地理志互相參核其中改併地名往往未能畫一即卷內所載與目録

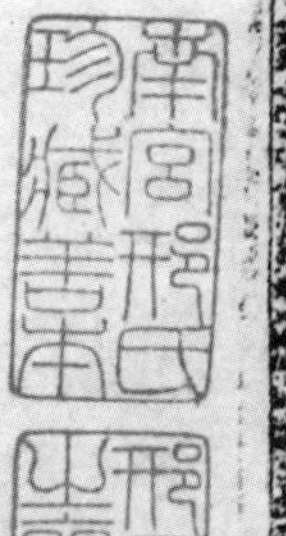

所題亦不盡相合如目稱鎮江而卷内稱潤州目稱建康而卷内稱昇州之類不一而足蓋諸家著録多據古碑之舊額思所編次又皆仍諸家之舊文故有是譌異至於所引諸家不稱某書某集但稱其字如蔡君謨王厚之之類又有但稱其别號如碧岫野人養人浩書室之類甚不知為何人者尤宋元坊肆之陋習然當南北隔絶之日不得如歐趙諸家多見拓本而能紬繹前聞博稽方志於徵文考獻之中寓補葺圖經之意其用力良勤且宋時因志地而兼志碑

刻者莫詳於王象之輿地碑目而河淮以北槪
屬闕如惟是書於諸道郡邑綱分目析沿革釐
然較象之特為賅備朱彞尊嘗欲取所引隸續
諸條以補原書二十一卷之闕今考所引如曾
南豐集古錄施氏大觀帖總釋序集古後錄諸
道石刻錄復齋碑錄京兆金石錄訪碑錄元豐
碑目資古紹志錄諸種今皆散佚不傳猶藉是
以見崖畧又汝帖十二卷慈恩鴈塔唐人題名
十卷以及越州石氏帖目則他書所不載而亦
藉是書以覘其大凡亦可云有資考證者矣按

本流傳第四卷京東北路第九卷京兆府下十一卷秦鳳路河東路十二卷淮南東路與西路十六卷荆湖南路北路十七卷成都路並已闕佚十五卷江南東路饒州以下至江南西路亦佚其半十八卷梓州利川路惟有渠巴文三州而錯入京東西路京西北路淮南路諸碑其餘亦多錯簡如魏三體石經遺字條下文篆未竟忽接石藏高紳家紳死其子弟以石質錢云云乃是王羲之書樂毅論跋語傳寫者竄置於是朱彝尊經義考於刊石門内魏石經條下引歐陽

斐趙明誠石藏高紳家云蓋未詳究原書故沿其誤今一一釐正其闕卷則無從考補姑仍其舊焉

辛卯之秋余篋中所藏書厄於欝攸之焰因求所闕於肆有陳思道人者數持書来售一日携一編遺余曰此思所集前賢碑誌諸書之目也雖其文不能盡載姑記其篇目地里與夫作者之姓氏好事者得而觀之其文亦可因是而訪求余受而閲之蓋昔之寰宇訪碑録之類而名數加多郡縣加詳知其用心之良勤因為之攷自夫以它人之書刋而貨之鬻書者之事也今道人者乃能自裒一書以為好古博雅者之助其亦異於人之鬻書者矣故樂為題其篇

端紹定五年六月改朔孔山居士書

始歐陽兖公為集古録有卷秩次第而無時世先後趙德甫金石録迺自三代秦漢而叙下次之而不著所在郡邑及鄭漁仲作系時系地二録亦疏略弗備其他如諸道石刻録訪碑録之類於所在詳矣而考訂或缺焉都人陳思儥書於都市士之好古博雅蒐遺獵忘以足其所藏興夫故家之淪墜不振出其所藏以求售者往往交於其肆且售且儥久而所閲滋多望之輒能别其真贋一旦盡取諸家所録輯為一編以今九域京府州縣為本而繫其名物於左昔人

辨證審定之語其著之既録本首此遺余求識其端凡古刻所以責重於世歐陽公以来言之悉矣不待余言余獨感夫古今宇宙之變大焚水漂陵隳谷堙雖金石之堅不足保恃載祀悠緬其毁勿存存弗全者不勝數矣矧今河洛尚隔版圖其幸而存且全可推搨者非邊互市不可得得或賈無金固不能家有人而見之也則得是書而觀之猶可想象彷彿於上下數千載間其不間之有補於斯文矣乎思市人也其為是編志於價而已矣而於斯文有補焉視他書

坊所刻或蕪釀不坊徒費板墨靡䃺楮者可同日語哉誠以是獲厚利亦善擇術矣余故樂爲之書是亦栁河東述宋清之意云爾紹定辛卯小至直齋陳伯玉父

金石有刻示傳遠也世歷漫久或淪于水火或毀於兵革或敗於風雨之餘於是乎所以傳遠者亦有時而窮獨拓本僅存於好事者之篋笥是則金石之堅反不逮幅紙之壽然幅紙因人而存聚者必散又豈足恃哉此叢編之所以作也陳道人久居京輦与士大夫接見聞之廣閲書之多旁搜遠討輯爲巨編余嘉其志而從史之又授之奉氏碑目碑得參詩且助其費書成求余跋再請不已弗容以吏冗辭也余嘗謂自秦漢以來建碑刻石莫盛於唐往〻又

多萃于中原疆睚淪汙無從撫招猶幸是書之

有敓今

皇威遠暢故疆斯復好古博雅

寶刻叢編目録

第一卷

京畿

京東東路

沂州　登州　萊州

濰州　淄州　淮陽軍

第二卷　京東西路

南京應天府　兖州　徐州以下闕

拱州　曹州興仁府　鄆州

濟州　單州　濮州

第三卷　京西南路

襄陽府　鄧州　隨州

第四卷

京西北路上

第五卷

京西北路下

許州潁昌府　鄭州　滑州

孟州　蔡州　陳州

潁州順昌府　汝州

第六卷

河北東路

北京大名府　澶州　瀛州

冀州　博州　棣州

莫州　霸州　德州

恩州闕　清州闕

第七卷

第八卷

京兆府上

京兆府 長安縣

京兆府中

萬年縣 鄠縣 藍田縣

咸陽縣

第九卷

京兆府下

醴泉縣 涇陽縣 櫟陽縣

高陵縣 興平縣 臨潼縣

武功縣　奉天縣

第十卷

陝西永興軍路下

河中府　陝州闕　延州

同州　華州　耀州

邠州　解州　虢州

商州　寧州　坊州

第十一卷

陝西秦鳳路

鳳翔府　秦州　涇州

熙州　隴州　成州
渭州　階州　河州
蘭州

河東路

太原府　潞州　晉州
絳州　汾州　澤州
嵐州

河東路化外州

蔚州　朔州

第十二卷

紹興府　婺州　慶元府
溫州　台州　處州
衢州

第十四卷
兩浙西路
臨安府　平江府　鎮
安吉州　常州　嚴
嘉興府　江陰軍

第十五卷
江南東路

第十六卷

耒州
郴州

荊湖北路

江陵府
鄂州
德安府
復州
常德府
峽州
岳州
歸州
辰州
荊陽軍

第十七卷

成都府路

成都府
眉州
崇德府
彭州
綿州
漢州

第十八卷

嘉定府　邛州　黎州

雅州　簡州　永康軍

隆州

梓州路

潼川府　遂寧府　果州

資州　普州　敘州

瀘州　合州並　渠州

懷安軍闕

利州路

興元府闕　利州闕　閬州闕

釼州闕　巴州　文州

沔州闕　蓬州闕

第十九卷

夔州路

夔府　黔州　忠州

萬州　涪州　重慶府

梁山軍　雲安軍

福建路

福州　建寧府　泉州

廣南東路

廣州　韶州　潮州

連州　肇慶府　新州

德慶府　英州

廣南西路

靜江府　容州　梧州

柳州

第二十卷

諸書所録刻石地里未詳

寶刻叢編卷第一

錢塘陳　思　纂次

京畿

東京

開封府春秋時爲衛陳鄭三國之境戰
國時屬魏秦屬三州郡漢屬陳留河南
穎川淮陽郡東漢改淮陽爲國陳晉屬
陳留滎陽穎川元魏屬陳留許昌東魏
分置開封郡無立梁州兆陳齊罷開封郡
周改梁州爲汴州隋開皇初罷陳留大
業初罷汴州分入滎陽等郡唐武德四
年復五汴州梁以州建国升爲東京開
封府後唐復爲汴州宣武軍晉復升爲
東京開封府漢周及
皇朝因之今縣十四

開封　祥符　尉氏　陳留　雍丘

封丘 中牟 陽武 酸棗 長垣 東明 扶溝 鄢陵 咸平

石鼓文互見鳳翔

舊在岐陽孔子廟世傳周宣王刻石史籀書大觀中自鳳翔遷入辟雍後入保和殿諸道石刻錄

石鼓文初不見稱于前世至唐人始盛稱之而韋應物以爲文王之鼓至宣王刻詩尔韓退之直以爲宣王之鼓在今鳳翔孔子廟中鼓有十先時散棄于野鄭餘慶置于廟而亡其一皇祐四年向傳師求於民間得之十鼓遂足其文可見者四百六十五磨滅不可識者過半余所集

録文之古者莫先于此然其可疑者三四今世所有漢栢靈時碑往往尚在距今未及千歲大書深刻而摩滅者十猶八九此鼓按太史公年表自宣王共和元年至今嘉祐八年寔千有九百一十四年鼓文細而刻淺理豈得存其可疑者一也其字古而有法其言与雅頌同文而詩書所傳之外三代文章真蹟在者惟此而已然自漢以來博古好奇之士皆略而不道此其可疑者二也隋氏藏書最多其志所録秦始皇刻石婆羅門外國書皆有而獨無名鼓遺近録遠

不宜如此〻可疑者三也前世傳記之所載古遠奇怪之事類多虛誕而難信況傳記不載不知韋韓二君何據而知為文宣王之鼓也隋唐古今書籍粗備豈當時猶有所見而今不見之耶然退之好古不妄者余姑取以為信爾至于字畫亦非史籒不能作也集古録

歐陽文忠公以謂今世所有漢桓靈時碑往〻而在距今未及千載大書深刻而摩滅者十猶八九此鼓自宣王時至今寔千有九百餘年鼓文細而刻淺理豈得存以此為可疑余觀秦以

前碑刻如此鼓及詛楚文泰山秦篆皆麄石如今世以為碓臼者石性既堅頑難壞文不堪他用故能存至今漢以後碑碣石雖精好然亦易剥缺又往〻為人取作柱礎之類蓋古人用意深遠事事有理類如此況此文字畫奇古决非周以後所能到文忠公亦以謂非史籀不能作此論是也金石録

歐公集古所録其文可見者四百六十有三磨滅不可識者過半今資古所録其文可見者四百七十有四磨滅不可識者十二三蓋余先世

所藏本猶在集古之前也

國朝崇寧中蔡京作辟雝取十鼓置講堂後余嘗見之辟雝廢徙置禁中而岐下有摹本殊失古意併録之以見三代書蹤非後世摹寫所能及也資古紹志録

石鼓十篇大抵為漁狩而作甲言漁乙丙丁戊巳庚辛壬癸言狩乙癸言除道皆言為田狩除道戊言策命諸臣巳言享社而皆有事于田狩也辛言漁狩而歸也十篇而次以十日者後人之次也石鼓不見稱於前代至唐始出于岐陽

光時散棄于野鄭餘慶取置于鳳翔之夫子廟
堂而亡其一皇祐四年向傳師求于民間而得
之十鼓於是乎足信知神異之物終自合耳大
觀中致之辟雝後復取入
保和殿經靖康之變未知其遷徙否世言石鼓
者周宣王之所作蓋本韓退之之歌也常應物
以謂文王之鼓至宣王刻詩不知二公之言何
所據見然前代皆患其文難讀譙今所得除漫
滅之外字字可曉但其文不倫故有得而成辭
者有不得而成辭者為然篆書之始大槩有王

皇頡之後始用古文史籀之後始用大篆秦人之後始用小篆樵自續汗簡攷古尚書纂分音之韻作象類之書其於古今文字粗識變更覩此十篇皆是篆秦秦篆者小篆也簡近而易曉其間者可疑者若以也為殹以丞為丞之類是也及致之銘器殹見于秦斤丞見于秦权正如作越語者豈不知其人生于越作秦篆者豈不知書出于秦也篆秦本于籀〻本于古文石鼓之書間用古文者以篆書之所本也秦人雖創小篆寔因古文籀書加減之取成類耳其不得

而加減者用舊文也或曰石鼓固秦文也知為何代之文乎曰秦自惠文稱王始皇稱帝今其文有曰嗣王有曰天子天子可謂帝亦可謂王故知此則惠文之後始皇之前所作也或曰文則尔也石鼓何義乎曰古人制器猶作字也必有所取象若尊若彝若爵之類是也皆是作鳥獸形而自其口注其受大者則取諸畜獸其受小者則取諸禽鳥先儒不遠理於尊彝則妄造不適用之器而畫以鳥獸形爵雖象爵而又不適用宜和間所得地中之器為多倣倣古而鑄

祭器因以賜大臣其制作不類常祀之器雖知

先儒之説多虚文也近隆氏所作礼象庶幾于

古乎其於礼圖固有間矣款識之用則亦如是

而諸彛器物商人之識多以盤周人之識多以

鼎盤鼎雖適用之器然為銘識之盤鼎不必適

於用也但象其器之形耳石鼓之作殆此類也

嗚呼鼎髙遠也世变風移石鼓者其立碑之漸

与然觀今中原人所得于地中之物多是盤鼎

鐘鬲南粤人所得也中之物多是銅鼓其間有

有文字者有無文字者然皆作鼓形此又由風

俗之所用也南粤多銅錫故其鼓以銅岐用多羙石故其鼓以石此又由其土之所出也或言楚蜀中之地中間亦有得銅鼓者南粤与楚蜀北連岐雍豈其所習尚者多固与鄭樵石鼓音序

石鼓文周宣王之獵碣也唐貞觀以来蘇勗李嗣真張懷瓘竇臮竇蒙徐浩咸以為史籀筆蹟虞世南歐陽詢褚遂良皆有墨妙之稱杜甫八分小篆歌叙恩代書亦厠之倉頡李斯之間其後韋應物韓愈稱述尤為詳至本朝歐陽脩作集古録始設三疑以韋韓之説為無攷據攄後

人因其疑而增廣之南渡之後有鄭樵者作釋音且為之序乃摘丞丞殹也二字以為見於秦斤秦權而指以為秦鼓僞劉詞臣馬定國以字父秦嘗蒐岐陽而指以為後周物嗚呼二子固不是為石鼓重輕然近人稍有惑其說者故予不得不辨集古之一疑曰漢柏靈碑大書深刻磨滅十八九自宣王至今為尤遠鼓文細而刻淺理豈得存予謂碑刻之存亡係石質之美惡纂拓之多寡水火風雨之及焉不及不可以年祀久近論也且如詛楚文刻於秦惠文王時去

宣王為未遠而文細刻淺遇於石鼓遠甚由始出於近歲殘害所不及至無一字磨滅者顔真卿干禄字書刻于大曆九年顯暴于世上人以為衣食業摹柘為多至開成四年終六十六載而還已訛闕由是言之年祀又近不足推其存亡無可疑者二疑以謂自漢以来博古之士畧而不道三疑以謂隋世藏書最多獨無此到十謂金石遺文溷於瓦礫歷代湮没而後世始顯者為多三代彝器或得於近歲其制度精妙有馬融鄭玄所不知者又詛楚文笔蹟高妙世人無

復異論而歷秦漢以來數千百年湮沉泉壤近歲始出于人間不可謂不稱於前人不録于隋氏而指為近世僞物也予意此鼓之利雖載于傳記而經歷亂離散落草莽至唐之初文物稍盛好事者始加採鼓乃復顯于世及觀蘇勗叙記尤喜余言之為得也則夫隋世之不録又無足疑者況唐之文籍視今為甚俗而學者不敢為憶説自貞觀以來諸公之説若出一人固不特起於韋韓也而韋應物人以為文王之鼓宣王刻詩言之如是之詳當時無一人非之傳記

必有可考者矣小篆之作本於大篆丞毆二字見於秦𤜶固無害况丞字從山取山高奉丞之義著在説文字体宜然非如於秦也唐初去字文周爲甚近事語尚在於長老耳使文帝鐫功勒成以告萬世豈細事哉宜時人共知之况蘇勗之祖邳公綽用事於周文物號令悉出其手豈得其賢子孫乃不知其祖之所作者乎嗚呼三代石刻存於世者壇山吉日癸巳刻與此耳而吉日癸巳無所攷據獨此鼓昔人稱說如是之詳觀其字畫奇古足以追想三代遺風而學

者因可以知篆隸之所自出好異者又附會異説而訛謬之亦以甚矣其鼓有十因其石之自然粗有鼓形字刻於其旁石質堅頑類今人為碓磑者其初散於陳倉野中韓吏部為博士時請於祭酒欲以數橐駝輿致太學不從鄭餘慶姑遷之鳳翔孔子廟經五代之亂又復散失本朝司馬池至鳳翔復輦至于府學之門廡下而亡其一皇祐四年向傳師搜訪而足之大觀中歸于京師詔以金填其文以示貴重且絶摸拓之患初致之辟廱後移入　保和殿靖康之

未

保和珍異北去或傳濟河遇大風重不可致者皆棄之中流今其存亡時未可知則拓本留於世者宜為法書並藏詎可輕議也哉紹興己卯歲予得此本於上庠喜而不寐手自裝治成帙因取薛尚功鄭樵二音參校同異并考覈字書而是正之書于帙之後其不至者姑兩存之以俟博洽君子而質焉王厚之

自周至戰國遺文見於金石者不過三數祐陵悉萃之 保和寶護甚至用金填鼓文以絕摸拓一旦戎狄亂華四海横流泯焉無復遺

蹤良可哀歎（施宿石鼓音跋）

秦祀巫咸文（互見鳳翔）

舊在鳳翔府廨，今歸御府。秦以前遺跡見于今者絕少，此文出于近世，而刻畫字好，文詞字扎奇古可喜。（金石録）

秦篆，俗謂之詛楚文，蓋楚兵來伐而禱神之詩也。首稱穆公與楚成王有盟好，而楚王熊相倍十八世之約。以世家推之，楚自成王十八世而至頃襄王，秦自穆公十八世而至惠文王。惠文王末年與楚數相攻伐，疑當時之所作也。（集古録目）

秦祀巫咸文俗謂之詛楚文摠二百六十六字滅及漫不可辨者三十四字以大沈久湫文相參其滅亡字適相補而以古文攷之可盡讀云葉石林

秦王璽文

元符中咸陽所獲傳國璽也初至京師執政以示故將作監李誠之平自摹印之凡二本以其一見遺爲金石録

東方先生畫贊

晉夏侯湛撰永和十二年書與王敬仁安以爲

王右軍書碑石舊在丁文簡家今在將作監官庫諸道石刻録

智永真草千文

陳浮屠智永書字為真草相間亦有唐虞世南小楷七十八字石在夏守贇太尉家諸道石刻録

世傳為浮屠智永書考其字畫時有筆法不類者雜于其間疑其石有亡缺後人妄補足之雖識者覽之可以自擇然終汨其真遂去其僞者二百六十五字不以文不足為嫌也蔡君模今世知書者猶云未能盡去也梁書言武帝得王

羲之所書千字命周興嗣以韻次之今觀法帖
有漢章帝所書百餘字其言有海醎河淡之類
蓋前世學書者多爲此語不獨始于羲之也
智永千文後七十八字虞世南所書言不成文
乃信筆偶然爾其字畫精妙平生所書碑刻多
矣皆莫及也豈於持與不用意便有優劣耶
集古録

世傳智永書非也蓋智永陳時人而此書虎字
民字基字皆闕之以避唐諱乃明皇以後人所
書不然筆法本出智永來臨摹入石爾其間

二十八行字亘不類蓋本朝字國初時人爲補足之金石錄
五言帝京篇
唐太宗皇帝御製褚遂良行書貞觀十九年八月金石錄
唐窣堵波幢銘
唐劉仲丘撰薛希昌八分書天寶四載七月立金石錄
唐懷素草書自叙
僧懷素撰并書大曆十二年十月石在將作監

刻諸道石錄

題禹廟寶林二詩

唐會稽内史徐浩撰并書無年月石在宋宣獻家諸道石刻錄

唐東平王寫真院記

唐李嶸撰大順元年立在相國寺訪碑錄

唐經藏院西大應法禪師碑

諸道石刻錄

淳化閣帖十卷

太宗皇帝時嘗遺伏者天下購募前賢眞蹟集

以為法帖十卷鏤版而藏之每有大臣進登二府者則賜以一本其後不賜或傳板在御書院往時禁中大災板被焚遂不復賜或云板今在但不賜耳故人間尤以官法帖為難得集古錄

唐太宗購王逸少書使魏徵褚遂良定真偽我太宗購古今書而使王著辨精摘定為法帖此十卷是也其間一手偽帖太半甚者以十字文為漢章帝張旭為王子敬以俗人學智永為逸少如其間以子敬及真智永為逸少者亦不失為名帖余嘗於檢校太師李瑋第觀侍中王貽

永所收晉帖一卷內武帝王戎謝安陸雲輩法
若篆籀体若飛動著皆委而勿録獨取郗愔兩
行八十卷中使人慨歎又劉孝孫處見柳公權
所收跋子敬送黎帖然于太宗卷中辨出乃以
逸少一帖連在後而云又一帖不知為逸少也
公權唐名家尚如此顧何識著令長安李氏所
收逸少帖觀所收第一帖著名已非逸少真
蹟餘可知矣獨未知餘擣徐浩手能刻書所訪者何
如耳余抱疾端憂養自文藝思而得之粗分真
偽因跋遂卷末以貽好事同志百年之後必有

卷一　十三

擊節賞我者今無富貴願猶好古人筆札每淤一硯展一軸不知疾雷之在傍而味可忘嘗思陶弘景願為主書史大是高致一念不除行年四十恐死為蠹書魚入金題玉躞開游而不害

元祐三年維陽僊游閣書　米元章跋　秘閣法帖

淳化中內府既博訪古遺蹟時翰林侍書王著受　詔緒正諸帖著雖號工草隸然初不深書學又昧古今故秘閣法帖十卷中瑤珉雜糅論次乖僞甚多耳觀遂以莫辦故礼部郎米芾元章筆翰妙薦紳閒在淮南幕府日嘗跋卷尾作

數百語頗有條流但概舉其目疎畧甚多故諸
部中或僞蹟著甚而不覺者若李懷琳所作衛
夫人書逸少闊別稍以帖之類有雖審其僞而
譏評未當者若知伯英大令詩卅帖爲唐人書
而不知乃書晉人帖語之類有訊辭雖當主名
昭然而不能辨者若以田疇字爲非李斯書而
不知乃李陽冰明州碑中字之類有謨著其主
名者若以晉人章草諸葛亮傳中語遂以爲亮
書之類是也其餘舛午尚多書家貴能書者倫
故僕於元章慨然古語有之善書不鑒善鑒不

書僕自幼覩古帖至多雖豪墨蹟習未至而心悟神解時有所故得作法帖刊誤凡論真偽皆有據依使鍾王復生不易此評矣元章今已物故悵不示之後有高識賞予知言大觀戊子歲六月七日而都府院東齋序

秘閣續帖十卷

元祐五年四月十三日秘書省請以秘閣所藏墨蹟未經

太宗朝摹刻者刊于石有旨從之至建中靖

國元年四月二十三日内出緡錢十五萬趣其

工以八月旦日畢釐為十卷上之本帖跋尾
崇寧丙戌歲夏調官上都寓城南昭化坊李表
伯舍旅食無事因假信安劉正夫賜本自摹凡
十卷用桐紙六十枚凡再浹月乃竟晴窗潔几
寂無塵慮從容填郭纖微弗差第此書當時緒
次間有乖舛及第十卷文陋書惡姑因其舊弗
刪除去惟此卷逸少諸子書中乃有弘白一帖弘白一帖乃王方庭八代祖見湖州墨妙亭王氏宝章集書既惡甚語尤淺
俗謬厠諸王間殊為不倫故十卷中正去此一
帖耳然第四卷中得四月三日間一帖尚可開

也東觀餘論

大觀法帖十卷

大觀初

徽宗視淳化帖板已皴裂而王著一時標題多誤眧摹或朱真　詔出墨蹟更定彙次訪其筆意仍俾蔡京書簽及卷首刊石太清樓下

施氏大觀帖總釋序

孫過庭書譜

羲之十七帖

大觀二年九月奉

聖旨摹勒刊石太清樓下新增
大中祥符歲
真宗皇帝東封此山兖州太守模本以獻凡四千餘字其後宋莒公模刻于石歐陽公載于集古録者皆同蓋碑石爲四面其三面稍磨滅故不傳世所見者特二世詔書數千字而已大觀間汶陽劉斯立親至泰山絶頂見碑四面有字乃模以歸文雖殘缺皆首尾完具不可識者無几于是秦篆完本復傳世間矣碑既出斯立模其文刊石自爲後序謂之泰山秦篆譜云金石録

史記載秦始皇帝及二世皆行南郡縣立石刻辭今世傳泰山篆字可讀唯二世詔五十許字而始皇刻亂謂已亡莫可復見宋丞相莒公鎮東平日遣二就泰山摹倚墨本以慶曆戊子歲別刻新石親作後序世有四十八字歐陽文忠公集古録亦言及人泣鄰幾守官奉符親到碑下纔有此數十字而已余以大觀二年春從二三鄉人登泰山宿絶頂首訪秦篆徘徊碑下其石埋植土中高不過四五尺形制似方而非方四面廣狹皆不等因其自然不加磨礱所謂

五十餘字者在南面稍平處人常所摭搨故士大夫多得見之其三面尤殘缺蔽闇人不揩意全審觀之隱隱若有字痕刮摩垢蝕試令摭以紙墨漸若可辨自此益使加工摭之然終意其未也政和三年秋復宿嶽上親以鐔權從事枝之他本始為完善蓋四面周圍悉有刻字總二千二行行十二字字從西南起以北東南為次西面六行北面三行東面六行南面七行其末有制曰可三字復轉在西南棱上每行字數同而每面行數乃不同如此廣狹不等居然可見

其十二行是始皇辭其十行是二世詞以史記證之文章皆具計其缺處字數適同于是泰山之篆遂成完篇宋歐陽二公初未嘗到惟憑工匠所說無惟人多以二公為信故亦不復詳閱余既得墨本并得碑之形象制度以歸親舊聞之多来訪問倦于屢報乃為此譜大凡篆字二百二十有二其可識者可四十有六今亦作篆字書之其毁缺及漫滅不可見者七十有六以史記文足之註也下譜成猶璧間欠幽沉晦之迹今遂歷然秦至無義不足論然李斯小篆

古今所師經千三百有餘歲而復彰茲可尚也河間劉斯立

秦嶧山碑

在鄒嶧山南二十里亦名鄒山秦始皇東行郡縣上鄒嶧山刻石頌秦德李斯篆書寰宇記

始皇帝東巡群臣頌德之辭至二世時丞相李斯始以刻石今嶧山實無此碑而人家多有傳者各有所自来昔徐鉉在江南以小篆馳名鄭文寶其門人也嘗受學于鉉亦也称于一時此本文寶云是鉉所摹文寶又言嘗親至嶧山訪

秦碑莫獲遂以鉉所摸刻石於長安世多傳之集古録

唐封演聞見記載此碑云後魏太武帝登山吏人排倒之然而歷代摸拓之以為楷則邑人疲於供命聚薪興下因野火焚之由是殘缺不堪摸寫然猶求者不已有縣宰取舊文勒于石碑之上置之縣廨今人間有嶧山碑者皆是新刻之本而杜甫直以為棗木傳刻者豈又有別本歟按史記二十八年始皇東行郡縣上鄒嶧山立石与魯諸儒生議刻石頌秦德而其頌書不

載其化始皇登名山九六刻石史記其載其詞而獨遺此文何哉然其文詞簡古非秦人不能爲也秦時文字見于今者少此雖傳摹之餘然亦自可貴金石錄

漢居攝坟壇刻石二

其一云上各府鄉墳壇其一云祝其鄉墳壇皆居攝二年三月造上谷郡名祝其縣名不知所以木箱所可辨者如此後世之傳布皆上於海字則其碎而不可緝者良可惜也李之儀

樂毅論石刻有二本其一元豐初吳人得其石

於太湖水中石缺過半背面皆有刻面十三行
背六行後題永和四年十二月二十四日書賜
官奴其上書异僧权即梁人朱异徐僧權也又
有草書兩行云知足下行至吳念離不可居
叔當西　今十七帖中亦有此一帖然不可居
三字亦已缺不全後有小字一行云大和六年
中勒畢大和唐文宗年號疑若唐玄度兄弟所
摹蓋其字勢甚類玄度書故也其一即周越
書苑所記高紳學士得其右于秣陵弃中者是
也凡二十九行石缺一角後兩行只有最下一

字至海字正紳之子安世死於吳其家以石質錢因沒入州民錢氏石已破為數片以鐵束之當官者每令摹拓錢氏厭之紿言比失火焚毀矣熙寧中吳大飢疫吾姻家趙子立以黃金貿得之子立每欲摹本必躬濡紙傳石以綿帛漬墨拓之自此雖權勢皆不可得向之傳于人者益寶之矣或以為舊傳樂毅論乃右軍親書于石其後石入昭陵朱梁時温韜得之復傳人間即高氏本是也又按張彥遠法書要録記智永云樂毅論者正書第一梁世摹出天下珍之蕭

既之徒莫不臨學又褚遂良記貞觀十二年内
出樂毅論是王右軍真蹟令直弘文舘馮承素
摸寫賜長孫無忌等六人於是在外乃有六本
並筆精妙備盡楷則又書譜云太平公主愛樂
毅論則天與之以織成錦囊盛之主敗籍没咸
陽媪竊奔袖中吏覺媪投之竈中不可復得而
攷此數者之説未審孰是而子立所得高氏本
字勢奇絶非右軍親書于石亦摸真蹟而刻之
者然石已破裂而字跡稍存得者宜寶藏之

徐
甫　平

樂毅論淳熙癸卯歲徐仁叔持以見遺云此即周越法書苑所記高紳學士得于秣陵井中者也紳之子安世死于吳其家以石質錢没入州氏錢氏錢氏遺火石焚裂爲數片雖未甚損缺素厭州縣索取因給以不存熙寧間吳中大飢疫始出碎石求售趙子立損黄金數十兩得之鐵捆匣藏貯自儒紙以綿帛漬墨浥取所傳于人蓋寡子立死以授徐平甫徐氏二世秘藏不以語人雖極加愛護亦石就剝落今則石面盡脱初見若不復有字側目細視僅存髣髴拓取

稍不謹石眉隨紙而起想不復能傳遠天子立文章篆西撫向城之本而勒之南陽更爲擴卷用便卷舒身非如杜元凱两碑之謂也集古後録

漢司空宗俱碑

碑云君諱俱字伯儷南陽安衆人也而其額題漢司空宗公之碑碑已殘缺不成文理而官秩名字鄉里特完可考故詳録之金石録

漢司空宗公碑篆額碑之文皆已殘缺惟名字郡邑父祖獨存而官秩尚可見宗公名俱以察孝廉爲城門候歷郎中議郎立官中郎將

越騎校尉汝南太守少府太僕太常遂拜司空

范史

漢司空宗俱碑陰

宗俱碑陰額上六大篆曰門生立碑人名亚碑

甚剥滅碑背所損却不多上下凡四横書其人

郡邑名字略無官稱當是門生未筮仕者故吏

不應無碑不傳于後世尒隷續

漢宗貲墓天祿辟邪字

在宗貲墓前石獸膊上按後漢書宗貲南陽安

衆人也今墓在鄧州南陽界中墓前有二石獸

刻在膊上一曰天祿辟邪集録右篆書四字後漢宗資墓前有二石獸刻其時上唐太宗御製歐陽詢八分書貞觀十年刻太宗為文德皇后立其文載于寔録今石刻已磨滅故世頗罕傳其略可見者有云無金玉之寶玩用之物水馬寓人有形而已欲使盜賊息心存亡無異又云俯視漢家諸陵猶如蟻垤皆被穿窬今營此陵制度卑狹用功省少望與天地相畢永無後患其言非不丁寧切至也然竟不免温韜之禍太宗英武聰明過人甚遠而於此眷

眷不忘何哉以此知死生之際能超然無者

賢哲之所難也金石録

唐昭陵六馬贊

唐歐陽詢八分書初太宗以文德皇后之葬自

為文刻石于昭陵又縁石象平生征所六

馬為贊刻之皆歐陽詢八分書世或以為殷仲容

書非是至諸降將名氏乃仲容書耳金石録

唐昭陵四降王名

唐殷仲容書貞觀十年金石録

唐右僕射温彦博碑

唐中書侍郎岑文本撰弘文舘學士歐陽詢書温虞公𡡉彦博字大臨太原人太宗時官至尚書右僕射封虞國公謚曰恭碑以貞觀十一年立集古錄目

漢故高陽令楊君之碑篆額楊君名者太尉震之孫常山相讓之子碑鈌其名得之子震碑仕歷司隸從事議郎高陽令思善侯相年五十三而卒石損立其年隸釋

漢高陽令楊著震孫也集古錄目

漢高陽令楊君碑陰

不著書人名氏碑首尾不完今可見者四十餘人各有所出錢數揚氏數世皆葬閿鄉此碑有稱後公門生者有稱沛君門生者不知何陰也後公義不可知沛君所謂沛相者首尾不首尾不完今可見者四十餘人揚震鄉者數世碑多殘缺此不知為何人有六右後公門生又云右沛君門生沛沛相者自有碑而亡其名字矣後公亦不何人也集古錄

歐陽公云余家集錄得楊震墓域中漢碑四震

及沛相繁陽高陽令碑并得碑陰題名然得時參錯不知為何碑之陰也集古所有余盡得之又各以碑陰附子碑後其曰懷陵園令蔣禧字武仲者沛相碑陰也其曰故吏故民故功曹史故門下佐者繁陽令碑陰也其曰右後公門生右沛君門生者高陽令碑陰也金石錄

楊著碑陰其間有沛君門生者沛相統也後公門生者太尉秉也楊震拜以前故以秉為後沛君者著之從兄後公者著之季父後公之甍其猶子繁陽君委榮而投紱高陽君以沛相之喪

亦棄官而歸一門孝義如此宜其門人事之如一代石立表無彼此之分非皆著之門生也故不名隸釋

漢繁陽令楊君碑

漢隸不著書撰人名氏殘缺不亨不見其其可見者曰富波君之小子據楊震碑相名技震之子也碑以熹平中立集石録首尾不亨文字磨滅可識者四百三十者六十一字碑云遭叔父太尉甍又云君之子也按漢書楊震子收為富波相君

子也叔父太尉者東也惜其名字磨滅不可見矣集古錄

漢故繁陽令楊君之碑銘篆額逸其名楊君者太尉震之孫冨波侯相牧之子太尉東之猶子沛相統之親昆弟高陽令著之從昆弟也白節中除右都候繁陽令以靈帝熹平三年卒隸釋

漢繁陽令楊君碑陰

隸書凡故吏故民處士等百有餘人集古錄目

開封縣

漢邊韶碑 蔡邕書在開封縣東北五里墓前訪碑録

漢邊讓碑 在開封縣東北五里墓前訪碑録

漢董襲碑 在開封縣東北八里墓側訪碑録

尉氏縣

漢西平人楊期碑

在縣西南四十里三亭鄉楊萬村墓西二十步
以唐武德四年自南還兆此
然寰宇記

唐砥柱山銘
唐魏徵撰薛純書諸道石刻錄
在硤石縣唐貞觀十二年太宗東巡臨幸於此
今有魏徵所製碑銘寰宇記

唐獨孤府君頌德碑
唐峽石尉孟鈌休撰桃林主簿盧元珪書
碑今缺府君名不可見其字曰思〻下又缺一

字河南洛陽人拾事中元愷之于爲陝州桃林

令入爲水部員外前桃林人𡈼此碑以頌德據

唐

陳留縣

漢丞相陳平碑 在縣北二十里文字磨滅其額云漢丞相陳平之碑訪碑録

漢大司農陳群碑 在縣北二十八里有碑篆文大司農陳群墓水經

魏何伯中碑 在縣東北十五里訪碑録

雍丘縣

漢太尉高峻碑

在縣南五十里大善鄉墓下訪碑錄

漢執金吾高褒碑

在縣南五十里大善鄉墓下訪碑錄

魏征虜將軍南州刺史王思賢碑

在縣北五十里義陽鄉墓下圖經云思賢名亮訪碑錄

封丘縣

漢陳留太守程封碑

在縣東二里墓下訪碑録

魏隱士程仲碑

程隱君墳在縣西南四里碑在墓下訪碑録

程仲字孔礼陳留封丘人有志行明帝青龍三年徵不起景初二年正始五年徵又不就晋武帝泰始二年卒封元鄉亭候寰宇記

魏節婦白氏碑

晋咸寧二年建立白氏程仲妻也二碑同處

訪碑錄

隋寶善寺碑

大業中安鄉司功程式等同修佛像立此碑

訪碑錄

徐州刺史寧遠將軍程超碑

在縣西北十六里墓下

訪碑錄

中牟縣

魏大傅鍾繇碑

在尉氏西北三十五里鍾城南三里其地今劃

屬中牟碑斷折文字磨滅訪碑録

晉潘岳碑

東魏王覺寺重脩佛殿記

在縣西北七里平扶鄉墓側訪碑録

東魏武定四年建訪碑録

北齊正覺寺重修佛殿記

北齊天統三年建訪碑録

唐立顏考叔廟碑

唐王利用撰序劉彙銘李𤧚八分書開元二十九年歲次辛巳建復齋碑錄

唐浦孝子頌

唐崔稱撰庶突寘八分書孝子名李通與其父良援相繼有至行親喪皆廬墓大曆中宣慰使李季卿以聞有詔褒美枚𡙶祥符中章聖皇帝西祀汾陰過之詔有司封其墓且禁樵採云碑以大曆三年十月立金石錄

唐冲虛真人廟記

唐劉三復換李德裕八分書大和元年十二月金石録

列子觀題名

唐李德裕王起題名訪碑録

中牟縣壁記

諸道石刻録

陽武縣

東魏征虜閣孝侯碑

天平五年立訪碑録

唐陽武縣令陶公復故縣記

唐唐衢撰鄭乃中八分書據記縣圮毁二十五年官吏寓于佛寺貞元巳卯歲縣令陶鍠修而復之後令李倫以貞元十九年立此碑集古録目

長垣縣

左驍衛大將軍翟仵碑

在縣東南二十五里墓側永徽二年葬訪碑錄

唐戎州刺史董寶亮碑

唐李儼撰張遂隆分書咸亨四年十月金石錄

唐長垣令鄭謹清德頌

在本縣衙門內訪碑錄

東明縣

魏徐州刺史韓陵碑

在縣南二十里 訪碑錄

扶溝縣

漢國三老袁良碑

碑爲録書不著書撰人名氏良字卓卿陳國扶樂人也歷議郎符節令嘗爲三老其額曰國三老袁君碑碑以永建中立集古録目

漢故國三老袁君碑篆額在開封之扶溝袁君名良歷郎中謁者將作大匠丞相令廣陵太守議郎符節令國三老梁相以順帝永建六年二月戊辰卒其孫衛尉滂立此石滂以元和年中爲相其在九卿當在靈帝之初水經云狀溝成

北有袁梁碑云陳國扶樂人事与碑誤以良為梁尔隸釋

唐扶溝令馬公德政頌

唐崔灝撰分書姓名殘缺開元二十九年立馬公名光淑金石錄

鄧陵縣

漢故民吳公碑

其額題漢故民吳公之碑碑云熹平元年十二月上旬吳公仲山少立名述其他刻畫完好如新文詞頗拙陋書迹恠而不工然漢時石刻存者漸少而此碑持完 金石錄

宣和中和鄧陵縣穆延年得之於民間碑無其名仲山其字也漢之仕者没有遺愛其州之民為之釆石鑱銘則自稱曰故民吳公匿迹韜光不荅聘召作碑者嘉其謙挴之標故以民稱之

所謂故氏者物故之氏也其字畫

筆隸釋

唐立漢文範先生陳君碑

在鄢陵廟內裴延林文訪碑錄

京東東路

青州

周為齊國秦置齊郡漢屬北海千乘後屬齊國北海樂安兼置青州晉屬齊國濟南樂安宋及後魏皆置青州後周為齊郡樂安北海隋並廢之大業初復置北海郡唐武德四年日青州天寶元年日北海郡陞平盧軍節度皇朝淳化五年改鎮海軍政和元年日齊郡今縣六

益都　壽光　臨朐

千乘　臨淄

後魏鄭道昭哀子詩

延昌四年立　金石錄

後魏宣武皇帝御講詩

東魏張烈碑

正光元年八月 金石録

文字磨滅以事考之蓋張烈也按北史烈傳烈爲家誡千餘言臨終勑子姪不聽求贈但勤家誡立碣而已即此碑是也其卒葬年月殘缺不可辨傳亦不載唯青州圖經稱卒于元象中云

金石録

東魏賈思同碑

思同與其兄思伯後魏書皆有傳云青州益都人今其墓乃在壽元縣而思伯之碑忘矣興和二年五月立金石錄

北齊年道志等造寺碑

青州刺史牟道志功曹劉巖遠天保元年歲次庚午六月己未朔二十九日丁亥建復碑錄

北齊臨淮王造像碑

武平四年歲次辛巳六月乙未朔二十七日辛酉建臨淮王者婁定遠也復碑錄

北齊常將軍廟碑

在臨朐縣諸道石刻錄

大周東鎮沂山碑八分書長安四年五月立金石錄

正書無書撰人名氏神龍二年立金石錄

唐修東鎮沂山記

唐范正則撰并八分書天寶元年二月金石錄

唐雲門山投龍記

唐北海太守趙君貞撰序言天寶玄黓歲下元

日居貞投金龍環璧于此山有瑞雲出洞中有

聲云皇帝壽一萬一千一百歲蓋天寶中玄宗方崇尚道家之説以祈長年故當時謟諛矯妄之徒皆稱述奇怪以阿其所好而居貞遂刻之金石以重欺來世可謂愚矣碑字行書天寶中立金石録

唐鶺鴒頌

唐明皇撰并行書天寶中立金石録

當皇祐至和之間余在廣陵有勑使黄元吉者以唐明皇自書鶺鴒頌本示余把翫久之後二十年獲此石本於國子博士楊褒又三年來守青

州始知刻石在故相沂公宅集古録

唐龍興寺長明燈頌

唐郜貞撰王垂則行書并篆額永泰元年五月金石録

唐心經

唐竇𦑱書元和二年十二月金石録

唐幡竿頌

唐竇𦑱撰并書長慶四年十月立金石録

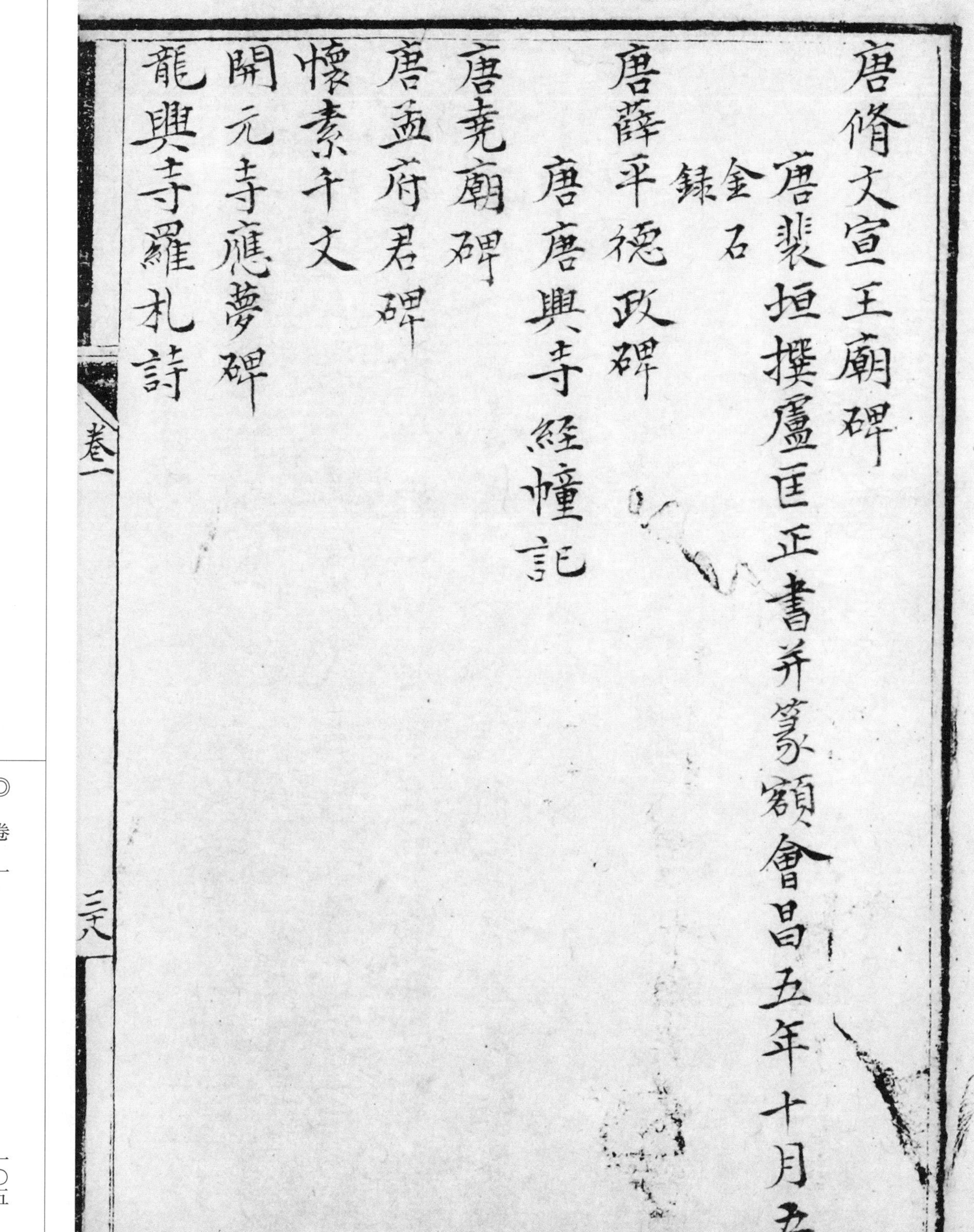

唐脩文宣王廟碑

唐裴垣撰盧匡正書并篆額會昌五年十月五

金石

録

唐薛平德政碑

唐唐興寺經幢記

唐堯廟碑

唐孟府君碑

懷素千文

開元寺應夢碑

龍興寺羅札詩

七碑諸道石刻録

智永千文五百字

唐詢于吳中得唐人摹本自改得能莫忘以下不成文真草共四百七十七字後有褚遂良字嘉祐八年青州益都令張稚圭立石在益都縣

復齋碑録

密州

戰國時屬齊秦置瑯琊郡漢屬瑯琊郡
及高密城陽二國後漢屬瑯琊郡北海
國晋屬城陽郡後魏屬高密復置膠州
隋開皇初郡廢五年改膠州為密州大
業初廢復為高密郡唐武德五年日密
州天寶元年日高密郡
皇朝開寶五年陞安化軍節度今縣立
諸城安立

秦瑯琊臺刻石

秦李斯篆書在諸城縣東南百四十里秦始皇
二十八年南登瑯琊大樂之留三月乃從黔首
三萬戶瑯琊臺下後十二歲作瑯琊臺立石
秦德臺基三層層高三丈在瑯琊城東南十

上有始皇碑文字剥落寰宇記

秦始皇帝二十六年初并天下二十八年親巡東方海上登上瑯琊臺觀出日樂之忘歸徙黔　三萬家臺下刻石頌秦德焉二世元年復書其旁今頌詩亡矣其從臣姓名僅有存者二世詔書其在自始皇帝二十八年歲在壬　至今熙寧九年丙辰凡千二百九十五年而蜀人蘇軾来守高密得舊紙本于民間比今所見猶為字好知其存者磨滅無日矣而廬江文勛適以事至密勛好古善篆得李斯用

笔意乃摹諸石置之超然臺上夫秦雖無道然
所立有絶人者文字之工世亦莫及皆不可廢
後有君子得以觀覽焉蘇東坡
其頌詩亡矣獨從臣姓名及二世詔書尚存然
亦殘缺熙寧中蘇翰林守密令廬江文勛摹搨
刻石文同泰山刻石但字差小耳金石錄

漢安平相孫根碑

碑云府君諱根字元石又云迁鄲長雍奴令換
元氏考城令諫議大夫拜議郎迁安平相年七
十有一光和四年十二月乙巳卒金石錄

漢故安平相孫君之碑隸額君名根嘗爲諫大夫議郎謁者出宰四邑刺荆州相安平以靈帝光和四年卒此碑体而勢逸字碑絶不類唯華山

漢孫根碑陰

碑陰云中軍督孫玄象孫彦龍大中孫者考舍人孫延叔等可辨者二百四十四人異姓幾十之一中軍督似非漢官又有大中十四人不知何官字畫茍且尚不及魏木諸刻殆類吳晉間下品書札尔似是孫根後裔多譜其名於上並

之碑陰也復齋碑録

漢孫嵩碑

孫嵩字賓石碑在安正縣南四十里墓前寰宇記

漢王章碑

在安丘縣西南四十里墓前寰宇記

魏管寧碑

管寧字幼安東莞朱虚人也自黄初至青龍末徵命十至輿服四錫俱不應命碑在安丘縣西十二里墓前寰宇記

魏邴原碑

郱原朱虛人也碑在安丘縣北五十墓里前
寰宇
記
東魏膠州刺史祖淮碑
天平三年十月立碑云君膠州子昌安丘人也
六世祖逖又云其卒贈膠州刺史
中分青州置膠隋開　五年改
金石
録
隋大業造像碑
在莒縣諸道石
刻録
唐寶願寺彌陀像碑

無書撰人名氏字爲八分書開元十三年正月之吉作頌在莒復齋碑録

唐文八佛靈迹記

唐龍興寺碑

唐淨土院銘

三碑並諸道石刻録

魏酸棗令毋丘悦碑在酸棗縣内按其文名悦字抱倍魏正光三年任酸棗令民爲立碑訪碑録

唐建福寺三門頌成碑

唐中書舍人盧藏用撰前華州鄭縣尉吴光壁集王羲之行書建福寺在清州酸棗縣開元中寺僧增葺之并建三門初成故曰頌成碑以開元五年正月立集古録目

齊州

春秋戰國皆屬齊秦屬齊郡二漢屬濟
南平原東郡晉為濟南郡領平壽下密
膠東即墨祝阿五縣而以平壽為郡治
宋為濟南郡兼置冀州後魏改為濟州
隋開皇初郡廢大業初州廢置齊郡唐
武德元年曰文州天寶元年曰臨淄郡
五年曰濟南郡陞興德軍今縣五
皇朝治平二年
歷城　禹城　章丘
長青　臨邑

漢趙相劉君碑

碑云君諱衡字元宰濟南東平陵人也又云拜
趙相在位三歲拜議郎年五十有三以中平四
年二月戊午卒其四月己酉塟其餘文字完

者尚多衛墓與碑在今壓城縣

傍墓前有石獸制作甚錄金石

唐徐州都督房彥謙碑

篆額唐李伯藥撰歐陽詢分書碑以貞觀五年辛夘三月庚申朔越一日辛酉立碑錄復齋

彥謙玄齡父也在隋任司隷刺史出為涇陽令卒官不大顯而隋書立傳二千餘字蓋脩史時玄齡方為宰相故也在今章丘縣界中世頗罕傳碑陰具載彥謙歸塟邑礼儀物之盛太宗遇玄齡可謂厚矣錄金石

唐房元齡神道碑

唐褚遂良書在龍山鎮

訪碑錄

登州

春秋牟子國戰國屬齊秦屬齊郡二漢晉屬東萊郡元魏置東牟郡隋屬東萊郡唐置登州天寶元年曰東牟郡今四縣蓬萊黄縣牟平文登

秦之罘山刻石

秦李斯篆圖經云在牟平縣西北九十里之罘西項上訪碑録

凡二十一字文與史記所載二世詔同而不完或傳其文刻於侍木麻温故學士得之於登州海上疑後人所傳摹也集古録目

秦篆遺文二十一字云於久遠也如後嗣爲成功盛德臣去疾御史大夫臣德其文与嶧山碑泰山刻石二世詔語同而字畫皆異惟泰山篆爲真李斯篆尔此遺文

謂棗木傳刻肥失真者耶此論非是蓋杜甫指
嶧山碑非此文明矣之罘在秦屬東萊今屬登

萊州

春秋屬萊國，戰國屬齊，秦屬齊郡，二漢為東萊郡，晉為東萊國，宋為東萊郡，後魏兼置光州，北齊、後周皆因之，隋開皇初郡廢，五年改州曰萊州，大業初州廢，置東萊郡，唐武德四年曰萊州，天寶元年曰東萊郡，今縣四：掖縣、萊陽、膠水、即墨

後魏鄭羲碑二

魏史列傳與此碑皆云羲滎陽開封人碑又云歸葬于滎陽石門東十三里三皇山之陽而碑乃在今萊州南山上磨崖刻之初余得羲碑于

濰州

春秋戰國皆屬齊秦屬齊郡二漢爲北海郡晉爲濟南國元魏復置北海郡北齊改郡曰高陽隋開皇初郡廢中六年分置雄州大業初州廢屬北海郡唐初置濰州尋廢屬青州皇朝 青州北海縣置軍後陞瓦濰州政和元年日北海郡今縣三北海 昌邑 昌樂

漢逢童子碑并陰

刻畫玄好碑〻童子諱盛字伯彌薄令之玄孫遂成君之曾孫安平君之孫五官掾之長子也其後題光和四年四月五日丁卯立舊在昌邑

人家門生四人後二人刀真解子逢信伯臺政和三年徐脩之迁于倅治之墨妙亭復齋碑録

漢涼州刺史魏元丕碑

文字殘缺族系名字皆不可考但其可見者察孝廉除郎中尚書侍郎右丞卒于光和四年而其額題涼州刺史魏君碑金石録

漢故涼州刺史魏君之碑篆額碑損其名有其

字曰元丞在朝爲郎中尚書侍郎左右丞出刺凉州以靈帝光和四年卒故吏雲中守門生曹

武定二年十二月金石録

北齊造石像碑

河清二年九日金石録

唐陽城郡太守趙公奭碑

唐馮用之撰韓擇木八分書衛包篆額天寶八載五月五日建在北海縣復玄碑録

唐尊勝經石幢銘

唐崔湜撰王士則八分書天寶九年六月金石録

淄州

春秋戰國皆屬齊秦屬齊郡漢屬濟南樂安國後漢國之晉屬樂安國後魏置東清何郡北濟郡廢隋置淄州大業初州廢倂入齊郡唐武德元年置淄州天寶元年曰淄州郡今縣四淄州長山鄒平高苑

魏孫炎碑

在長山縣西南三十里長白山東併碑陰門徒姓名甘露五年立訪碑録

魏孫炎妻碑

唐城門樓頌　滄海陸沉先生撰書人名缺開元十三年三月二十七日建

唐立鄭司農碑　唐史承節撰湜思貞行書開元十三年巳月立

唐開元寺碑　金石録

唐淄州刺史李邕撰并書開元寺隋所建本名正等唐初改曰大雲中宗初沙門玄治重修又改曰神龍寺玄宗親書額改為開元碑以開元二十八年七月立集古録目

碑初建於本寺後人移寘郡廨敗屋下余為是州遷于使坐用木為欄楯以護之

唐謚文宣王進封兖國公等詔

唐玄宗開元二十七年詔追謚孔子為文宣王使三公持節策命陵廟加人洒掃封後嗣為文宣公正廟像南面之位弟子東西列侍追封顏

子爲兖國公閔子等九人爲侯曾子等六十七

訖崔嘏撰序崔尚蔣涣王晃等撰詩李邕撰天

寶十載九月立復齋碑録

唐平盧節度薛平紀績述

唐栢元封撰八分書無姓名篆額長慶三年三

金石目録

唐醴泉寺誌公碑在鄒平縣長白山上訪碑錄

唐高死令袁仁德政碑碑缺不見立石年月在本縣訪碑錄

唐裴仁機德政碑在高苑縣諸道石刻錄

鄭司農碑崔潛撰分書無年月諸道石刻錄

唐餞小魏使君詩

唐劉思穆碑

顏神廟碑

三碑諸道石刻錄

周廣教院長老和尚碑

淮陽軍

春秋戰國屬宋魯秦屬薛郡漢屬東海郡後漢為下邳國晉宋因之梁為武州及下邳郡後魏為東徐州後周為邳州隋開皇初郡廢大業初州廢後屬下邳郡唐置邳州後州廢屬泗州又屬徐州皇朝置淮陽軍今縣二下邳宿遷

漢祝長嚴訢碑

政和中下邳民利地得之碑云惟漢中興卯金休烈和平元年歲治東宮星屬角房月建朱鳥中之萬物蕤射又云伊歎嚴君諱訢字少

苔滿字上埋龜風雨銷

舊見無人知是蔡邕碑元祐中蘇邁書胡

語謂此與劉寬碑同建詩為不誣予謂此同漢

隸之上品似非中郎筆法隸釋

漢劉熊碑陰

劉熊碑陰其可見者百八十八人不書郡邑皆酸棗人也其稱故華長雍丘令之類則邑之薦紳大夫也其稱故郡文學故督郵之類則常吏于郡者也其稱從掾位則酸棗之吏而不稱故吏

則可見列君之在官也處士之後有好學四十

餘人必泮宮之後進隸

釋

寶刻叢編卷第二

錢塘陳　思　纂次

京東西路

南京

應天府高辛氏子閼伯所居商丘也見武王封微子啓是為宋國戰國時齊楚魏滅之三分其地秦置碭郡漢為梁國東漢晉因之元魏為梁郡後周置梁州隋開皇初郡廢大六年置宋州大業初州廢又為梁郡唐復為宋州天寶元年曰睢陽郡梁號為宣武軍節度後唐改歸德軍皇朝景德四年陞應天府大中祥符七

字好文詞字扎奇古可
喜元祐間張芸叟黃魯直皆以今文訓釋之
小有異同金石錄
治平中渭之耕者得之于朝那湫傍熙寧初蔡
挺于正爲渭師乃徙置郡廨其辭正與巫咸文
同而字体亦相類惟大沈久湫神名後稱堯劑
楚師巫咸文云克羚楚〻不同者二字蓋亦當
時同刻之文也葉石林

碑藏故樞副敏肅蔡公屋壁寔熙寧戊申後七十一祀歲在敦牂故第燔毀武畧大夫汶陽李伯祥來宰宋城雅好古文從置郡廨屬予以歲月紀于碑陰首夏戊午前府從事代郡畢造記蓋紹興八年也本碑跋宅

漢山陽太守祝睦碑

碑云君諱睦字元德其下遂闕滅不能成文惟其官壽年月可見云賓于王庭除北海長史云云遷常山相山陽太守年六十有八延熹七年八月丁巳卒睦有二碑皆在南京虞城此碑不

後碑則頗完集古錄

陸宇元德

書後魏皇興四年分青州置光州領東萊郡隋文帝時罷郡仍改光州爲萊州云碑以永平四年立金石錄

後魏鄭道昭登雲峰山詩

永平四年刻金石錄

後魏天柱山東堪石室銘

鄭道昭撰永平四年刻金石録

後魏鄭道昭碑

諸道石刻録

北齊雲峯山題記

鄭述祖撰河清二年五月金石録

北齊天柱山銘

在今萊州膠水縣初後魏永平中鄭道昭爲郡守名此山爲天柱刻銘其上至北齊天統元年其子述祖維守此邦復刻銘焉碑以天統元年

五月立刻金石

唐膠水令徐公德政頌

唐王懷惠撰馮靈仙書開元十六年正月金石録

萊州刺史姚汭爲買石立碑無競東萊人墓在掖縣界中金石録

兗州

襲慶府大都督府春秋戰國為魯邾二國之境秦置薛郡二漢屬魯國太山〻陽群晉屬魯郡山陽兼置兗州宋屬魯郡太山高平魏后為晉郡北齊改為仕城郡隋開皇三年郡廢大業二年改兗州為魯郡唐武德初兗徐圓朗復日兗州天寶元年日魯郡后升太寧軍節度周降防禦

皇朝建隆元年復大寧軍大中祥符元年升都督府今縣七

瑕丘 奉符 泗水 龔丘 仙源 萊蕪 鄒縣

秦泰山刻石并二世詔

李斯篆在奉符縣泰山頂上訪碑錄

小篆之法出于秦相李斯〻之相秦焚棄典籍

遂欲滅先王之法而至己之所作則為萬世不可朽之計何其愚哉按史記秦始皇帝行幸天下凡六刻石及二世立又刻詔書于其傍今皆亡矣獨泰山頂上二世詔僅在所存數十字尔今俗傳嶧山碑者史記不載又其字特差大不類泰山存者其本出于徐鉉又有别本出于夏竦家自唐封演已言嶧山碑非真而杜甫直謂棗木傳刻尔余友人江休復謫官于奉符嘗自至泰山頂上視秦所刻石處云石頑不可鐫鑿不知當時何以刻也其四面皆石無木草而野

火不及故能若此之久也然風雨所剥其存者纔數十字而已集古錄

至正庚寅冬得于武林河下之書鋪歸寘于竹
江舊隱之凝清齋俞子中父誌

至順改元夏五月五日收此書本　保居敬記

寶刻叢編卷第三

錢塘陳　思　纂次

京西南路

襄州

春秋巳来楚見郡秦南郡之北界二漢屬南陽南郡魏置襄陽郡晋同之蕭置荆州東晋置雍州宋文帝割荆州置雍州後梁蕭詧都此西魏改曰襄州隋開皇初郡廢大業初州廢復置襄陽郡唐武德四年曰襄州天寶元年曰襄陽郡後為山南東道節度今縣六

襄陽　鄧城　穀城　宜城　中廬　南漳

漢南陽太守秦君碑京見鄧州

在宜城　碑録
在今　之故　都邑攷漢記中平三年
二月江夏兵趙慈反殺南陽太守秦頡酈道元
注水經云秦頡郡人江以夏都尉出為南陽人
守卒于南陽還葬宜城余昔從事總幕奉饟荆
楚道出古郡予荒烟落日弔所謂秦君冢者有
碑巋然剥蝕殆盡徘徊其下親視臨榻僅存數
十百字而止其額十大字曰漢故南陽太守秦
君之碑其名字除拜俱不可放天下碑録載秦
君之碑有二一在宜城一在南陽惟碑首存歟

趙二録止得碑首俱南陽本也余歷走遑鄧四懷南陽之機探古索隱無所不到訪南陽之石無有矣惜哉集古後録

漢荆州從事苑君碑

漢故荆州從事苑君之碑篆額碑云君諱鎮字仲𢒼南陽人也碑殘缺不見立石年月復齋碑録

漢築陽候相景䣘碑

在穀城西一里文字磨滅訪碑録

漢侍中王逸碑

在宜城南三里訪碑録

漢山陽太守碑

在穀城縣北二十里訪碑錄

漢司徒掾梁碑

在穀城四里建安二十七年立文字磨滅訪碑錄

司徒掾梁君碑篆額惟存錄碑二字碑錄云襄州穀城有司徒掾梁君碑建安二十七年立此黄初前一年也豈吳人尚用漢曆乎否則誤字也梁君名休字元堅爲郡五官掾歷郎中光祿主缺一字碎司後府掾拜新都令有契年月而缺

其所終太守趙君相与謚之曰貞文子銘詩以三言為文隸續

漢郭先生碑

不見書撰人名氏碑在襄州穀城縣界中其辭云先生諱輔字輔成又云年五十有二遇疾而終其文字古質蓋漢碑也其用鄉鄙字与漢婁壽碑同集古錄

隸書不著書姓人名氏字畫甚古蓋漢碑也先生名輔字甫成荆州人碑在穀城縣集古錄目

集古錄以為漢碑按後魏酈道元水經具載此

碑云碑無年號不知何代人然則歐陽公何所
據遂以為漢人矣余以字畫騐之疑魏晋時人
所為既無歲月可考始附于漢碑之末集古録
鄭先生之碑隸額鄭君名輔無歲月時代歐陽
公以為漢碑趙以為魏晋字画今碑有兩昭字
晋人所諱疑此是魏刻隸釋
魏襄陽太守劉府君碑
魏故襄陽太守虎威將軍平都亭侯劉府君碑
其字甚偉高貴鄉公正元三年四月二十日卒
丑建復齋碑録

魏劉熹學生冢碑 并陰

在今穀城縣界中余為乾德令時嘗以公事過穀城見數荒冢在草間傍有石碑傾側半埋土中問其村人為何人冢皆不能道而碑文磨滅不暇讀而去後數年在河北始集録古文思嚮所見穀城碑疑為漢碑求之又數年乃獲按襄州圖經云學生冢在縣東北水經注云魏濟南劉熹字德怡博學好古立碑載生徒百餘人其不終業而卒者葬于此號學生冢今碑雖殘缺而熹與生徒名字往往尚可見蓋余昔所見乃

學生冢而碑魏時碑也熹穀城令也集古錄
隸書文字磨滅不完其闕有稱大魏者又曰濟
南劉熹字德怡而最後有學生名百餘人并列
其所授諸經襄州圖經曰熹常為穀城令學者
多經從之其受業未終而歿者悉塟之謂之學
生冢此碑是也在穀城縣學生冢傍集古錄目
魏學生塚碑在今襄州之穀城按鮑至南雍州
記穀城穀伯綏之國其東北有學生冢冢有碑
據酈道元水經注乃濟南劉熹字德怡魏時宰
縣雅好博古教學立碑載生徒不終業而卒者

乾道初元春王月全皆鑲穀城撫得此墨本凡授尚書者二人授礼記者七人授孝經儀礼者各一人授左傳者六人授易者四人授詩者十七人各書州里姓氏字之而不名𥙊酒一人㪟吏二人生三十有八人童八人書姓字書名而不書里邑孔子作春秋視之賢否爲褒貶或以名或以字或書爵邑或不書豈亦春秋之法乎

集古後録

晉杜預碑　在襄陽縣東九里峴山下　訪碑録

梁檀溪寺禪房碑

梁信威主簿劉之遴序記室參軍鮑炯銘前輔國郡都書參軍許墻書檀溪寺者東晉人張殷以宅所立咸安中沙門道安重建宋元嘉二十五年有西域浮屠又建禪房于池水之東其地逼隘梁天監四年勅别給池西之地移而立之碑于天監十一年四月立集古錄目

梁三絶碑

劉孝儀文蕭子雲書普通三年立諸道石刻錄

梁重立羊祜墮淚碑

梁大同中以舊碑殘缺再書而刻之碑陰其載其事今附于次金石錄

晉故使持節侍中太傅鉅平城侯羊公之碑篆額正書無姓名字畫亦類劉靈書年月同下碑復齋碑錄

羊公墮淚碑不著書撰人名氏襄陽耆舊傳謂李興初撰也梁大同十年雍州刺史以故碑闕落命别駕從事史劉伯推模立此本故碑一丈一尺開元間故碑尚無盖李翰林有龜頭剥落生莓苔之句今不存矣集古後錄

梁改隨沮碑

劉之遴撰劉靈正書大同十年九月金石錄

梁平等刹下碑

梁興業寺碑

庾元威撰二碑諸道石刻錄

周刺史豆盧公德政碑

在襄陽縣東三里訪碑錄

周襄州司馬陳府君德政碑

在襄陽縣西五里訪碑錄

後周故儀同陳毅誌

保定三年癸未十二月辛卯朔十九日己酉立 復齋碑録

後周常樂寺浮圖碑

周保定四年立記室曹胡達撰其辭云襄州刺史王秉字孝直建常樂寺磚塔七層其碑文作在開元寺塔院其文字書畫無過人者特以後周時碑文少見於世故存之 南豐古録

大周鉅鹿魏居之神道字

在鄧城縣南十二里張相公墓前 訪碑録

隋興國寺碑并陰

隋內史李德林撰襄州祭酒從事丁道護書隋文帝父忠當魏周之際常將兵南定襄漢及文帝即位建此寺以祈福碑以開皇六年正月立集古録目

歐公嘗得啟法寺碑列於集古録中而於大學官楊褒處見興國寺碑以不得入録爲恨今碑陰又有襄洲鎮副總管桺立戈以下十八人姓名字書尤妙好歐陽公所未見也蔡君謨題其後云有杭州日坐客有曰小説稱丁貞永艸永固知名丁何人也予謂道護豈其人耶按法書

要録丁覘与智永同時人善隸書世稱丁眞永草非道護也金石録

興國寺在望楚山今為延慶寺南豐集古録

大興國寺銘李德林撰丁道護書隋開皇初以襄州鳳林山鳳林寺為大興國寺至今唐昌五年武宗用道士趙歸眞説大毀佛寺復僧尼為民而寺廢懿宗朝州刺史蔣係請復寺為延慶寺從之建炎初寺為灰燼此碑獨巋然露立在今府城東南十里歐陽公頃嘗見墨本于學宮揚君家欲求其本不知碑所在曾南豐謂延慶

寺在望楚山非也城西南三里有山嶕然曰尖山者其上可以見郢城宋元嘉中武陵王駿更名望楚余登望楚屢矣焉睹所謂延慶者哉

集古後録

興國寺碑陰有郴止戈而下十八官姓名亦有道護書蔡君謨題其後云杭州日坐有客曰小説称丁貞永州永曰知名丁何人也道護豈其人耶趙德夫按法書要録曰非道護丁覘与智永同時世称丁貞永章德夫之言是矣余謂丁覘在時必未得此声西臺既陷蔺書湮散丁尋卒

於維陽妙蹟日為難得已而智永師蔵以卅書名江東然後人以永草配丁真也丁覘洪亭人梁孝元在荆州凡書記俱其筆當時尚為之語曰丁君十紙不敵王褒一字独顔之推愛重而寶待之蕭子雲閣興箴患編曰君王賜書殊為佳乎姓名為誰編以覘對子雲嘆曰不為吾所稱亦奇事事見顔氏家訓恐忘之聊附于此

復齋碑錄

前陳伏波將軍陳詡墓誌

周碑缺撰開皇二十年十二月十八日葬復齋碑錄

隋啟法寺碑

隋儀同三司周彪撰襄州從事丁道護書隋開皇初詔後周所毁佛事皆後建之州人共造此寺刺史韋世康名之曰光福禪房後又改為啟法等以仁壽二年十二月立并邑人趙勵等題名集古錄目

此書兼後魏遺法与楊家本微異隋唐之交書書者衆皆出一法道護所得最多楊本開皇六年去此十七年書當益者六稍從也蔡君謨

蔡君謨博學君子也於書猶稱精鑒余藏所書

未有不更其品目者其謂道護所書如此有太學官楊褒者喜收書家藏道護所書興國寺碑是梁貞明中人所藏君謨所謂楊家本者是也集古錄

啓法寺碑開皇中立啓法寺今爲龍興寺在襄陽城西南豐集古錄

啓法寺碑仁壽二年建曹南豐以爲開皇中立誤也道護之書見于世者獨興國寺碑與此碑尔二碑俱在襄州前年春訪碑于寺正得興國寺碑而啓法寺之碑無有此可珍也集古後錄

隋儒學碑

大業三年立　諸道石刻錄

唐襄州刺史鄒襄公張公墐碑

釋法琳書蘇敬稚正書貞元七年七月立襄陽圖經云碑今亡　復齋碑錄

唐法門寺記

無撰人名氏沉季範正書貞觀十一年二月十五日立　復齋碑錄

隋處士羅靖誌

處士以仁壽四年五月二十三日終夫人張氏

於唐龍朔三年終合葬於習池復齋碑錄
襄陽有隋處士羅君墓誌曰君諱靖字礼襄陽
廣昌人高祖長卿齊饒州刺史曾祖弘智梁殿
中將軍祖養父靖學優不仕有名當代碑字畫
勁楷類褚河南然父子皆名靖爲不可曉枯拔
魏安同父名壓同之長子亦名壓祖孫同名胡
人無足言者但羅君不應尔也容齋隨筆
隋處士羅君碑字畫可喜而不載書人名氏初
余至襄州刺史館余于州治之東池有木龕壓
綱如積掃滌而視之此碑也遂撫得之去年春

徐復有荆襄之行，訪此碑，則日卒吏輩寳持不廢，碎而棄元矣，可謂不幸也。晉林邑王楊邁死，子咄立，篡其父德，改名揚邁，昭穆兩去而一名。余每笑歎，謂天下事何所不有。今羅君之父名靖，而羅君亦名靖，殊不可曉。羅君以仁壽四年卒，夫人以龍朔二年葬，自隋仁壽四年訖唐龍朔二年，則夫人之守志蓋五十有九年，以壽終，亦可尚矣。集古後錄

嚴寺西德義社浮圖銘

儀鳳二年四月八日立，在鳳林山。復齋碑錄

唐啓法寺金銅無量壽像碑

唐張昌齡撰吳知礼分書永淳元年四月八日

建復齋碑錄

唐孔子廟堂碑

唐于敬之撰正書無姓名垂拱元年立其前題

魯大司寇贈太師宣尼父孔丘廟堂碑銘春秋

之法或書字或書名皆所以寓襃貶之意今敬

之爲孔子廟碑而斥其名何哉金石錄

唐襄刺州史封公碑

撰人姓名殘缺宋之愻正書垂拱元年十月立

字畫頗佳之懸之間第也金石錄

大周静貞觀碑

何彦先撰正書無姓名登封元年二月立

唐尹仁恕妻章夫人墓誌

正書無書撰人名氏題云三代孝子尹府君妻常夫人墓誌開元二年十一月立復齋碑錄

唐遍學寺碑

唐黄門侍郎常承慶撰太子詹事越國公鍾紹京書將仕郎院弘靖建禪院于遍學等以開元二年立此碑集古錄目

承慶有詞學張易之敗時承慶以付記方待罪
家推令草赦書承慶援筆而成衆壯之紹京景
龍中以苑總監從討韋氏有功性嗜書家藏王
羲之獻之褚遂良書數至十百卷以善書直鳳
閣武后時榜諸宮殿明堂及銘九鼎皆紹京書
也其字畫妍媚遒勁有法誠少與爲比然今所
見特此碑尚完尤爲可愛也遍學寺于宇文周
爲常樂寺於今爲開元寺南豐集古録
唐常承慶撰鍾紹京書按書苑紹京者鍾繇十
五世孫按姓纂繇弟演演玄孫雅雅五代孫韜

繇孫龍龍曾孫法威生紹京乃鍾演十五世孫繇十五世之姪孫耳武后時題諸宮殿明堂及銘九鼎俱紹京筆當時呼為小鍾景龍間以諫常氏拜中書令朝廷稱其功勛忠鯁筆翰為三絶明皇在藩邸愛重其書及即天子位復拜戶部尚書太子詹事此碑開元二年立集古後錄

唐裴觀德政碑

唐賈昇撰僧湛然分書開元八年立在峴山復齋碑錄

唐御製孔子廟堂贊

開元十一年八月四日建諸道石刻録

唐刺史靳怡遺愛頌并陰

唐張九齡撰高懿正書開元十一年立碑陰

群官陪靳使君登峴山紀文復齋碑録

唐韓公井記

不著書人名氏八分大書三字曰韓公井其記真書舊傳井有靈人不敢汲唐採訪使韓公酌而飲之由是汲者無患故以為名韓公名朝宗碑以開元中立在宜城集古録目

開元二十二年初置十道採訪使韓朝宗以襄

州刺史兼山南東道採訪使襄州南楚故城有昭王井傳言汲者死行人維暍困不敢視朝宗移書諭神自是飲者無恙人更号韓公井楚故城今謂之故牆由梁太祖文烈祖名誠當時避之故至今猶然此記今移在郡廨中南豐集古錄

唐狄履温遺愛頌公

唐周擇從撰蕭誠書天寶三年正月金石錄

襄陽令河南庫狄君遺愛頌天寶中周擇從撰蕭誠書石已中斷僅存其半云名履温峙之後按北史庫狄峙傳其先遼東人段匹磾之苗裔

以避難變姓軍狄後集古錄

唐尹仁恕闕文并旌表記

不著書撰人名氏闕文凡十二字曰大唐孝子四葉旌表尹仁恕闕其後有記仁恕曾祖養伯字嗣宗祖忭字守忠父暮先字冬筍仁恕字南金皆以孝行被旌表仁恕闕以天寶五年立集古錄目

唐尹氏孝德記

唐吏部尚書同中書門下三品張柬之撰不著書人名氏忭字守忠襄陽人仕親居喪皆以孝

稱貞觀龍朔中再有詔褒美旌表門閭碑以天寶五年立集古録目

襄陽尹氏世以孝聞天下嗣宗生悍悍生纂先纂先生仁恕一門四闕而此記又張柬之作忠臣孝子萃此一碑可尊也集古後録

唐放生池碑

唐襄陽太守山南東道採訪使李憕撰字爲八分不著名氏憕以城下漢水爲放生池立此銘不著年月集古録目

唐放生池石柱銘

不著書撰人名氏天寶十年李燈為襄陽太守父老李君秀等諸以襄陽臨溪兩縣江水近城者為放生池止人漁釣立石柱於東西境上以表之因以君秀等狀及州符刻於柱上集古録目

放生池唐世處處有之王者仁澤及於草木昆虫使一物必遂其生而不為私惠也易大傳曰庖犧氏之王也能通神明之德以類萬物之情作結繩而為網罟以佃以漁蓋言其始教民取物資生而為萬世之利此所以為聖人也浮屠氏之說乃謂殺物者有罪而放生者得福苟如

其言則庖犧氏遂爲人間之聖人也下之罪人也集古録

唐襄陽牧衛玠遺愛頌

唐李邕撰蕭誠書天寶中立訪碑録

唐襄陽牧獨孤册遺愛頌

唐李邕撰蕭誠行書天寶中立金石録

唐江夏太守李邕撰蘭陵蕭誠書府君名册字伯謀河南人嘗爲襄州刺史此碑襄人所立也石爲四面其兩面剥缺不可讀不知所立年月集古録目

蕭誠書世多有而此尤佳碑在峴山亭下碑爲四面其一面最完今人家傳所祇有一面而余所得有二面故其一面頗有訛闕也府君諱冊字伯謀河南人也集古錄

唐襄陽令盧僎德政碑

唐太子正字闕寬撰伊闕縣尉集賢院待制史惟則八分書僎字手成范陽人爲襄州長史此蓋去思碑也碑字多殘缺不見所立年月集古錄目

唐襄陽令盧君德政碑天寶中立金石錄

唐王粲石井欄記

魏侍中王粲故宅在襄陽其石欄至唐猶存上元二年山南節度使来瑱移之于刺史官舍叅謀甄濟撰記判官彭朝儀書上元二年七月立集古錄目

甄濟者韓愈所謂陽瘖避職卒不污祿山父子事者也其文得之為可喜而朝儀書尤善皆可喜者也南豐集古集

唐廣習池記

唐盧允中撰大曆二年立訪碑錄

唐襄州新學記

唐盧群撰羅讓書貞元五年六月建碑陰題山南東道節度副書王皐等十三人名銜復齋碑録

唐漢陽王張柬之碑

唐李邕撰瞿令問八分書貞元十二年十一月立金石録

唐王粲石井欄又記

唐上元二年來瑱移之州治立石作記貞元十七年于頔爲節度又爲之記掌書記胡証八分後又題記頔進封燕公隨軍扈賁書貞元十年六月立集古録目

唐脩劉景井廟記

唐盧群撰羅讓書貞元中立訪碑錄

唐孟浩然碣

唐樊澤撰正書無姓名無立石年月金石錄

唐處士孟君墓碑按唐史浩然襄陽人卒于開元之末契澤爲節度使乃刻碑鳳林山南封寵其墓余嘗親拜墓下碑劉兩面其一面極磨滅首行有江南風景四字墨工謂之江南風景碑多不摸傳余友複所味乃同一碑尔遂語諸人其後得全碑音自余始此碑樊澤撰不載書人

姓名襄陽耆舊傳謂亦樊澤書其間可与言詩及詩語樂和詩字俱從昔從字此字於他書無所見獨見于此聊記之後集古録

唐樊成公遺愛頌

唐中書舍人平章事李絳撰太子少保鄭餘慶書襄州刺史山南東道節度使表滋篆額滋以憲宗時鎮山南言故貞元中節度使樊澤在州有善政請立遺愛碑絳奉勑撰澤字安時南陽人後終於荊南節度謚曰成碑以元和八年十二月立集古録目

碑云相國賈公時鎮漢南以公爲行軍司馬明年名賈公代其鎮賈公者賈耽也初耽以德宗在梁使澤養事儀有急詔以澤代耽大將張獻甫曰天子播越行軍以公命問行召及反利公土地可謂事人不忠矣軍中不平謂爲公毅之耽曰是何謂也朝廷有命即爲帥矣碑稱詔書始下而人情恍毁簷之不可以爲信如此

集古錄後

唐絳州長史李君夫人京兆杜氏墓誌

從弟宣猷撰大和五年葬于襄陽明年厝于習

池後記李公諱齊用大和九年卒祔子夫人塋孫亞夫記復齋碑録

唐文宣王廟記

唐裴度撰崔倬書盧弘宣篆額大和六年四月金石録

唐王粲石井欄别記

唐會昌二年節度使盧鈞復理粲舊井别作新石欄而記之前武功縣尉李掖書集古録目

唐創修五道將軍記

唐朱泳撰無書人名氏會昌三年七月復齋碑録

唐修興國寺舍利塔銘

唐魏子述會昌四年二月建復齋碑録

唐漢江神廟記

唐孟珏記正書無姓名會昌六年八月立復齋碑録

唐三聖蘭君鏡燈記

唐楊知遠撰屈師穆八分書古文篆額大中五年七月建復齋碑録

唐立蜀相武鄉忠武侯諸葛公碑

唐李景讓撰正書無名氏篆額大中十年三月建復齋碑録

唐延慶院記并碑陰勑牒

唐蔣係撰魏修正書咸通三年八月立碑陰勑

牒二咸通二年趙翻正書復齋碑錄

唐尊勝經

咸通七年五月諸道石刻錄

唐徐商德政碑

唐李騭撰李曉隸書并篆額咸通六年十二月

建復齋碑錄

唐延慶院經藏銘

唐趙璘撰裴光遠八分書并篆額咸通九年六

月建復齋碑録

唐義亭記

唐劉盧白撰裴光遠正書篆額咸通九年六月

立復齋碑録

唐聞喜亭記

唐趙璘撰咸通十一年四月五日作亭復齋碑録

唐新殺池臺六詠

唐裴坦撰正書無名氏咸通十一年立刻于聞

喜亭記碑陰復齋碑録

唐雲麾將軍宋戒墓誌

唐淮安王趙公祠堂記 在襄陽縣 諸道石刻錄

無建碑之歲月又不載其名字莫詳為誰余疑趙德諲即其人也按唐書德諲傳初從君宗權為右將以討黄巢初授申州刺史而碑云大寇作二京陷公始為義陽郡太守義陽郡即申州也又按光啓二年秦宗權陷襄州以德諲為山南東道節度留後文德元年德諲以襄州降以德諲為忠義軍節度使宗權平加中書令封淮安郡王還拜次序與此碑所書俱合碑又云今令

公功業不虧于舊日官營更顯于昔時今令公者其子中書令正凝正凝以天初元年封楚王此碑蓋立于龍紀之後天祐之前故止稱為今令公也集古後錄

後梁重建鼓角樓記

鄭勞謙撰正書無名氏開平二年十二月復齋碑錄

梁修峴山亭記

無書撰人名氏篆額貞明二年十一月諸道石刻錄

晉卧龍山武靈王學業堂記

李光圖撰正書無名氏篆額天福三年七月記

後叙
碑録

通州名园尉鄧茂誌

從孫程撰劉虔古書并篆額咸通十一年八月復齋碑録

唐社稷壇記

唐容管經畧推官皮日休撰國子監缺學博士裴先遠八分山南東道節度使裴坦新脩州之社稷壇以咸通十二年刻此記集古録目

唐山南東道五押衙韓玫誌

正書無書撰人名氏乾符己亥九月復齋碑録

唐新立鎮南將軍劉表廟碑

唐陵州刺史劉權撰并書劉表字景昇山陽高

平人後漢朱為荊州牧僖宗時山南東道節度使劉巨容嘗夢見之故為立廟巨容自稱裔孫碑以廣明二年立集古錄目

唐劉表碑陰

碑陰劉巨容題記與廟碑同巨容既立廟因于墓側搆水渟為遊宴之所狀記表僚屬蒯越韓嵩等及蜀先生在荊州事迹未有表所作山道口亭銘刻在廟碑之陰集古錄目

唐改封武威王新廟記

唐徐礪撰正書無名氏篆額光化二年六月立

鄧州

春秋時申鄧二國之地战國屬韓自後屬楚秦置南陽郡二漢因之晋屬南陽國文頃陽義陽二國之境宋齊為南陽國後魏兼置荊州西魏置重鎮隋開皇初改為鄧州大業初州廢復置南陽郡唐武德二年曰鄧州天寶元年曰南陽郡梁陞為宣化軍節度後唐改曰威勝周改曰武勝今縣五穰縣南陽內鄉淅川順陽

漢張平子前後殘三碑

漢崔子玉撰并書其刻石為二本一在南陽一在宛城大聖中有右班殿直趙球者知南陽縣事因治縣廨毀馬臺得一石有文驗之乃斯銘

也遂龕于廳事之壁其文至九百君子而止其後半亡矣其在向城者今尚書屯田員外郎謝景初得其半于向城之野自九百君子以上其前半亡矣今以二本相補續其文遂復完而闕其最後四字然則昔人爲二本者不爲無意矣唐寶曆中有徐方回者別得二十一字去是銘最後又疑球所得南陽石之半亡者爾今不復見則又亡矣惜哉集古録

小篆世傳崔子玉撰并書衡字平子南陽西鄂人仕漢至何開相碑有二一在今鄧州南陽縣

自几百君子以下亡其半一在縣之內城村自
几百君子以上亡之今以二本相續而文遂完
毛元素撰無立石年月復亝碑錄

梁將軍碑
在穀城縣北二十里訪碑錄

節度使梁崇義碑
在襄陽縣東二里訪碑錄

大將軍席肅公之神道

陳仁稜書彌陀經

延慶院重脩法堂記

韓思複碑

道德經幢

五碑諸道石刻錄

唐重置開元寺碑

唐陶祥撰劉膺之八分書并篆額大中八年七月

立碑復立碑錄

䲝君廟記

楊倫書諸道石刻錄

書表元愷二子曰思莊思行而亦不著名此不知其為誰也碑以調露二年立集古録目

唐元府君德政碑

不著書撰人名氏府君名思哲字知仁河南洛陽人以絳郡夏縣令卒于官縣人右監門校尉陰神義等為立碑以頌德以調露二年立在夏縣集古録目

周石柱銘

唐陝州刺史碑缺撰八分書不著名氏

柱者相傳以為周召分陝所立以别地

著所刻年月騐其字武后時
等題名集古録目
唐楊玄琰碑
唐崔沔撰梁昇卿八分書開元六年四月
唐萬回法師碑
唐徐堅行書無姓名開元十年又五月金石録
唐立閔龍逢碑
在靈寶縣西南七里唐太宗東巡致祭開元十
三年立碑舍人吴鞏之詞寰宇記
唐刺史盧奐廳事贊

唐玄宗御製御書帝西幸過陝府至奠廳事題贊于其壁奠以刻名并謝表批答附于後碑以稱徵士蓋聘君而不行者自第二至第五列以其後四行直書冢下復氏姓名皆郡小也故不當律今後一行云永壽三年孔從事所立續隸

漢韓勑孔廟後碑兩側題名

兩題名廣不及尺長如其碑蓋是刻于兩傍者趙氏錄韓君後碑亦有陰豈即此耶或别有之也大中祥符年遣翰林待詔尹熙右書七十二賢贊有鐫記在其上又有知縣廟事孔子四十

四代孫景同誌之文知此在孔林而為韓碑題名較然矣石之一有唐人李昡及慶曆中莘昔渝題識歲 皆刻于漢字之上使古侵蝕吁可惜哉隸續

漢泰山都尉孔宙碑

碑云君諱宙字季將孔子十九世孫也六年十一延熹六年正月乙未以疾卒于官官閥甚簡又或殘鈌不完但見其舉孝廉為郎遷元城令遂為泰山都尉爾集古錄

隸書不著書撰人名氏孔君名宙字季將孔子

十九世孫後漢怡帝時爲泰山都尉以疾致仕

碑以延熹七年立集古録目

有漢泰山都尉孔君之碑篆額孔君名宙字融

之父也歷郎中都昌長元城令泰山都尉威宗

唐右庶子于府君碑

姪孺郡撰沙門重潤分書開元十年七月復齋碑録

唐萊州刺史于府君碑

撰人姓名缺沙門重潤分書開元十年七月

復齋碑録

唐靈巖寺碑

唐李邕撰并書天寶元年立諸道石刻録

唐靈州都督李公碑

撰人姓名殘缺杜混元并書李公諱琳碑以天寶三載析木月立金石録

唐刺史封公德政碑

文字缺落难餘首尾訪碑録

漢征西大將軍楊僅碑

在三亭鄉路中訪碑録

晋阮籍碑

在縣東西十五里阮墓鄉石馬村墓南二十步

文字缺落难首尾存訪碑録

唐尉氏令李良清德頌在縣衙公門外天寶五載立訪碑録

唐立晉阮籍嘯臺碑

唐獨孤及撰在縣衙東南二十步籍每追遊名賢攜酌長嘯登此也寰宇記

皇帝之後官至右武衛大將軍謚曰昭碑以開元八年立在蒲城集古録目

唐涼國長公主碑

唐蘇頲撰明皇八分書開元十二年八月立公

主睿宗女也金石錄

唐西嶽大洞張尊師碑

唐王延齡撰李慈書尊師名敬忠字誠華陰監東里人為西嶽雲臺宫主碑以開元十四年四月立集古錄目

慈之書𤣥兼虞褚而遒麗可喜不知為何人以其時書當時未必不見稱於世蓋唐人善書者多遂不得獨擅既又無他可稱遂至泯然于後世以余集錄之傳慈所書碑祇得此尔集古錄

唐高祖駐馬佛堂碑

唐渭南縣興法寺僧貞慶撰并八分書高祖武德二年嘗幸渭南至大韓村其父老以爲榮立佛像於其地謂之駐馬佛堂歲久碑記缺落開元十七年村人韓祚等重建集古録目

唐華嶽真君碑

唐華陰丞陶翰撰韋騰書玄宗開元十九年加五嶽神號曰真君初建祠宇立此碑集古録目

唐代國長公主碑

文章篆畫撫向城之本而勒之南陽更爲横卷
用便卷舒耳非如杜元凱兩碑之謂也集古後録

漢司空宗俱碑

碑云公諱俱字伯瀶南陽安衆人之而其額題
漢司空宗公之碑〻已殘缺不成文理而官秩
名字鄉里将完可考故詳録之金石録

漢司空宗公碑篆額碑之文皆已殘缺惟名字

郡邑父祖獨存而官秩尚可見宗公名俱以察孝廉爲城門候歷郎中議郎五官中郎將越騎校尉汝南太守少府太僕太常遂拜司空范史紀建寧三年七月太常宗俱爲司空熹平

漢司空宗俱碑陰

宗俱碑陰額上六大篆曰門生五碑人名在碑甚利滅碑背所損都不多上下凡四横書其人郡邑名字路無官稱當是門生未筮仕者故吏不應無碑不傳于後並爾 隸續

漢宗資墓天祿辟邪字

在宗資墓前石獸膊上按後漢書宗資南陽安衆人也今墓在鄧州南陽界中墓前有二石獸刻其膊上一曰天祿一曰辟邪 集古錄

篆書四字後漢宗資墓前有二石獸刻其膊上

盧人中宗時爲雍州司兵參軍坐魏元忠流死袁州天寶中子伯連爲咸陽令追贈悌文部郎中 集古錄目

唐薛悌碑天寶十三年二月 金石錄

唐玄宗登道遥樓詩

唐玄宗御製并分書太常卿姜晈書年月蒲州

刺史王璵以詩刻石請御書碑額表一蒲州刺史顔真卿書荅詔肅宗書以乾元元年立集古録目

唐王公城河中頌

陳翃撰盧欽正書上元元年正月金石録

唐萬泉令裴千鈞德政碑

唐蕭嵩正書皇太子已下題

唐蒲州刺史裴寛德政碑

唐趙良器撰韓擇木八分書開元二十四年訪碑録

唐禹廟題名

唐陝州别駕崔顥等題名字爲八分不著名氏

開元二十五年刻集古錄目

唐萬廟頌

唐龍門令呂延祚撰楚順八分書開元中刻於漢宗李方禹廟題名之上隸續

唐贈文部郎中薛悌碑

唐國子司業蘇頲撰武部郎中徐浩八分悌長

漢御史孔翊碑

熹平元年立在家前孔子十九世孫州舉孝廉拜御史遷中平洛陽令闕里記

漢孔秉碑

君諱秉字敬山　修嚴氏春秋在孔子墓林中闕里記

漢孔林殘碑

篆書碑石中斷字畫磨滅不可讀闕里記

漢鄉史大夫鄭宮碑

在龔丘縣墓下訪碑録

漢御史大夫中式墓碑

在奉符縣北二十五里訪碑録

中候尚書尚書僕射

常山相山陽太守以威宗延熹七年卒隸釋

漢山陽太守祝睦後碑

前碑不知所立人名氏而碑所載官閥壽考年月悉同而立此碑有立碑人名氏及睦氏世次云故吏王堂等竊聞下有述上之功臣有叙君之德其餘文字亦完可讀集古錄

漢隸不著書撰人名氏睦故吏王堂等所立其所叙述與前碑同集古錄目

漢故山陽太守祝君碑頌篆額與前碑皆在應

食之逆數而上十月無甲子趙德夫金石錄識

于目録之下云建寧二年六月然此碑其稍漫不可識者財十有四字其可識者三百十字而十月甲子又特金好無昏舛可信而不疑况是年六月一日辛未亦無甲子唯建寧三年十月乃正得甲子朔碑所謂其二年者元年之後二年也集古後録

漢郴敏碑陰六玉

郴敏碑陰其上刻一翁若鳳其下則麟也中有牛首銜環兩旁兆六玉其右則瑁圭璧其左則琮璋璜隸續

隨州

春秋隨國戰國屬楚秦屬南陽郡二漢因之晉屬義陽郡惠帝置隨郡宋齊之西魏置并州後改曰隨州隋開皇郡廢大業初州廢置漢東郡唐武德年曰隨州天寶三年曰漢東屬皇朝乾德五年陞崇義軍節度大平興國元年改崇信軍今縣三隨縣唐城棗陽

漢舜子巷義井殘碑

舜子巷義井碑凡二十三行行三十七字石理皴剝僅有五十餘字依約可辨其間有光和三年字知為漢碑也碑在隨之舜子巷元祐丁卯年郡守許覺之始徙於後圃識其陰云五大夫

秦爵也秦距

菩提達磨碑

圓覺大師塔碑

三碑諸道石刻録

漢東故物

韓秀榮八分書 訪碑録

唐靜塞軍使張公碑

無書寫人姓名及年月 訪碑録

唐司天監徐府君妻河東郡君符氏葬記
長慶三年京兆金石録

唐翰林學士院新樓記
唐韋表微撰鄭濬正書唐玄度篆大和元年十二月刻諸道石刻録

唐沈傳師沈述師題名記
大和二年京兆金石録

唐楊承和塔陰文
唐左威衛上將軍知内侍省楊承和
唐玄度篆塔承和所造也此文

次以浮圖之法死則焚而藏

不知其人

唐贈鴻臚卿魯仲瑜墓誌

唐賴棐撰姚南仲行書開元二年

唐開業寺主崇絢法師碑

唐扶風司馬裴法撰南京開元

驃騎大將軍高力士題額崇絢姓趙氏

寺主碑以乾元二年五集古錄目

唐國子司業顏允南碑

寶應元年立在使廳京兆金石錄

碑不見其首尾其字畫与所叙述蓋真卿所并書其兄允南之碑也集古録目

謚曰康碑以貞觀中立集古録目

八分書無書撰人姓名年月殘缺高宗時立金石録

唐贈太尉房玄齡碑

碑缺不見書撰人名氏考其字畫褚遂良書也玄齡字喬清河人唐初官至司空梁國公贈太尉謚曰文昭碑以貞觀中立碑缺不見年月集古録目

文字磨滅斷續不可考究推其名字僅存其後題脩國史河南公而姓名殘缺者褚遂良也碑高宗時立金石錄

唐駙馬都尉豆盧懷讓碑

永徽元年京兆金石錄

唐贈并州都督豆盧寬碑

唐門下侍郎李義府撰正書不著名氏寬字欽恕位至光祿大夫封茂國公贈并州都督謚曰定碑以永徽中立在昭陵集古錄目

唐光祿大夫豆盧寬碑永徽元年六月立金石錄

唐太常卿薛收碑

唐于志寧撰書人不著名氏收位至天策府記室太常卿定州刺史謚曰獻碑多漫滅志寧官爵收字及鄉里塟之年月皆不可見集古錄目

以建寧三年四月立金石錄

漢故沛相楊君之碑篆額碑缺不知其名髣髴有當波君字按楊震碑云長子牧富波侯相牧子統金城太守沛相則知此爲楊統碑也順帝以其忠臣之苗特召爲郎歷常山長史犍爲府丞鮦陽侯相金城太守車騎將軍從事議郎五

官中郎將沛相以靈帝建寧元年立故吏載條等共立此碑隸釋

漢沛相楊君碑陰

楊氏世塋閿鄉墓側皆有碑集録皆得之乃太尉沛相高陰者不知爲何人碑文字殘滅其一其在者十四人集古録目

楊統碑陰十五人不稱郡皆

漢高陽令楊君碑

漢隸不著書撰人名氏首尾不完不見名字據

碑嘗爲高陽令最後爲善鉅侯相而碑額但曰高陽令楊君碑據楊震碑高陽令名著震孫也集古錄目

首尾不完而文字尚可識云司隸從事定潁侯相最後爲善鉅侯相蓋其中間嘗爲高陽令而碑首不書最後官者不詳其義也按楊震碑高

上元二年京兆金石錄

唐右驍騎大將軍阿史那忠碑集古錄作薛忠碑

不著書撰人名氏忠字義節京兆萬年人唐上元中位至右驍衛大將軍贈鎮軍大將軍謚曰

貞碑以上元二年十月立集古錄目
碑偶闕其姓游師雄作昭陵圖乃以為薛國忠
而歐陽公亦以為薛國忠也今以碑傳參考碑
云出光四鎮入掌六師屬東戶之昌辰處此軍
之重任一居軒禁四十八年而傳云阿史那忠
字義節蘇尼失之子也以功擢左屯衛將軍尚
宗室女定襄縣主始詔姓獨著史封薛國
子家集錄所見頗多自開皇仁壽而後至
宗已前碑碣所刻往往不滅而歐虞多不著名
氏如鉗耳君清德頌或有名而其名不顯如丁

道護之類不可勝數也慧湛陳人至唐太宗時始改葬尔其銘刻字畫遒劲有法翫之忘勌惜乎不知爲何人書也集古錄

唐駙馬都尉蕭銑碑

貞觀中立京兆金石錄

唐贈太常卿褚亮碑

書撰人名氏皆缺文爲隸書亮字希明河南陽翟人仕唐至散騎常侍弘文舘學士贈太常卿

洛陽縣

漢太尉劉寬故吏碑

漢隸不著書撰人名氏寬字文饒弘農華陰人靈帝時官至太尉封逯鄉侯謚曰昭烈此碑故吏李謙等所立集古錄目

寬有兩碑皆在洛陽上東門外官道傍此碑據藝文類聚乃桓麟撰殺碑不知何人所爲然字體則同也金石錄

碑云君諱寬字文饒弘農華陰人也中平二年二月丁卯薨夏四月庚戌葬故吏李謙等立碑

復齋碑錄

碑篆額劉公名寬其父崎爲順帝司徒寬事靈帝兩爲太尉通四載以中平二年卒故吏李謙等立此碑又有門生一碑皆在洛陽上東門外兩碑遺文頗相犯字畫又不相遠所叙歷官行事多與本傳合隸釋

漢太尉劉文饒碑一故吏李謙等立一門生商芑等立在今西都上東門外官道之北洛陽尉射圃中近歲好事者亭以覆之目其亭爲寶刻

蓋以是碑爲蔡中郎書故名爲二碑陰各有題名唐湖城公劉奭修碑記次存爲予官洛五年每過上東必徘徊碑下想文饒之高風玩中郎之妙楷与歐陽信本之觀索靖書碑坐卧不能去何以異云因令士椎拓二碑及陰文裝爲三帙而時觀也（東觀餘論）

漢劉寛故吏題名

寛碑有二其故吏門生各立其一也此題名在故吏所立之碑陰寛以中平二年卒至唐咸亨元年其裔孫湖城公奭以碑歲久皆仆于野爲

再立之并記其世序集錄右

寛兩碑皆有陰唐咸亨中碑仆于野其裔孫周

王記室參軍奭字元奭重為建立寛以中平二

十七人三河九十一人與其後八郡

者三輔六十五人歷滅之子什五六五郡

餘人可辯財什二三劉公兩碑俱有陰此則

生之陰也其字畫劉劭法度森嚴與石經公羊

詩書相亂隸續

漢太尉劉寛神道二

其一曰漢太尉劉公諱寛字文饒其一曰漢太

尉車騎將軍特進昭烈侯劉公神道各有一螭
蟠屈乎其上而下作獸面如夔鼎開饕餮之象
當是斐闕所刻字法與正碑相類圖畫則微拙
不及王稚子沈新豐之精也劉公葬于洛非僻

壽安縣

漢甘棠館記

唐壽安尉蕭昕撰大理司事史鎬八分書盧璟篆額甘棠館者前縣令李公字退思所立此碑大曆十一年縣令李縱所建又有重刻碑記貞元八年縣令李詞刻等往還此館題名者十六人附于後 集古錄目

唐甘棠館題名

唐人題名始終貞元大中之間自司勳員外郎薛存誠至東都留守韋夏卿凡數十人 集古錄目

自唐德宗貞元以來止于會昌文字多已磨滅惟高元裕韋夏卿所書尚可讀甚矣人之好名也其功德之盛固已書竹帛刻金石以垂不朽矣至于登高望遠行旅往來慨然寓興于一時亦以勒其姓名留于山石非徒徘徊俯仰以自悲其身世亦欲來者想見其風流夏卿所記留連感愴意不淺也故余于集古每得前世題名未嘗不録者憫夫人之甚好名也集古録

唐東都留守李憕碑

唐中書舍人李紓撰洪州刺史沈傳師書商州

防禦隨軍儲或篆額憕隴西成紀人官至礼部尚書東都留守祿山叛攻東都城陷死之追贈大尉謚曰忠懿碑以大曆四年立集古錄目

唐贈太尉李憕碑文宗時立金石錄

唐崔能神道碑

唐兵部侍郎李宗閔撰能弟檢校吏部尚書判東都尚書省從書户部尚書胡証篆額能字子才清河東武城人官至嶺南節度觀察使贈礼部尚書碑以長慶三年立集古錄目

唐淮南節度崔從碑

唐翰林學士蔣伸撰權知太子少傅柳公權書

從字子義清河東武城人官至淮南節度副大

使贈司空謚曰貞碑以大中八年立集古録目

福昌縣

唐穀州刺史裴君清德頌并陰

正書無書撰人姓名永徽五年三月立金石錄

裴君名律師碑篆書題額云大唐穀州刺史裴公德政之碑按隋書地理志義寧二年以新安縣置新安郡唐武德元年曰穀州貞觀元年徙穀州治治澠池六年徙治福昌顯慶二年州廢以福昌永寧長水屬洛州復齋碑錄

周福昌令張公頌

前鳳閣舍人薛稷撰不著書人名氏考其字書

疑亦稷所書也張君漢相蒼之二十九世孫武
后時自福昌令從爲洛陽令而福昌人爲之立
此碑張君名及立石年月皆剥缺不可辨集古錄目
周福昌令張君清德頌大足元年九月立金石錄

伊陽縣

唐監察御史李希倩碑

唐李邕撰梁昇卿八分書徐浩篆額天寶二年四月金石録

唐秉真禪師靈塔碑

唐長子主簿王雄風撰胡霈然書并篆額禪師姓麻氏陸渾人景龍二年爲陸澤山圖以獻中宗自書寺名曰兜率以賜之及其卒衛尉卿崔從礼之妻李氏得其舍利起塔而藏之碑以天寶七年八月立集古録目

唐元魯山墓碣

唐監察御史李華撰太子太師顔真卿書院學士李陽冰篆額魯山名德秀字紫芝河南人當為魯山令碑以建中四年秋立集古錄目

唐平泉山居詩

唐李德裕撰并分書開成五年金石錄

唐李德裕撰平泉者德裕山居之所也其間多得四方奇草異本名花怪石而置之因綴為之記其在平泉及歷守宜春金陵至于為相有平泉詩凡六十七首同以刻石皆隸書文有臨池

搨記凡数十字篆書皆不著名氏集古錄目

讀山居詩見文饒夢寐不忘于平泉而終不得少償其志者人事固多如此也余聞釋子有云出家是大丈夫事蓋勇決者人之所難也而文饒詩亦云自是功高臨盡處禍来名滅不由人者誠哉是言也集古錄

唐平泉草木記

唐李德裕撰并分書開成五年金石錄

德裕處富貴招權利而好奇貪得之心不已至或疲斃精神于草木斯其所以敗也其遺戒有

云壞一草一木者非吾子孫又近乎愚矣集古錄目

唐檢校戶部尚書高重碑

姪元裕撰柳宗權正書會昌四年十月

唐　　大曆四年十月一

日孫沛建王全榮行書倒薤額復齋碑錄

唐脩建功德銘

唐湖州刺史蕭公創建佛室造三世佛及諸功

德等銘武康令韓章撰前衢州龍游縣尉徐浩

書立悌篆額大曆六年立復齋碑錄

唐立晉謝公碣

唐裴倩撰僧道鋭書大曆七年十月十一日龍興寺沙門皎然建復碑 金石錄

唐謝公碑陰記行書無書撰人姓名大曆七年十一月 金石錄

後周秦始皇碑 金石州錄

大象二年立在不夜城即今文登縣 訪碑錄

田使君德政碑

文登石橋記

蓬萊閣靈應碑

三碑諸道石刻錄

唐長生田記

唐顔顒撰何歸儒書并篆額諸道石刻録

唐赤城山中巖寺碑

沙門神邑撰于僧礪書開成元年復齋碑録

唐倉山廟記

唐宋誠撰八分書無姓名篆額會昌六年十月記

復齋碑錄

唐國清寺額

唐柳公權書天中七年八月八日僧澄觀乞額狀及柳公權批答諸道石刻錄

唐天台專元院記

唐金輪寺碑

唐桯獻可撰隂冬曦正書貞元五年京兆金石錄

唐贈戶部尚書符令奇碑

唐鄭叔規撰貞元八年立在富平京兆金石錄

唐贈工部尚書李彙誌

唐沈亞之撰南平書貞元十八年立在華原京兆金石錄

唐歙州刺史贈大僕少卿李公碑

唐鄭雲逵撰并書袁滋篆額貞元二十年諸道石刻錄

唐丞相王播碑

月六日復齋碑錄

南唐彌勒菩薩上主殿記

楊搋撰僧慕莊書保大三年二月二十日杜昌業建（諸道石刻錄）

南唐大一觀董真人殿碑

道士倪少通撰道士鍾德載正書并篆額保大十一年十一月（復齋碑錄）

南唐東林寺上方禪師舍利塔記

彭濆撰并分書額伊從道正書保大十四年歲次丙辰十月庚申建王文秉刻（復齋碑錄）

南唐文宣王廟記

孝子董蒲闕其中刻一禽頗大兩旁各一獸銜

璪佩之屬甚類處士金恭闕翕之下横書七行云孝子淦鄉宜利里董蒲亦与金恭闕相類翕之右有一行云永寧二年三月辛巳朔十一日辛卯掾李純有秩張成其間數字難辨此闕先書年月朔日人有掾史姓名與墓門之闕不同必董君孝行著聞官爲甄表而立此闕二獸不見下體恐時列文辭或在其下

馮君開道碑

馮君開道碑咸宗和平元年刻凡六十九字紀其披山開道人氏歡悦之利未有曹史孔囿三

唐鈕孝孫撰劉損之書永徽五年立在富平

京兆金石録

唐趙州都督于德芳碑

從弟志寧撰蘇李子分書麟德元年四月八日

遠在三原碑復齋碑録

唐于志寧神道碑

唐令狐德棻撰碑男立政書乾封元年十一月立

金石録

唐淄川公李同碑

撰人姓名殘缺諸葛思禎正書咸亨元年五月

金石錄

唐李商隱撰梆公權細書大中元年〈復齋碑錄〉

唐李公夫人武功蘇氏墓誌

從弟滌撰梆公權細書夫人蘇味道孫女李泳妻也〈復齋碑錄〉

唐殿中省尚衣奉御蔣洞幽墓誌

唐仕吉撰朱玘書大中元年〈復齋碑錄〉

唐宿州刺史李弘本墓誌

唐杜祕撰張行周正書大中元年〈京兆金石錄〉

唐安國寺産業記

僧王言撰大中五年刻于大建法師碑陰京兆金石錄

唐大中復寺勅

唐姜源公劉廟碑

唐高郢撰張誼行書貞元九年四月立金石錄

唐五夫人堂記

唐邠寧節度使畢誠撰不著書人名氏據記鄜令公五夫人堂以大曆五年初立然不知所謂五夫人者爲可神也大中九年刻集古錄目

唐東廳記

唐盧弘茂撰李景初書諸道石刻錄

唐邠寧節度高霞遇德政碑

唐常處厚撰王良客書 諸道石刻錄

隋西平太守上官政墓誌

大業六年三月 金石錄

隋王成猛墓誌

不著書撰人名氏威猛字繼叔瑯琊海曲人官至候衛虎賁郎將碑以大業中立 集古錄目

隋神武肅公紇豆陵墓誌

不著年月 京兆金石錄

唐贈司空杜如晦碑
唐虞世基撰八分書無姓名驗其字畫蓋歐陽詢書也碑以貞觀四
唐昭陵刻石文
貞觀二十二年京兆金石錄
唐晉州刺史裴藝碑
唐上官儀撰正書姓名殘缺貞觀二十三年立金石錄
陳張慧湛墓誌
唐上官儀撰褚遂良書京兆金石錄

不著書撰人名氏慧湛字彥沉涿郡范陽人仕陳至南平王諮議參軍碑以唐貞觀二十三年立集古錄目

陳隋之閒字書之法極于精妙而于鄙俚豈其時俗獘薄士道其本而

徐鉉撰諸道石刻錄

南唐張靈官記

徐鉉撰徐鍇書并篆額歲次癸酉上元立諸道石刻錄

南唐義門陳氏書堂記

徐鉉撰徐鍇書并篆額諸道石刻錄

唐安平郡公贈
　弟璵撰大中九年京兆金石録
唐贈工部尚書韓泉墓誌
　姪銂撰大中十年京兆金石録
唐富平縣令李府君妻周氏墓誌
　大中十年京兆金石録
唐杜佑莊居記
　唐司徒平章事杜佑撰佑子愉書初佑有莊於杜曲得處士王易簡爲之營治元和七年作此記大中十一年愉重書而刻之集古録目

卷四　十六

唐司刑寺修獄記

漢司徒劉𭠡碑

在華陰諸道石刻録

漢劉黨碑

在華陰墓下文字磨滅諸道石刻録

晋王猛碑

在華陰縣東八十里寰宇記

後魏大代華岳廟碑

不著撰人名氏後魏鎮西將軍畧陽公侍郎劉

玄明書大延中改立新廟以道士奉祠奉祈秋

報有大事則告碑以大延五年五月立集古録目

後魏修華岳廟碑

不著書撰人名氏後魏興光元年詔遣侍中遼西王常英析曹尚書苟尚等重葺嶽廟二年立此碑集古録目

後魏崔浩碑

興光二年訪碑録

後周華嶽廟碑

万鈕于瑾撰趙文淵書天和二年十月金石録

隋楊雄碑

不著撰人名氏書學博士姓缺名書雄隋之隷屬

官至司徒封觀王謚曰德碑以大業九年立

集古錄目

唐刑部尚書李光進碑

唐戶部尚書楊炎撰梁州司馬韓秀巖八分書

光進字大應光巖之弟官至刑部尚書封武威

郡王碑以大曆十年立在富平集古錄目

唐監軍使贈開府第五昱碑

唐于邵撰史有盈行書建中元年京兆金石錄

唐贈宋州刺史王仁敬神道碑

唐張蔬撰張少悌正書興元二年京兆金石録

唐贈太子太傅鄴侯李泌碑

貞元四年京兆金石録

唐玉蘂花詩

唐潤州刺史李德裕撰洪州刺史沈傳師贈荅玉蘂花詩二首皆傳師書集古録目

唐瘞舍利記

唐李德裕撰大和三年二月十五日立復齋碑録

唐華中允墓誌

碑石磨滅書撰人及中允名皆亡咸通八年刻

集古録目

唐尊勝陁羅尼經

唐于僧翰八分書咸通五年譙郡夏稺建。集古録目

僧翰筆畫雖道勁，然失分隸之法遠矣。所以録

清河縣

周伊州刺史衛府尹碑

彭元覺撰趙是英書天授二年立訪碑錄

周蘭陵縣君蕭夫人碑

長安二年訪碑錄

周杭州刺史李公碑

郜恭書訪碑錄

唐襄城令贈魏州刺史李公碑

薛稷書訪碑錄

唐散騎常侍贈侍中趙郡成公碑

唐薛稷書撰訪碑錄

唐幽州都督孫公碑

唐徐秀伯撰開元二年訪碑錄

唐左僕射太子太保徐國公劉公碑

撰寫人缺開元三年訪碑錄

唐懷州刺史陶大舉碑

唐姚崇撰徐嶠之書開元八年金石錄

唐易州遂城令康府君碑

唐沈淮南撰徐諧書開元九年十月金石錄

唐工部侍郎趙國公碑

撰馮人鉄開元十一年訪碑錄

唐贈羽林大將軍泉君碑

唐石洪撰王仲舒書元和四年訪碑錄

韓退之与石洪等題名在洛陽福先

者所書爾金石錄

唐昇玄劉先生碑

唐刑部侍郎馮宿撰右司郎中柳公權書翰林

待詔唐玄度篆額先生名從政河南緱氏人居

東都玄貞宮敬宗師事之加檢校光祿大夫及

先生之號碑以大和七年四月立二碑一在東

都一在長安集古録目

唐陰符經序

唐刑部尚書鄭澣撰序翰林學士栁公權書内供奉道士孫文杲刻以開成二年七月立在西京苑雍家經已殘缺所存者數十字集古録目

唐世碑碣顔栁二家書最多而筆法往往不同公權書高重碑余特爱模者不失其真鋒鋩皆在至於陰符經序而蔡君謨以為栁書之最精者云善藏筆鋒與余之説正相反然君謨書擅當世其論必精故為誌之

余自皇祐中得公權所書隂符經序遂求其經云石已亡矣常意必有藏于人間者求之十餘年莫可得治平三年有鐫工張景儒忽以此遺余家小吏遂録之信乎余所謂物常聚於所好也并集古録

唐照公塔銘

唐太子少傅分司東都白居易撰劉禹錫爲祕書監分司東都時書照公名神照姓張氏蜀州青城人居東都奉國寺碑以開成三年立集古録目

唐玄度十體詩

唐翰林待詔汚王及唐玄度書凡古文大篆八分小篆飛帛倒薤散隸懸針鳥書垂露十體并各叙其所起刻石有二一在故相宋公家一在大常少卿李丞緒家同出一本而傳摹小異集古錄目

唐福先寺題名

唐河陽三城節度使常隩題大中十二年集古錄目

楊凝式長壽華嚴院東壁詩

少師此詩本題于西都長壽寺華嚴院東壁僕近歲官洛因覽宋次道三川官下記知之亟往

觀爲墨蹤石本皆不復存院僧云三十年前有士人寓是院數歲及徙居他郡壁与石亦弗之見豈非好事者負之而趨乎今忽得此殊可欣也東觀餘論

楊凝式題名并詩

不著年月凝式時爲太子賓客又其一稱歲在癸丑者周廣順二年也又有詩二首凝式特爲太子少師按凝式當晉天福初爲太子賓客其分司爲少師在漢乾祐中石在洛陽人家集古録目

洛人好楊凝式少師書信可傳寶但自唐中世

以求漢晉書法不傳如凝式輩所祖述者不遠會稽父子筆法似不如是洛人得楊真蹟夸詡以爲希世珍所謂子誠齊人耳東觀餘論

金剛經

其字體類徐浩書一云屈賁書訪碑録

如筠禪師碑

唐楊遠書訪碑録

尊勝經幢

梵書訪碑録

心經幢子

篆書 訪碑錄

廣慶寺碑 訪碑錄

卷四 二十二

真卿所書乃大曆九年刻石至開成中遂已訛缺漢公以為一二工人用為衣食之業故模多而速損者非也蓋公筆法為世楷模而字書辨正偽謬尤為學者所資故當時盛傳于世所以模多爾豈止工人為衣食業邪今世所傳乃漢公模本而大曆真本以不完遂不復傳故余并録二本並藏之亦欲傳覽者知模本之多失真也集古録

歐陽文忠言楊漢公謂此書以工人用為此書衣食之業故模多而損速者非也蓋魯公筆法

楷模　　僞謬　　學者所資故當時

唐䆮將軍墓誌

不著書撰人名氏將軍河南人唐大穆皇后之族官至右屯衛將軍碑以神龍二年立今其文字缺滅將軍之名字皆不可見矣集古錄目

唐黄門監盧懷慎碑

唐礼部尚書蘇頲撰玄宗八分懷慎字懷慎范陽人官至黄門監謚曰文成碑以開元八年立集古錄

唐歙州刺史郭茂貞碑

唐賀知章撰八分書姓名殘缺開元二十年十

月金石錄

唐賜中嶽隱士司徒巨源手詔

唐明皇詔并謝表開元二十二年立在龍門訪碑錄

唐龍門西龕石像碑

唐張九齡撰分書姓名缺開元中立金石錄

唐令長新誡

開元二十四年二月五日刻諸道石刻錄

唐玄宗御製初玄宗撰令長一百六十三人又自製新誡宰相裴耀卿等請令集賢院善書者

書以賜之其後諸縣往往刻石集古錄目

唐鄂州刺史盧府君碑

唐李邕撰并書天寶元年二月金石錄

唐郕國公李君碑

李子遹撰史惟則篆書天寶四年九月金石錄

唐陳留尉劉飛造像記

唐史惟則八分書天寶九年十二月立按封演聞見記云玄宗嘗幸驪山登朝元閣命群臣賦詩正字劉飛詩最清拔特蒙激賞右相李林甫怒飛不先呈已出為一尉而卒今此記有云

項校文金殿賡歌柏梁叨沐錦衣之賜遂有長沙之役如此則演所記爲不誣矣記在龍門山字畫甚工而無頗罕傳金石錄

唐龍門觀音像記

唐陶翰撰徐浩正書天寶中立金石錄

唐贈秘書監程文英碑

唐北海太守李邕撰黄門侍郎張廷珪八分文英字文澤廣平人仕至桂州都督府長史贈秘書監碑以大曆七年五月立集古錄目

唐程文英碑陰贈誥并重立碑記

男程晧記程𤩽正書大曆七年五月十五日立在龍明碑復堂碑錄

唐右金吾衛將軍兼進碑碑鈌碑側有大曆八年遷葬訪碑錄

唐辦正禪師塔銘

唐太僕少卿鄭叔規撰汜水縣令徐峴書并篆額禪師名崇一姓任氏濟源人玄宗時詔舉天下高僧四十九人令主諸寺禪師居東都天宫寺後移居善興寺代宗親書院額曰法寶嚴持院德宗時賜謚辦正碑以貞元十年立在龍

集古錄目

徐峴書誠能行筆而少意思也往時石曼卿屢稱峴書曼卿多得顏柳筆其書與峴不類而遠過之不知何故喜峴書也余當曼卿在時猶未見峴書但聞其所稱曼卿殁已久始得此書遂錄之尔集古錄

唐宣武節度董晉碑

唐中書舍人權德輿撰皇太子侍書殿中丞王丞書晉字渾成何東虞鄉人官至宣武節度使碑以貞元十五年立集古錄目

唐靈珍禪師塔銘
唐徐峴撰并正書元和八年八月金石録
唐散騎常侍黎公碑
嗣子名缺書大和中立訪碑録
唐香山寺碑
唐白居易撰諸道石刻録
唐修香山寺詩三十韻
唐白居易撰賀拔惎書訪碑録
唐醉吟先生傳
唐白居易撰譚郃正書大中五年四月金石録

唐八節灘詩并龍門二十韻

唐白居易撰訪碑錄

唐白居易碑

唐李商隱撰譚郃正書大中五年四月金石錄

唐醉吟先生白公西北巖石碣

樂天自著墓碣也白敏中書會昌六年十一月

立復齋碑錄

唐潛溪記

唐杜宣猷撰正書無姓名咸通八年十月立潛

溪在洛陽龍門山側地有溪谷之勝舊爲宰相

李藩別墅宣猷購得之加葺治爲金石錄

唐鮮斯府君碑

唐蘇頲撰梁昇鄉八分書訪碑錄

唐廣志律師塔銘

諸道石刻錄

唐揚州都督薛公碑

韓秀榮八分書訪碑錄

唐左丞暢悅碑

長子隱叙蘇晋銘彭杲書仲子靖題額開元十五年二月立泉君者高麗蓋蘇文之孫泉南生之子也高宗時與由生回歸朝仕至衛尉卿金石錄

唐岷州刺史王君碑

唐李邕撰梁昇卿八分書元行沖題額開元十五年主訪碑錄

唐桂州都督李公碑

唐李峴撰張乾護書并刻開元十八年訪碑錄

唐陳州刺史陶公碑

唐姚奕撰序張并銘徐浩書開元二十年訪碑錄

唐工部侍郎李景伯碑

從子訥撰梁昇卿分書開元二十五年訪碑錄

唐荆州都督長史孫公碑

唐張嘉貞撰子庭諷書開元二十六年訪碑錄

唐興州司馬王府君碑

唐鄭子晋撰趙崇德行書天寶元年二月金石錄

唐盧州司馬劉府君碑

唐梁獻撰天寶七年訪碑錄

唐宋州虞城令李府君碑

唐盧重撰胡霈然書并題額天寶元年訪碑錄

唐京兆杜夫人碑

唐翟頲撰徐浩正書天寶十一年十月金石錄

唐贈太僕卿韋公碑

天寶十三年立訪碑錄

唐裴公碑

唐崔造撰韓秀弼書大曆十四年訪碑錄

唐贈左僕射嗣曹王戢碑

唐趙贊撰行書無姓名貞元四年七月金石錄

唐長安尉王子之㝚碑

唐于邵撰韓秀榮八分書貞元

唐太子中允范陽盧府君碑

唐于邵撰鄭餘慶書訪碑錄

唐清河崔公碑

書撰人缺貞元二十一年立訪碑錄

唐歙州刺史盧援碑

裴度撰裴璘正書元和元年金石錄

唐惠林寺題名

唐韓愈撰元和四年閏三月金石錄

唐惠林寺新脩軒廊記

元和十一年訪碑錄

唐著作郎權公碑

唐趙贊撰序鄭絪銘鄭餘慶分書元和十四年

立訪碑錄

唐散騎常侍裴恭碑

唐盧衍文鄭還古正書開成五年四月金石錄

唐舍人裴公改葬碑

唐馮曙書撰大中七年立訪碑錄

唐王有方碑

唐李邕撰并書訪碑錄

唐睦州刺史王君碑

唐史惟則分書訪碑錄

唐中書侍郎孫公碑

撰寫人缺及年月并缺訪碑錄

唐右衛大將軍泉府君碑

唐劉應道撰王知敬書年月缺訪碑錄

唐太原尹唐公碑

唐嵩陽觀主盧曉八分書訪碑錄

唐諫議大夫溫府君碑

唐牛僧孺撰裴潾書訪碑錄

唐惠林寺碑

唐李景讓撰 訪録碑

唐崔府君碑

唐崔融撰 訪録碑

唐崔弘礼碑

唐白居易撰并書 訪録碑

唐太子賓客孔府君碑

撰寫人缺歲次丙午立 訪録碑

唐平陽敬府君碑

唐刑部尚書鄭絪碑

惠林寺佛殿記永淳三年

三碑諸道刻石録

寶刻叢編卷第四

寶刻叢編卷第五

錢塘陳思纂次

京西北路下

許州

春秋許國戰國屬韓秦置潁川郡漢高帝為韓國尋復故後漢因之魏晉並為潁川郡後魏亦同東魏改曰鄭州後周曰許州隋開皇初郡廢大業初州廢後置潁州郡唐武德四年曰許州天寶元年曰潁州郡後陞忠武軍節度梁改為匡國軍唐減梁復曰忠武皇朝元豊三年陞潁昌府崇寧四年建為南輔今縣七

長社　郾城　陽翟　長葛　臨潁

舞陽

郟縣

漢郭禧前碑

文字殘缺所存方百許字其可見者公諱君房而已禧郭躬從孫也郭氏世為陽翟人自躬以下皆葬陽翟其墓尚存今此碑缺處猶有陳留扶溝字疑禧嘗寓居是邑其卒也返葬故鄉而漢書注遂以為扶溝人恐誤金石録

太尉郭禧斷碑篆額所存其上一段字畫方勁前後數行僅有數十字可認其中疆半剥落篆額亦然首行却有郭君名字禧以靈帝建寧三年為太尉光和二年薨續隸

漢郭禧碑陰

其首有四大字云故吏人名其下列故吏密張立度成匽師張協子通雒陽李蒼子孝故民河南陰德紀信以下凡百餘人文字畫字好者甚多筆法淳古可愛金石錄

漢郭禧後碑

碑殘缺尤甚其略可辨者云惟光和二年夏五月甲寅大中大夫故太尉郭公薨而其額題漢故太尉郭公神道字畫甚完金石錄

漢丹陽太守郭旻碑

碑云君諱昊字巨公有周之裔也又云俾守州陽為攺四年以公事去官年過耳順寢疾瘨顇延熹元年十月戊戌卒其十二月丙申塟金石錄

漢故州陽太守鄅君之碑篆額鄅君名昊太尉禧之兄也仕至丹陽太守以威宗延熹元年卒三年礼闋諸子已刻墓道之銘矣而碑石狹小加有瑕瀲後十餘年當孝靈光和之二年其從子五原太守鴻因葬太尉公遂与其孫范不改舊文重立此碑今石中有裂文子在越時纔得其上一段後一紙尤延之持節江東以其下一

半相贈合而為一遂成全碑隸續

漢文範先生陳仲弓碑

其額題云漢文範先生陳仲弓之碑碑文字已漫滅蔡邕字畫見于今者絶少故雖漫滅之餘尤為可惜按邕集仲弓三碑皆邕撰其一碑云中平三年秋八月丙子卒而三碑皆云春秋八十有三後漢書仲弓傳以為中平四年年八十四卒于家者疑傳誤金石録

漢文範先生陳仲弓之銘篆額兩行額下有穿〻下數行僅存最上一字獨醇字瞭然可識前

一行者其石從月又前一行彷彿是君字蔡中郎為仲弓作三碑其第二碑有含光醇德之句前有徵士陳君但相去差遠中間無從月者疑此非中郎所作趙氏有仲弓殘碑以校集本凡故定数字豈即此碑耶 隸續

漢陳仲弓碑陰

碑陰故吏姓名多已刓缺蔡邕小字八分惟此與石經遺字尔石經字畫謹嚴而此碑陰尤放逸可愛 金石錄

漢陳度碑

文字殘鈌不完其畧可識者云君諱度字妙髙陳

國相人而最後題中平四年九月二十日己丑

立金石録

君諱度字妙髙陳國柘人靈帝中平二年卒又

二年立碑此刻大半糜碎所存近二百字少成

句讀其中並無官稱郡國志云陳國有柘縣若

縣沛國有相縣若在春秋時曰相趙氏認柘作

相誤也隸續

漢司空掾陳寔碑

碑已殘鈌不可辨惟其首八大字尚完字畫音

偉在潁川陳太丘墓側按後漢書太丘傳載二子紀諶紀為大鴻臚諶不著其為何官按劉孝標注世說列海内先賢傳曰諶字季方寔少子也司空掾公車徵不就蚤卒然則此碑豈非陳諶碑乎金石録

漢故司空掾陳君碑篆額蔡中郎所作第三碑也此碑僅有前七十字下文盡皆不存中郎作太丘第一碑云春秋八十三中子三年卒漢史誤作四年此碑作五年者乃豫牧立碑之年也趙氏跋云文已殘缺不可辨惟八篆額字畫奇

偉引世說注太丘次子諶嘗以司空掾白謂此是
陳諶之碑殊不知碑中自有太丘姓名其文又
在蔡邕集蓋不能認碑故有斯誤隸續

漢河南尹蘇府君碑額
漢故河南尹蘇府君碑在許州道傍碑無文詞
惟此十字其額尔金石録

漢尚書左僕射荀公碑
在長社縣東北七里冢前文字磨滅訪碑録

魏公卿上尊號奏
唐賢多傳爲梁鵠書今人或謂非鵠也乃鍾繇

書尔未知孰是集古録

不著書撰今名氏與受禪壇記同漢旣禪位文帝未受魏相國安樂鄉侯華歆等上表勸進集古録目

公卿將軍上尊号奏篆額相傳以爲鍾繇書其中有大理東武亭侯臣繇者乃其人也當時乃外前後勸進之辭不一蓋其最後一章碑自造于華歆字之後石理皴剥字跡晻昧今世所傳者多是前一段尔隸釋

魏尊号奏碑陰

碑云陛下即位光昭文德以翊武功勤恤民隱視者如傷凡十行刻于碑陰蓋尊號奏文多不能盡故刋于碑陰以足之非别碑也石理皺剥世多不傳隸釋載自造華裔之後石理皺剥字彌晦昧謂此碑也復齋碑録

魏受禪表

世傳爲梁鵠書而顔真卿又以爲鍾繇書莫知孰是集古録

隸書不著書撰人名氏世傳以爲鍾繇書或以爲梁鵠書魏文帝黄初元年爲壇于繁昌以受

漢禪碑不著所立年月在魏文帝廟中集古錄目

繁昌縣城内有三臺時人謂之繁昌臺壇前有二碑魏文帝受禪于此自壇而降曰舜禹之事吾知之矣故其石銘曰遂于繁昌築靈壇也于後其碑六字生金論者以爲司馬金行故曹氏六世遷魏而事晋水經

魏受禪表篆額在許昌亦曰鍾繇書所謂表者蓋表揭其事非奏表之表也水經云繁昌城内有三臺人謂之繁昌臺壇前二碑其後六字生金論者以爲司馬金行故曹氏六世遷魏而事

晋此蓋附會符命之詖也隸釋

魏受禪表王朗文梁鵠書鍾繇鐫字謂之三絕

劉禹錫嘉話

延康元年獻皇帝詔張愔持節持璽綬禪位于魏丕即築壇受禪顧群臣曰舜禹之事吾知之矣乃立二碑此其一也碑後六字生金說者以為司馬金行故曹氏六世遷魏而事晋嘉話錄云此碑王朗文梁鵠書鍾繇鐫特稱三絕書斷則謂元常八分入妙魏受禪碑為最直言鍾元常未知孰是近時士大夫學隸者多學此碑余

謂捨石經而學此碑如學書席此可與知音者道集古後錄

晉議郎陳先生碑

隸書不著書撰人名氏碑字斷缺其可見者曰延頴川許昌人不知其為名與字也其額曰晉故議郎陳先生碑元康二年門生尹舍等立集古錄目

晉尉氏令陳君碑

隸書令碑石殘缺不可悉考其可見者曰字道臧太尉掾之小子其額曰晉尉氏令陳君碑以

此和其官及姓氏也（集古録目）

東魏造石像碑

不著書撰人名氏陽翟郡防境大都督石文達等爲太守敬曦造像記以武定七年立（集古録目）

北齊赫府君清德頌

據北史列傳子悦爲鄭州刺史郡人請爲立碑詔許之碑所載尔同而碑乃在今許昌者按隋書地里志潁川郡舊置潁州東魏改曰鄭州後周改曰許州（金石録）

唐題度人經受相

予家舊藏唐閻立本畫靈寶度人經受褚遂良題字惜其歲文湮滅將失永傳獨字畫僅可摹刻以貽好事云元祐戊辰仲冬韓城死丕思記本碑跋

唐文蕩律師塔碑

唐前河南告成尉盧奐撰著作郎魏栖梧書律師姓藥氏河南密縣人開元十三年十月弟子一智為之建塔立此碑在陽翟縣集古録目

唐立舞陽侯祠堂碑

唐校書郎王利器撰集賢院侍刺史惟則八分

前京兆府司録徐浩篆額舞陽令張紫陽等脩
廟記也碑以天寶二年一月立在舞陽縣集古録目
唐讀樊丞相傳詩
唐河陰尉鄭靈之撰安定胡霈然分書不著年
月集古録目
唐顏陽觀碑
唐張嵒撰史惟則分書天寶五年七月立金石録
唐陳太丘祖德碑
系孫兼撰序侄撰銘侄子膺書天寶九年十一
月立金石録

卷五

九

唐善肘寺碑

唐史惟則分書在陽翟縣訪碑錄

唐立漢黄公廟碑在陽翟

唐李翰撰張從申行書李陽冰篆額建中元年三月立金石錄

唐張敬因碑

唐顔真卿撰并書在許州臨潁縣民田中慶曆初有知此碑者稍稍往摹之民家患其踐田穢遂擊碎之余在滁陽聞而遺人往求之得其踐缺者為七段矣其文不可次第獨其名氏存焉

曰君諱敬因南陽人也其字畫尤奇甚可惜也集古録

敬因南陽西鄂人子巨濟爲維西節度使追贈敬因和州刺史此碑埋没已久慶曆初縣民耕出之遠近聞者争往摹搨村民㲿苦其擾遂擊碎之今在者數段耳人猶摸之故其文不完真卿官爵及立碑年月則皆亡亡矣集古録目

唐陽翟縣廳壁記

唐許堯佐撰吴宗冉書元和十四年五月金石録

唐令長新誡

唐玄宗御製太和九年縣令李昜簡建鄭宗再書此本無玄宗敕書而别有敕語乃當時名新除令長賜食于朝堂而遺之叮嚀慰勉之言也

唐陽翟縣水亭記

在舞陽縣集古錄目

唐湯翟縣新石橋記

唐魏庚撰并書大中五年五月金石錄

唐崔周衡書訪碑錄

唐立舞陽侯樊君碑堂記

裴頻撰唐長孺八分書諸道石刻錄

唐石橋記

崔周衡撰書在陽翟縣訪碑錄

鄭州

秦屬三州郡二漢及魏屬河南郡晉置滎陽郡後魏為東恒農郡東魏置廣武郡後周置鄭州隋開皇十六年曰管州煬帝初復為鄭州尋廢置滎陽郡唐正觀元年州廢自武牢移鄭州治此天寶元年曰滎陽郡

皇朝景祐元年號奉寧軍節度崇寧四年建為西輔今縣六管城滎陽新鄭原武滎澤容縣

晉右軍將軍鄭烈碑

不著書撰人名氏字為隸書烈字休林滎陽人官至兗州刺史輕車將軍平莞侯拜議郎卒贈右將軍謚曰僖故民殿中監申楊等立此碑以

太康四年立集古録目

碑云君諱烈字休林人云曾祖先生皇祖徽顯考將作大匠寔有茂德載國策烈晉史無傳以碑考之嘗爲文帝參佐武帝時仕爲兖州刺史封東莞男以疾徵拜議郎卒于太康二年追贈右軍將軍謚曰僖侯云金石録

晉故右軍將軍平莞僖侯鄭府君之碑隸額鄭君名烈榮陽人仕于晉初至兖州刺史輕車將軍名拜議郎以太康二年八月卒故吏申揚等立此碑四年之七月也鄭君所封其上一平字

則曉然可識下一字則微有缺損小歐陽謂之平莞侯趙氏以爲東莞則誤也晉縣亦無平莞非鄉名即亭名也𠄘嘗以魏末至晉末隸字無可取者晚獲此碑其勁健方格顏後絶配若雜置溪刻中未易甄别續隸

隋鄭州刺史李淵造石像記

大業二年三月造在滎陽縣訪碑錄

唐高宗造像記

大業二年三月金石錄

周立漢太尉紀信碑

盧藏用撰并八分書長安二年七月立金石錄

唐陽武縣李行忠佛堂記

無撰人姓名唐李固巖書景雲元年十

建復齋碑錄

唐商州刺史歐陽璀碑

唐顏真卿撰并書璀字璀渤海人仕至商州刺

史武關防禦使去官不仕而終碑以大曆十年

十月立集古錄目

唐京河水門記

唐秘書省校書郎直史館韋處厚撰處士唐衢

八分鄭州刺史李少和引京水注於管城之北為石水門以節其出入元和五年正月立此碑集古録目

唐元昊寺多寶塔碑

唐裴度撰王凝行書元和十二年二月立在新鄭縣碑録復齋

唐大海寺王像碑

唐張仲方撰韓齊申分書并篆額長慶四年正月立碑録復齋

馬公德政頌

諸道石刻錄

滑州

春秋時屬衛戰國時亦屬衛其西境屬魏秦屬東郡二漢因之晉爲陳留濮陽二國宋武帝平河南置兗州以爲邊鎮後魏置東郡隋置祀州後爲滑州又改爲兗州後復爲東郡唐復爲滑州天寶元年更名灵昌郡大曆七年陞義成軍節度後避梁王父諱改曰宣義軍後唐復故而改灵昌曰灵河

皇朝太平興國四年改武成軍今縣三

白馬　常城　胙城

後周大象碑

不著書撰人名氏碑文爲对偶述事不明又但稱延壽公而無姓名今以北史考之周大象二年尉遲迥兵起於鄴分遣部將所在攻下城邑

東郡太守延壽公于仲文棄郡奔關中拜
還擊迴軍取梁郡敗其將檀讓于武成石
羅於金鄉與此碑同蓋文仲紀功碑也大象二
年立集古録目
宇文氏之事迹無足采者惟其字畫不俗亦有
取焉翫物以志憂者惟恠奇変態真僞相雜使
覧者自擇則可以忘倦焉故余於集古所録者
博矣集古録
隋儀同府叅軍黄山碑
不著書撰人名氏山字子岳荊州江夏人仕至

儀同孔仲衡府叅軍碑以大業九年立集古録目

隋舍利塔銘

正書篆額諸道石刻録

周黄羅刹碑

唐秦王府學士虞世南撰不著書人名氏羅刹東郡胙縣人周末尉遲迥兵起羅刹聚衆擊之授碑缺軍摠管碑以武德八年十月立集古録目

羅刹任周爲行軍縂管其于君漢唐初爲特有功武德中爲父追立此碑金石録

唐黄君漢碑

唐東宮左庶子李伯藥撰不著書人名氏君漢字景雲東郡胙縣人羅刹之子唐初官至夔州都督封魏國公碑以貞觀六年立集古録目

唐匡城令鄭府君碑

唐校書郎吴光璧撰前國子進士李惟恕書滑州匡城令鄭譔去思頌德之碑也譔字叔敬滎陽開封人碑以景龍中立集古録目

唐滑臺銘

唐滑臺記

唐李李卿撰令狐彰行書永泰元年正月金石録

唐崔粲撰永泰元年諸道石刻録

唐令狐彰開河碑

唐中書侍郎平章事元載撰尚書吏部侍郎徐浩書并篆額先是河至酸棗瀕縣而東歲失河道尚書右僕射霍國公令狐彰開之以大曆八年正月立新增

唐清臺新驛記

唐清亳節度使李勉撰李陽冰篆勉使同州別駕裴万增廣驛舍以大曆九年八月立此碑於驛中集古録目

李陽冰篆在今滑州驛中其陰有銘曰斯去千載冰生唐時冰今又去後來者誰後千載有人吾不知之後千載無人當盡于斯嗚呼郡人為吾寶之不知作者為誰然賈耽嘗為李騰序說文字源盛稱陽冰此記耽為滑州刺史因見記而稱之耳陽冰所書世固多有可愛者不斯記也集古録

唐李勉撰李陽冰篆其陰有銘歐陽公云不知作者為誰余嘗攷之乃舒元与玉筯篆志後替也其文載于唐文粹及元輿集中歐陽公偶未

嘗見之金石録

唐滑臺新驛記

裴名鈌八分書金石録

唐滑州新井銘

唐賀䚡撰徐璹正書李騰篆額貞元五年九月金石録

唐説文字源

唐義成軍節度使賀䚡撰序前楊府户曹參軍徐璹書秘書少監李陽冰重脩漢許慎説文字源陽冰從子檢校祠部員外郎騰篆凡五百四十

字碑以貞元五年十月立集古録目

唐明皇送李邕赴滑川詩

唐柏元村行書元和五年十月金石録

唐李元素二州慰思述

唐義成軍節度鄭滑州等觀察李元素二州慰思述度丞宣撰唐衢分書并篆額元和中立復齋碑録

唐義成軍節度李聽德政碑

唐宋申錫奉勅撰待詔侯丞奉勅並書大和三年八月建復齋碑録

唐節堂記

唐劉三復撰李德裕分書太和四年五月金石錄

唐秋日登樓望黄皇山詩

唐李德裕撰并分書太和四年八月金石錄

唐李德裕德政碑

唐賈餗奉勑撰歸融奉勑分書太和六年八月

立復齋碑錄

唐李聽脩堯祠記

唐白敏中撰開成二年訪碑錄

堯祠在州西南五十里漢劉盆子所立唐寶曆

中節度使李聽祈雨有應重脩立記寰宇記

孟州

春秋戰國皆屬周自漢晉至隋皆屬河內郡唐顯慶二年割屬河南府建中二縣乃以阿南之河南河陰濟源溫四縣租稅入河陽三城使又以汜水軍賦蓋之會昌三年遂以此五縣為孟州今縣六

河陽 溫縣 濟源

汜水 河陰 王屋

漢成皋令任伯嗣碑

其首已殘缺其可見者云字伯嗣南陽編人也又云延熹五年以築陽相還來臨縣其後歷叙政績又云遷尹桂陽碑在今汜水縣汜水在漢為成皋此碑蓋成皋令德政頌爾後漢書桓帝

紀延熹八年有桂陽太守任胤以此碑校之

月相名又名與字協知其名胤也金石錄

漢任伯嗣碑陰

大觀初獲此碑寘于汜水輦運司廨舍壁間余

問其陰有字因託人諷邑官破壁出之遂得此

本葢漢碑有陰者十七八世多棄而不錄爾金石錄

緒枝葉雲布列在川郡又云復辟司徒拜北軍中侯年六十有六建寧四年九月丙子卒集古錄

漢故北軍中侯郭君碑篆額郭君字仲奇嘗為司隸中都官從事辟將軍府宰比陽建寧四年九月卒五年三月葬復齋碑錄

漢司隸從事郭究碑

漢隸不著書撰人名氏究字長碑缺汲人也官至司隸從事碑以中平元年立集古錄目

碑云君諱究汲人也元城君之孫雄陽令之而歷主簿督郵五官掾功曹守令長辟司隸從事

部郡都官春秋二十八而卒中平元年歲在申子三月而壂集古録

漢故司隸從事郭君碑篆額郭君名究仕郡諸曹史辟從事年二十八而卒靈帝中平元年壂

隸釋

漢郎中郭君碑

漢郎中郭君之碑隸額名字皆缺文辭亦有可句者其云惠兄仲厗又云元兄維世而有為人復者為之子之文蓋郭君以兄之子為後也郭仲竒碑嘗有惠兄之稱此碑復尔仲厗者若非

仲奇之伯則其同族也隸釋

隋梁公堰紀功碑

在河陰縣西二十里本漢平帝汴河決壞至明帝永平十二年乃令王景理渠堤其後通塞各計朝代隋開皇七年使梁睿增修古堰遏河入汴立碑紀功寰宇記

唐等慈寺碑

唐秘書少監顏師古奉勅撰不著書人名氏初太宗東伐王世充竇建德來救破之於汜水及即位有詔嘗破敵之處皆建寺以爲戰死者資

福此其一也碑以貞觀二年立集古錄目

其寺在鄭州汜水唐太宗破王世充竇建德等於其戰處建寺云爲陣亡士薦福唐初用賊處多大抵皆造寺此其一也集古錄

唐紀功碑

唐高宗撰并行書飛白題額顯慶四年八月在汜水金石錄

唐脩敬寺旭禪師碑

無書撰人名氏禪師姓趙氏絳州稷山人碑以萬歲通天二年立在河南集古錄目

唐明皇過汜水詩

開元十三年十月 諸道石刻錄

唐重脩梁公堰碑

唐汜水主簿趙居貞撰縣丞王象書梁公堰者隋開皇中華陽梁睿所脩故以為名依山鑿堰以導河水通運路中間改其舊制別起渠口當河衝立石柱以釃水既成遽填塞不能通開元十五年勅將作大匠范安復其故迹作此銘碑以開元十五年二月立 集古錄目

唐令長新誡

唐開元中縣令馮宴所刻後歲久以爲柱礎寶曆二年縣令崔隣移置於縣廳集古録目

唐濟源令李造遺愛頌

唐中書舍人梁陟撰監察御史集賢院修撰徐浩書李公名造唐之宗室自濟源令入爲此頌濟源冊立碑以開元二十六年十一月立集古録目

唐淄川令裴大智碑

唐滑州刺史李邕撰司勛員外郎蕭誠書大智河東人官至淄川縣令碑以開元十九年十一

月立在濟源集古錄目

蕭誠以書知名當時今碑刻傳於世者頗少人集錄所得纔數本爾然字畫筆法多不同疑模刻之有工拙惟此碑及獨孤冊碑字体同而最佳集古錄

唐小魯真人仙解謠

唐唐國清撰進士程錫書真人名成字和光年八歲及其兄希言皆為道士於奉仙宮此碑止有其半不見所終及立石年月在濟源集古錄目

唐魯國清遂陳錫正書天寶三年七月立金石錄

唐開梁公堰頌

唐祁順之撰　徐浩分書并篆額　天寶六年七月立　金石録

唐開梁公堰碑陰記

唐平致和撰并正書　天寶六年七月立　金石録

唐貞一先生廟碣

唐左威衛録事參軍衛憑撰　右監門衛兵曹軍薛希昌八分　貞一先生者道士司馬子微也字承禎法号道德又自號白雲先生明皇置陽臺宫於王屋山以處之追謚貞一其從子綱目

所居立以為廟碑無所立年月在王屋縣集古錄目

唐貞一先生廟碣天寶六年七月立金石錄

唐濟源令房琯遺愛頌

唐監察御史平列撰河陽縣令徐浩書房公名琯清河人嘗為濟源令洌作頌時琯為碑以天寶七年二月立集古錄目

唐宴濟瀆廟碑

唐達奚珣撰薛希昌分書天寶中立金石錄

唐濟瀆廟祭器銘

唐濟源縣令張洪撰八分書不著名氏濟源有

北海祠壇故四時祠祀必取祭器于河南況幣
双船亦以泌河渡口船爲之往返勞弊是時大
風拔木洪因取以爲祭器双船及雜用之物碑
以貞元十三年立集古錄目

唐重脩李造遺愛碑記

唐高後規模高從彥正書貞元二十一年立金石錄

唐韓文公送李愿歸盤谷序

韓愈撰盤谷在孟州濟源貞元中縣令刻
其側令姓崔其名浹今已磨滅集古錄

正書無姓名貞元中立石金石録

唐韓文公題名

唐都官員外郎韓愈元和四年題在濟源集古録目

唐房琯碑陰記

唐石洪撰兵部郎中鄭權書房琯有遺愛碑在濟源元和六年琯從祖子氏以河南尹奉詔祠濟源洪等刻此記于碑陰集古録目

唐濟祠亭記并詩

濟源有三瀾當祠下俗謂之海縣令房琯初立亭于北海上以為祠神之所元和九年縣令李

朝陽廣其制度作記并詩記朝陽之子蟠撰詩李朝陽撰裴潾書鄭冠篆額集古録目

唐濟祠西海新亭記

唐房琯立亭于北海上李朝陽爲之記而西海之地故爲民家所有縣令王源逈取之以立亭又作西海新亭記鳳翔節度推官侯雲章撰濟源令章行質書鄭冠篆額碑以長慶二年立集古録目

唐嶺南節度鄭權碑

唐陝州大都督府長史庚承宣撰万年縣令姚

向書校字復道滎陽人官至嶺南節度使

寶曆二年立集古録目

姚向書筆力精勁雖唐人工于書者多而及此者亦少惜其不傳于世而今人莫有知者惟余以集録之博得此而已集古録

唐司馬子微溪記

唐王屋令崔運撰道士張弘明書大和三年刻

在王屋縣集古録目

唐司馬子微坐忘論

唐白雲先生撰道士張弘明書大和三年女道

士柳凝然趙景玄刻石并凝然所為銘同刻後
又有篆書曰盧仝高帝嚴固元和五年凡十字
碑在王屋集古錄目

唐白樂天遊濟源詩
正書大和五年九月馮宿詩附金石錄

唐白樂天遊王屋山詩
唐白居易撰道士張弘明正書大和六年十月
題復齋碑錄

唐高瑀神道碑
唐司徒侍中東都留守裴度撰河南尹鄭澣書

瑀字乾亮渤海脩人官至忠武軍節度使贈司
空碑以大和八年立集古録目

唐李石神道碑

唐東都留守李德裕撰工部侍郎柳公權書碑
文殘缺名字皆不可見考其世系事迹知為李
石碑也碑以大中中立在河陰集古録目

余家集録顔柳書尤多惟碑石不完者則其字
尤佳非字之然也譬夫金石埋没于泥滓時時
發見其一二則粲然在目特為可喜爾集古録

唐僖宗賜白雲先生書

唐賜白雲先生勑三玄宗勑并送別詩各一陽臺宮畫壁奏狀并荅勑乾元元年禁山廟採樵勑三大中八年王屋主簿韓抗書以刻石集古録目

唐孔岑父碑

唐太子少傅鄭絪撰前大理少卿柳知微書府君名岑父字次翁魯國鄒人官至著作佐郎子戣戢皆顯貴贈岑父司空碑以咸通十二年立在河陰縣集古録目

唐贈司空孔岑父碑咸通十一年正月立金石録

温縣造文宣王廟記

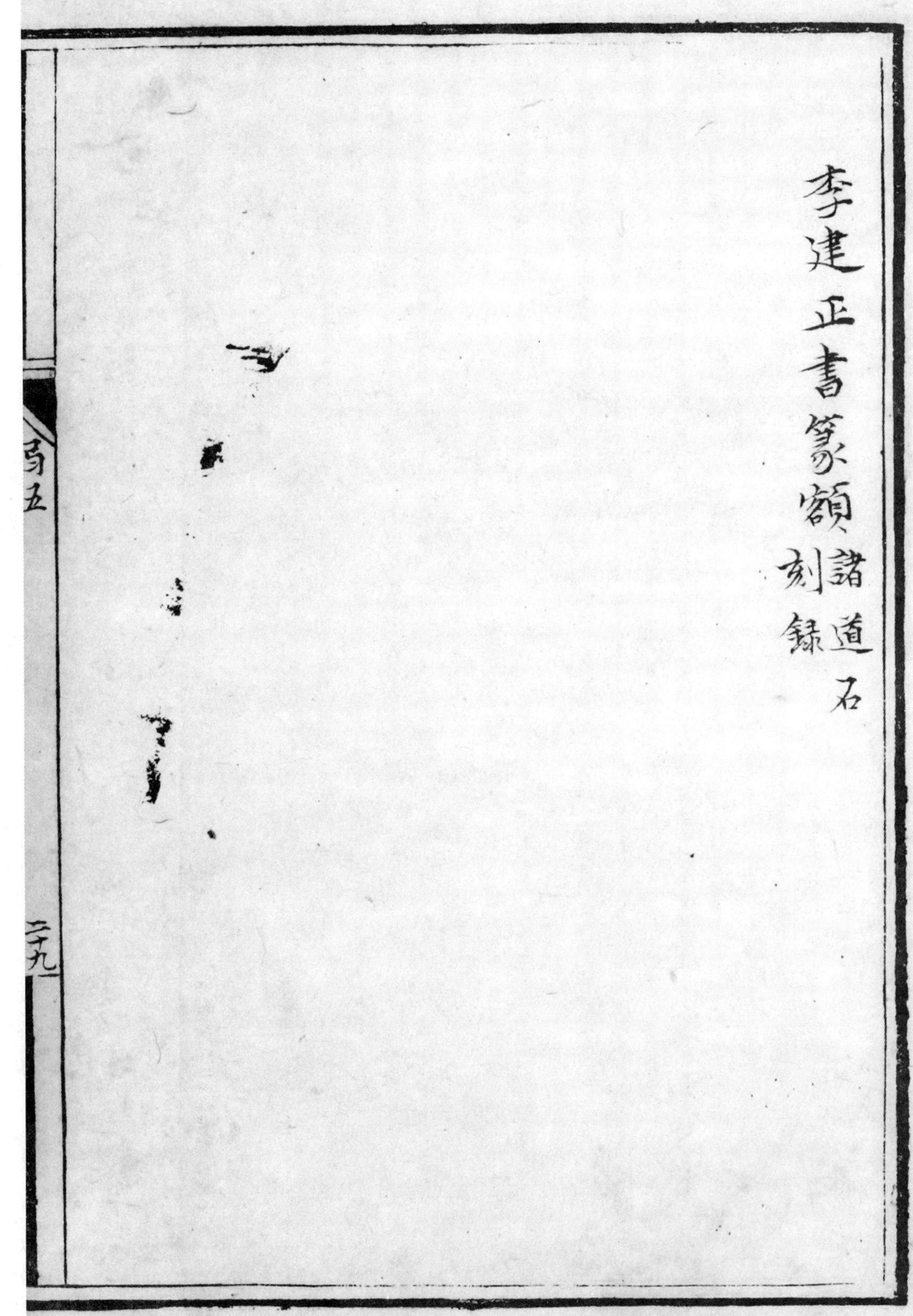

李建正書篆額諸道石刻録

蔡州

春秋時屬沈蔡戰國屬楚魏晉秦屬潁川郡漢置汝南郡後漢及魏晉皆因之宋及後魏兼置豫州後以為重鎮東魏置行臺後周置総管府後改曰舒州尋復曰豫州後改曰蔡州隋開皇初郡廢大業初州廢後置汝南郡唐武德三年曰豫州天寶元年曰汝南郡寶應元年改曰蔡州

皇朝景祐二年陞淮康軍節度今縣十

汝陽 平輿 確山 上蔡 遂平 真陽 新蔡 新息 西平 褒信

漢永樂少府賈君闕

漢故永樂少府將作賈君之闕碑為篆書而將作下二字缺不可識集古録目

按漢書桓帝母孝崇匽皇后居永樂宮和
年詔置太僕少府如長樂故事又按漢官
樂少府以官者爲之則賈君蓋亦官者也集古錄

隋午卯寺碑
開皇十年五月八日息州刺史梁洋建復齋碑錄

隋梁洋建塔表德政碑
不著書撰人名氏隋惠州參軍裴五等爲刺史
梁洋建塔以表德政碑以開皇十一年立在新
息縣集古錄目
在今蔡州新息縣隋開皇十一年參軍裴王与

州人爲息州刺史梁洋建寶塔表德政碑按隋書志後周于新息置息州大業中州廢集古錄

唐豫州刺史狄梁公碑

唐元通礼撰黨復書貞元三年重立訪碑錄

唐平淮西碑

唐段文昌撰陸邳分書并篆額元和十四年十二月建復齋碑錄

唐溵州刺史高承簡德政碑

唐王起撰裴潾書長慶中立按唐書地里志元和十二年以郾城上蔡西平遂平四縣置溵州

長慶元年州慶今碑後題長慶而不殘缺當爲元年蓋是年州遂廢矣高公者名承簡崇文之子爲裴度牙將後至邠寧節度唐史有金石錄

陳州

秦屬潁川郡二漢屬淮陽國汝南郡後漢因之晉屬梁國汝南郡陳郡後及北揚州北齊改為信州隋為陳州後置淮陽郡唐為陳州晉開運二年置鎮安軍節度漢初軍廢周廣政二年復之

今縣五

宛丘 項城 商水 南頓 西華

漢封觀碑 在項城縣墓前 訪碑錄

魏賈逵碑

隸書不著書撰人名氏逵字安道河東襄陵人

魏明帝時官至建威將軍豫州刺史故從事吳

康善立地碑 集古録目
魏故建威將軍豫州刺史陽里亭侯賈君之碑
篆額在項城縣本廟内 訪碑録

唐龍興寺碑
唐兵部侍郎脩文館學士張說撰吏部侍郎脩
文館學士盧藏用八分中宗初復位天下州郡
皆置龍興寺一所此碑以景龍四年五月立
集古録目

唐龍興寺碑陰
唐薛融書檢校陳州刺史韓琦等題名凡五十

六人又有僧恵明等題名十六人别體書不著名氏集古録目

唐大雲寺講堂碑

唐李邕撰并書開元十一年刻諸道石刻録

唐八卦壇碑

在宛丘縣北一里即伏羲于蔡水得龜因畫八卦之壇舊有長史張濟賢之文後刺史李邕除舊文撰新文刻之寰宇記

唐伏羲廟碑

唐孫郡撰趙穀書并題額光化中立訪碑録

唐開元寺講堂記

唐盧中敏書 諸道石刻録

魏文廟碑

李勲文 諸道刻録

潁州

春秋時爲胡國及楚地秦爲潁川郡地二漢屬汝南郡魏置汝陰郡晉因之後魏置潁州郡隋亦爲潁川復爲潁南郡唐爲潁州

皇朝元豐二年陞順昌軍節度今縣四汝陰萬壽潁上沈丘

唐顏默殘碑

初潁川人家以其石爲馬臺皇祐中王回深甫之弟問容李見而識其爲顏書因摹本以傳深父爲文以記之默仕晉爲汝陰太守故大曆中魯公追建此碑于汝陰 金石錄

唐張龍公廟碑

唐澶人趙耕撰不著書人名氏龍公名妻子言已與蓼人鄭祥遠皆龍諸子助戰以絳綃繫鬣爲别祥遠敗死公與子皆化爲龍士人爲之立廟潁州刺史王敬堯又增大之碑以乾寧元年立在潁上縣百社村集古録目

趙耕撰碑云君諱路斯潁上百社人也隋初明經登第景龍中爲宣城令夫人關州石氏生九子公罷令歸每夕出自成至丑歸常体冷且濕石氏異而詢之公曰吾龍也蓼人鄭祥遠亦龍

也騎白牛據吾池自謂鄭公池吾屢與战未勝明日取决可令吾子挟弓矢射之繫鬣以青綃者鄭也絳綃者吾也子遂射中青綃鄭怒東北去抜合肥西山死今龍穴山是也由是公与九子俱復為龍亦可謂恠矣余嘗以事至百社村過其祠下見其林木陰蔚池水窈然誠異物之所託歲時禱雨屢獲其應汝陰人尤以為神也

集古録

汝州

戰國屬韓秦屬三川郡二漢屬河南潁川郡魏晋屬河南襄城郡後魏屬汝北魯陽郡東魏置北荆州後周改曰和州隋初置伊州煬帝初改為汝州後廢州以其地屬襄城潁川二郡唐為汝州天寶元年曰臨汝郡今縣五

梁縣　襄城　葉縣

魯山　龍興

漢吉成侯州輔碑

犨縣滍水南有漢中常侍長樂太僕吉成侯州苞冢冢前有拜墓西枕岡城開四門門有兩石獸墳傾墓毀碑獸淪移人有掘出一獸猶全不破甚高壯頭去地凡一丈詳作制甚工左膊上

自安常浚丁桓后水經注

名字已殘缺其額題云漢故中常侍長樂太僕

吉成侯州居之銘此碑載當時詔書有云其封

輔爲葉吉成侯以此知其名輔而酈道元注水

經云彊水南有漢中常侍長樂太僕吉成侯州

苞冢冢前有碑其詞云六帝四后是諮是諏今

驗其文實有此語獨以輔爲苞蓋水經之誤

金石録

漢故中常侍長樂大僕吉成侯州君之銘篆額

州君名輔爲小者門大宮令復拜小黄門歷藏府令謁者令中尚方令中常侍黄門令長樂大僕大長秋封葉吉成侯以威宗永壽二年十二月卒此碑叙其歷事六帝四后詳贍有史法与漢代也他碑休格絶不同隸釋

漢吉成侯州輔碑陰

州輔碑陰自漢陽太守而下四十有九人其八人稱邑曰冠軍曰宛曰章陵曰新野曰比陽曰魯陽皆南陽之邑也餘人唯延篤有傳乃南陽犨人則不稱邑者犨之人也碑云鄉人姻族相

與刊石則又知輔爲犨縣人也隸釋

漢州輔墓石獸膊字

酈道元注水經云州君墓有兩石獸已淪沒人
有掘出一獸猶全大破甚高壯頭去地丈許制
作甚工在膊上刻作辟和字余初得州君墓碑
又覽水經所載意此字猶存會故人董之明守
官汝潁間因託訪求之踰年持以年寄其一辟
邪道元所見也其一乃天禄字差大皆完好可
喜之明又云天禄近歲爲村民所毁辟邪雖存
然字畫已殘缺難辯此盖十年前邑人所藏今

不可復得矣金石錄

漢都鄉正衛彈碑

在汝州界故昆陽城中文字摩滅不可考究其歲月畧可見蓋中平二年正月而其額題都鄉正衛彈碑莫知爲何碑也金石錄

都鄉正衛彈碑隸額靈帝中平二年立次有張苞杜則題名數人隸釋

唐獨孤哲祭葉公文

正書無名氏乾封二年十一月立在葉縣復齋碑錄

唐温湯碑

在梁縣西四十里唐聖曆三年正月則天駕幸
今有碑石斷折篆字
記
唐則天幸流林亭宴詩
唐麟臺丞殷仲容書武后聖曆三年幸汝州宴
飲于州南流杯亭與群臣分韻賦詩武后御製
及梁王三思等凡七首平章事李嶠爲序以久
視元年九月刻石碑後沒于汝水中貞元五年
刺史陸長源輦出之有記在碑陰字爲八分書
集古
錄目
唐武后久視元年幸汝州溫陽群臣應制詩也

李嶠亭殷仲容書開元中汝水壞其碑亭碑亦沉沒貞元中陸長源爲刺史以爲嶠亭仲容書絕代之寶也乃爲之造亭立碑自記其事于碑陰武氏亂唐毒流天下其遺蹟宜爲唐人所棄而長源當時賢者區區于此何哉然余今又錄之者時以仲容書尔是以君子患乎多愛集古錄

在梁縣城南三十里唐則天嘗與侍臣姚元崇蘇頲武三思薛耀等遊宴賦詩寰宇記

唐葉縣令宋公遺愛頌

唐吳師道撰正書無姓名神龍三年五月金石錄

唐廣成子廟碑

崆峒山在梁縣西南四十里有廣城子廟即黄帝問道于廣成子之所唐開元二年汝州刺史充本州防禦使盧貞立碑記寰宇記

唐王仙公廟記

唐岑均撰參軍高重明書仙公者漢葉縣令王喬也縣人舊以姓名稱其廟唐葉令史惟清改曰仙公碑以開元二十五年刻在葉縣集古録目

唐宋公神道碑

唐中書舍人孫逖撰河南府陽翟縣尉集賢校

理御書史惟則八分宋公名字缺亡而碑不著其鄉里官至延州刺史碑以天寶四年立在梁縣集古録目

唐汝州刺史李滌遺愛頌

撰人名缺韓秀弼分書大曆十二年三月金石録

唐容州都督元結碑

唐湖州刺史顔魯公撰并書元結字次山官至容州都督本管經略使碑以大曆中立在魯山縣集古録目

唐自太宗致治之盛几乎三代之隆而惟文章

獨不能革五國之弊既久而後韓柳之徒出葢習俗難變而文章之变体又難也次山當開元天寶時獨作古文其筆力雄健意氣超拔不减韓之徒也可謂特立之士哉集古録

唐流杯亭詩碑陰記

唐陸長源撰八分書無姓名貞元五年立附

唐復黄陂記

唐前鄉貢進士侯喜撰不著書人名氏汝州有三十六陂黄陂為最大自隋始築至唐開元中

數復廢決貞元十八年刺史盧虔築而復之碑以元和三年立集古錄目

黄陂在今汝州汝州有三十六陂黄陂最大溉田千頃始作于隋記云至貞元辛未刺史盧虔始復之卒未貞元七年也碑元和三年建集古錄

唐龍興寺碑

正書無書撰人名氏寶曆二年五月復齋碑錄

唐元魯山琴臺記

唐汝州魯山縣令宋整撰不著書人名氏琴臺者故縣令元德秀之所立整葺其頽毁以大中

八年正月立此記在魯山集古録目

唐商餘搽

唐蘇頲撰韓擇交八分書頲友元結隱居教授于商餘之肥溪頲爲作此辭頲時爲河南令自号中行子碑不載刻石年月在魯山縣集古録目

魯陽公墓四字

在魯山縣露山東北五里墓上石碑有魯陽公墓四字寰宇記

後周文宣王廟記

縣令郭忠恕撰并書按國史忠恕爲漢湘陰公

從事周祖徽爲周易博士國初貶乾州司户大
宗朝復任國子主簿流登州卒不載其嘗爲縣
令也記云縣在汝水之汭嵩山之陽不知其爲
何縣最後題甲寅四月十五日建蓋周世宗乾
德元年也或云此記在汝州界中金石録

汝帖十二卷

寀來汝踰年吏民習其疎拙不甚諉以事閑閤
蕭肰奉親之外獨念棄日偶得三代而下訖工
五季字書百家冠以蒼頡奇古篆籀隸草真行
之法略具其用十二石刻寘坐嘯堂壁其論世正

名于治亂之際君子小人之分每致意焉說者謂之筆史蓋使小學家流因以博古知義不特區區近筆硯而已大觀三年八月上丁敷陽王寀記寀字字輔遺本跋

頃在洛中聞汝州新鐫諸帖謂之汝刻其名已勿興矣意謂其彙擇必佳及見之乃大不然雜取法帖續帖中所有者時載之又琅王開不能辨也此犹亡害至其集古帖及碑中字萃為僞帖并以一帖省其文別為帖語及殽名者甚多稍識書者使可別之如以逸少帖春秋輒為

患不得北軍問遠近清和等語乃摘取北軍遠近春秋等字集為一帖强為王行書以續帖中諸縣故佳字强名為王楨之書楨之字公幹徽之子取汝州東漢州輔碑中数字强名為蔡中郎書取衛州魏孝文弔比干文中數行强名為崔浩書如北齊碑便目為温子昇後魏碑便目為沈法會如此者甚多且如弔比干文魏孝文作而崔浩之死在太武時乃目為浩書其不稽古如此至若張華帖內雜以寶章集中王慈字薛稷帖中雜以法帖內子敬字皆集成之字意全不相屬

取王筠帖中和南清豫一帖疑有闕文如是者不可具載幸世尚多古帖極有未傳者自可刻其全篇何必區〻作僞以誤後學但貽識者嗤矣耳汝州既以石十餘刻之而越州復傳其本又刻之二州之石殊可弔也信知識眞者少何足恠云東觀餘論

寶刻叢編卷第六

錢塘陳　思　纂次

河北東路

北京

大名府春秋時屬晉衛戰國屬衛二漢屬魏郡東郡清河魏文帝分置陽平郡晉因之宋文帝置東陽平郡元魏因之後周大象二年置魏州隋大業初置武陽郡唐武德四年平竇建德改置魏州龍朔二年更名冀州咸亨三年復曰魏州天寶元年曰魏郡自代宗後為田承嗣更憲誠何進滔羅洪信所據曰大名府置天雄軍在代皆因之至梁罷大名後唐曰興唐晉曰廣晉漢周復曰大名皇朝慶縣二年陞為北京今縣十一

元城　華縣　內黃　成安

臨清　宗城　夏津　清平　館陶　冠氏

漢冀州從事郭君碑

名字已殘缺其額題曰冀州從事郭君之碑碑云其先出高辛興自于周又云光和二年終三年十月葬金石録

故冀州從事郭君碑隸額碑文之字暧昧者甚鮮獨首行刑缺故不得其名字郭君歷郡諸曹掾史主簿督郵五官掾功曹故掾謂之從事以光和二年卒隸續

漢貝丘長博陵崔伯言碑

漢北海苑盂興碑 二碑在臨清縣東南十五里貝丘城文字磨滅 寰宇記

後魏聖智寺碑 在內黃縣東北四十里永熙三年沙門遂偘造 訪碑錄

隋賈春英邊圖碑 開皇十二年七月 金石錄

隋願力寺雙七級浮圖銘 仁壽三年正月 金石錄

隋舍利石函蓋記
在府城龍興寺中訪碑録
唐宗城令薛寶積德政碑
永嵗二年立訪碑録
唐宗城令王紹業去思碑
永淳二年立訪碑録
唐處士鄗武墓誌
聖曆三年立在冠氏縣衙訪碑録
唐善達法師碑
唐郭庭誨撰仕遺祚正書開元七年五月建在

元城復無碑錄

唐魏州刺史狄仁傑生祠碑

唐李邕撰張庭珪八分開元十年十一月金石錄

唐左羽林郎造釋迦像碑

在冠氏縣崇明寺內開元二十二年訪碑錄

唐館陶令徐君遺愛碑

唐張孚受撰朱璲八分書開元二十四年十月金石錄

唐尊勝陁羅尼經幢

在府城開元寺唐盧重玄分書開元中立訪碑錄

相衛州山川寺廟名録

唐魏郡太守苗晉卿德政碑

在府城開元中立訪碑録

唐開元寺新建三門樓碑

唐王維撰天寶七載立訪碑録

唐魏博節度田承嗣德政碑

封演撰八分書大曆十三年七月金石録

唐觀音寺碑

唐營田副使裴伉撰楊志方書訪碑録

在府城内李膺撰王立伯書元和二年立訪碑録

唐魏博節度田緒遺愛碑

唐裴均撰張弘靖書元和六年二月立政和中與栁公權所書何進滔德政碑俱爲大名尹所毁金石録

唐狄梁公祠堂碑

唐馮宿撰胡証正書并篆額元和中立復齋碑録在魏縣東南四里梁公爲魏州刺史百姓立祠祀焉寰宇記

唐宗城令衡知全德政碑

在本縣長安三年立訪碑録

唐開元寺新脩法華院記

在府城內開元寺張若撰李京正書長慶四年建訪碑錄

唐新修龍興寺碑

在府城內李輈撰崔弁書張肱篆額寶曆六年立訪碑錄

唐開元寺碑

在府城內李輈撰崔弁書太和元年立訪碑錄

唐開元寺修功德記

在府城內李輈撰崔弁書張肱篆額太和丁未

歲立碑
訪録

唐何進滔德政碑
唐翰林承旨兼侍書工部侍郎柳公權撰并書
翰林待詔梁五府司馬唐玄度篆額進滔文宗
時爲魏博節度使文宗詔公權等爲撰德政碑
以開成五年正月立有碑樓尚存集古録目
進滔唐書有傳開成五年立其高數丈制度甚
閎偉在今河北轉運使公廨園中集古録
進滔事迹固無足取而公權書法爲世模楷此
碑尤爲雄偉政和中大名尹建言磨去舊文别

刊新製好古者為之歎惜金石錄

唐觀音寺陁羅尼經幢記

會昌四年訪碑錄

唐觀音寺舍利塔碑

裴𥗝撰并書篆大祐二年訪碑錄

唐莘縣令杜伸智德政碑

在本縣訪碑錄

唐贈太尉二黨公碑

在莘縣西三十里訪碑錄

唐前南樂縣令鄭信臣碑

訪碑錄

唐願力寺碑在洹水鎮南四十里訪碑錄

唐護法寺碑在館陶縣北四里訪碑錄

唐文宣王廟碑在館陶訪碑錄

唐韓王碑在莘縣西南二十里訪碑錄

澶州

開德府春秋時屬衛國秦置東郡二漢屬東魏二郡皆屬濮陽國頓丘郡隋屬東武陽二郡唐屬澶濮魏三州晉天福中移濮陽于澶州南郭爲治所九年陞鎮寧軍節度皇朝大觀元年陞開德府崇寧四年建爲北額今縣七

濮陽　觀城　臨河　清豐
衛南　朝城　南樂

漢冀州從事張表碑

漢隸不著書撰人名氏君諱表字元異嘗爲冀州從事後去官不仕而終建寧元年立集古録目碑云君諱表字元異而文爲韻語叙其官閥不

甚詳但云春秋六十四以建寧三年九月癸巳寢疾而終集古録

漢故冀州從事張君碑篆額張君名表靈帝建寧元年卒此碑皆作四言額語隸釋

碑云君諱表字元異系帝高辛爰暨后稷云云春秋六十四以建寧元年三月終其年十有一月丙寅㙇復齋碑録

漢劉班碑

在衛南縣西墓下訪碑録

東魏東平太守劉霸碑

孝静天平元年四月立在衛南金石録

北齊楚陽太守張樂碑

在衛南縣西北二十五里德昌中奘訪碑録

北齊大將軍兗州刺史劉傑碑

在衛南縣西北三十里墓下訪碑録

大周濮陽縣丈八像碑

行書無書撰人名氏聖曆三年七月立金石録

唐衛南縣令房公德政碑

在本縣周昇撰唐澄書訪碑録

瀛州

河間府春秋時屬晉戰國時屬趙秦屬上谷郡漢屬涿郡後漢爲河間國晉因之後魏爲河間郡孝文帝置瀛州隋廢郡而州如故大業初州廢置河間郡唐爲瀛州皇朝大觀二年陞河間府瀛海軍郎度今縣二河間樂壽

後魏車騎大將軍邢巒碑

巒字山賓碑以延昌三年甲午十月建復齋碑錄

隋文儒先生劉炫碑

大業元年立金石錄

唐贈左僕射李紹立碑

唐右庭規撰康保瀧正書并篆額大順三年四月立復丝碑録

冀州

春秋時屬晉戰國時屬趙秦屬鉅鹿郡
漢置信都國景帝改為廣川宣帝復故
漢明帝更名樂安安帝改曰安平復兼
置冀州晉因之後魏為長宗郡兼置冀
州北齊後周省因之隋初郡廢而冀州
如故大業初州廢復置信都郡唐為冀
州
皇朝慶曆八年陞武安軍節度今縣六
信都　蓨縣　南宮
棗強　武邑　衡水

漢小黄門譙敏碑

隸書不著書撰人名氏君名敏字漢達碑以中
平四年立集古錄目
碑云君諱敏字漢達鄴君之中子童君之弟即

君之昆也年五十有七以中平二年三月九日戊寅卒四年七月二十八日癸卯建復齋碑録

漢故小黄門譙君之碑篆額譙君名敏靈帝中平二年卒又二年立此碑歐陽公云其文甚磨滅而予之所得惟三字不能辨碑中並無爵秩所謂鄴君章君郎中君又不類宦者官稱非題額則不知敏之為黄門也隸釋

近世有信安何籀者以隸書知名目是碑為蔡中郎書未知何據自謂學此法清勁有古意與梁孟皇行筆正相及予謂漢世隸法至魏大變

不必梁蔡𫑘自尔也此碑意象古雅在樊常侍蔡藁長二碑上借非中節自可師法東観餘論

漢賈敏碑

在棗强北三十一里訪碑録

唐述聖碑

在信都北開通寺内大足元年立訪碑録

唐下傳令詩君德政頌

唐上懷惠撰馬靈仙正書開元十六年正月立金石録

唐堂陽令元府君德政碑

正書無書撰人姓名開元十七年四月金石録

唐勅冀州刺史源復詔

唐明皇書在州治訪碑録

唐述刊勅手詔碑

唐王端撰田琦分書并題額開元二十六年訪碑録

博州

春秋為齊之西境戰國屬齊趙魏三國之交秦屬東郡漢屬東郡平原清河三郡後漢屬東郡平原二郡晉屬平原國宋分置魏郡後魏置南冀州及平原郡隋初郡廢改州為博州大業初州廢屬武陽郡唐為博州天寶元年曰博平郡

今縣四　聊城　高唐　堂邑　博平

唐崔慎碑

唐紫微侍郎蘇頲撰慎孫太常博士璯八分書慎字行謹博陵安平人官至滄州湖蘇令其曄字元暐神龍中為中書令封博令郡王追贈慎幽州刺史碑以開元三年立集古錄目

棣州 春秋戰國皆屬齊秦屬齊郡漢屬渤海平原千乘郡後漢屬北海平原郡樂安國晉屬樂安樂陵二國宋為樂陵郡後魏又為樂安樂陵二郡隋初屬棣州後屬渤海郡唐武德三年置棣州天寶元年曰樂安郡今縣三厭次滴河陽信

北齊宋僧奴為父造像碑

在滴河縣界 訪碑錄

北齊武平仲造像碑

不著書撰人姓名 諸道石刻錄

樂安郡孫敬僧造彌陀像銘

細字無書人姓名

諸道石刻録

莫州

漢爲鄚縣屬涿郡後漢屬河間國晋因之隋屬河間郡唐武德四年屬蒲州貞觀元年屬瀛州景雲二年置鄚州開元十三年以鄚鄚文相類更名莫州今縣一

伍丘

西魏岐州刺史王毅碑

大統九年十月立金石録

唐瀛州任丘令王君德政碑

唐崔駛撰八分書無姓名儀鳳元年金石録

大周上柱國平州司馬馮道墓誌

在任丘縣界如意元年立訪碑録

唐長豐縣興城碑
沙門邈文八分書無姓名開元二十二年十二月金石錄

唐御製孝經双石幢記
唐楊諫撰劉景濂八分書開元二十七年九月金石錄

唐文安郡任立令王君清德頌
唐傅衡之撰崔琦正書天寶八年正月金石錄

唐刺史劉君德政碑
不著書撰人名氏諸道石刻錄

霸州

漢屬渤海郡後漢屬廣陽國河間郡晉屬兼國章武後屬河間燕郡隋屬河間涿郡唐屬幽州莫州晉時入于契州周克復之置霸州皇朝政和三年為永清郡今縣二文安大城

唐張仁憲神道碑

唐幽州節度掌書記李儉撰幽州節度參軍蔡陵八分書并篆額仁憲字仁憲官至太子中元其孫仲武為盧龍節度使追贈仁憲為工部尚書碑以大中二年立在文安縣集古錄目

德州

春秋戰國皆屬齊秦屬齊郡漢置平原郡後漢國之晉爲平原國宋屬平原郡後魏後周皆因之隋初置德州後復爲平原郡唐爲德州天寶元年曰平原郡

今縣二

安德　平原

唐長壽寺舍利碑

隸書不著書撰人名氏隋文帝仁壽中內出舍利頒於三河郡之長壽道場藏以金棺石函唐初詔選名僧三十人居之齊王元吉造丈八大像于寺中碑以武德元年五月立集古錄目

碑武德中建而所述乃隋事也其事迹文辭皆

所録其爾（集古録目）

唐東方朔廟碑

唐柳令譽撰行書無姓名開元十九年三月立

（金石録）

唐東方先生畫贊

晉散騎常侍夏侯湛撰唐平原太守顏真卿書初開元八年德州刺史韓思復以贊刻于湖廟後真卿為太守文已殘缺遂以天寶十三年十二月重立此碑（集古録目）

唐東方先生畫贊碑陰記

唐顏真鄉撰并書及題額真鄉既易舊碑因記其事迹年月刻在畫贊之陰集古録目

先相廷劳以光世之故並戀殊從容常誘其訪尋中原古刻云北人所不好市無粥碑者及道過真定顧瞻名山三歎而已隸釋

漢無極山碑

無極山碑篆額此山与三公山封龍山靈山白石山皆在元氏男子蓋高范遷援三公龍靈有請于太常乞官給珪璧四時祠具詒從之吏更造廟宇而立此碑靈帝光和四年也隸釋

漢白石神君碑

白石神君碑碑篆額靈帝光和六年立前三老
高等援三公封龍靈山請于廟爲無極
食至是怡山相馮巡元氏令王翊復
未求依無極爲北朝建聽許遂聞拓殿
勒碑漢人不隸固有不二者或拙或恠皆
意此碑雖布置整齊略無纖毫漢字氣骨金
魏晋間碑相若雖有光和紀年或後人用舊
再刻者尔隸釋

漢八都神壇廟碑

在元氏縣西北二十里廟壇上光和中立訪碑録

晉北嶽祠堂頌

秦始六年二月金石録

北齊造珉像題名

石府城内奉恩寺二門上天保七年立訪碑録

北齊怕山義七級碑

不著書撰人名氏七級者浮圖也義者蓋邑人為衆所造若義井也碑首題云慕容儀同趙常山義七級之碑據碑文常山太守綦連公以天保九年造浮圖其後慕容鑠趙相貴相維為太

守而增葺之也纂連公不知其名集古録目

不著書撰人名氏文辭声偶而甚恠書字頗

古法其碑首題天慕容儀同趙常山石氏

義七級之碑其文云常山太守綦連公以

九年為國敬造七級浮圖一區至天統

太守慕容樂及新除常山太守趙顕貴

石子和等增戒之蓋北齊時碑也集古録

北齊定州刺史賈念碑

在元氏縣界訪碑録

隋龍藏寺碑

齊開府參軍張公礼撰不著書人名氏隋大盛公世子怡州刺史鄂國公金城上孝僊一作仙奉勑率州民萬人共立此碑寺首題曰鄂國公為國勸造龍藏寺碑以開皇六年立寺今廢碑在真定府門下集古錄目

齊開府長兼行參軍九門張公礼撰不著書人名氏字西道劲有歐虞之体碑云太師上柱國大威公之世子左威衛將軍上開府儀同三司使時鄚怡州諸軍事怡州刺史鄂國公金城王孝僊奉勑勸奬州人一萬共造此寺其述孝仙

云世業重於金張器説逾於許郭然北齊周隋
諸史不見其父子名氏不許何人也集古錄

隋九門令李康清德碑
不著書撰人名氏碑爲隸書康字和鉄隴西
道人氏隋爲冠軍將軍大中師都督恒州
令縣民張老生等爲之頌德以開皇
二月立集古錄目
不著書撰人名氏文爲舉偶而字画奇
康隴西狄道人也其碑首題云大隋冠
大中帥都督恒州九門縣令隴西李君清

頌亭在河北時遣人于廢北門縣城中得此字多訛鈌其後題十一年歲在辛亥大將軍酉二月癸丑朔十二日甲十建年生有工字訛闕不可識按隋書開皇十一年歲在辛亥其二字乃開皇也大將軍在酉之說出于陰陽家前史不載而此碑見之集古錄

隋恒嶽寺舍利塔碑

隸書不著書撰人名氏隋文帝仁壽元年建舍利塔于恒嶽寺詔吏民皆行道七日人施十錢又自寫帝形像于寺中大業元年長史張果等

立碑集古錄目

隋九門令鈕耳府君清德碑

不著書撰人名氏鈕耳君名文徹本出于西戎後爲華陰朝邑人隋煬帝時爲怕州九門令遷梁州司馬將去縣民刻石頌德碑以大業六年立在廢九門縣中集古錄目

不著書人名氏字畫有非歐虞之學不能集古錄

隋井陘令邢先秉清德頌

不著立石年月諸道石刻錄

唐鎮嶽靈仙寺碑

唐薛收撰正書無姓名貞觀元年立金石錄

唐大理卿郎穎碑

唐中書侍郎李伯藥撰前驃騎大將軍宋才書穎字楚之歷任隋唐至大理卿柱國恒山公致仕卒謚曰平碑以貞觀五年十月立在府北郎氏墓林中集古錄目

平公官屬題名

不著書人名氏平公穎也凡柱國府潦佐故史長史司馬掾屬參軍四人恒山公府國官國

令大農常侍侍郎國尉典尉舍人城局廟長學官長倉官長丞廄牧長丞典府長丞親事百三十餘人在穎碑陰集古録目

隋尚書左丞郎茂碑

唐宗正卿李伯葯撰幽州人張師丘書平公孫餘令題額茂字蔚之常山新布人平公穎弟也仕隋至大常上卿尚書左丞終于廬陵太守碑貞觀五年十一月立在府北郎氏墓林中集古録

唐鹿泉縣尉皇哲哲頌

在獲鹿龍翔二年立訪碑録

唐九門縣西浮圖碑

唐前應詔四科舉董行思撰清河傅德

宗時縣人于慧矩寺因隋浮圖故基而重

碑額題曰九門縣合鄉城人等為國造浮圖

以上元三年立集古錄目

唐欒城縣孫氏紀族碑

在欒城縣極果寺内孫善福撰孫仲杲書儀鳳

三年立訪碑錄

唐怕嶽嶺路銘

唐深澤縣處士張克雋撰怕嶺處士碑錄書高

宗詷露中用兵于笑厥怕州長史碑不著名披山刋木構橋梁以通運路﹅﹅由北嶽故以嶽嶺爲名碑以詷露二年二月立集古録目

唐開業寺碑

唐李尚一撰蘇文舉書開業寺者後魏司徒李裔所立謂之隱覺寺周廢佛法以寺賜裔孫祖元隋初復立爲寺真觀中賜名開業碑以開耀二年二月立在元氏集古録目

唐陶雲德政碑

唐中州録事張義感撰不著書人名氏云

舉河南伊闕人高宗時爲怕州刺史碑以三年立在真定府牙門下集古録目

予爲河北轉運使至真定見碑仆在府埋地中命工掘出立于廡下字爲行書麗而不著書者姓名惜哉集古録目

唐八都壇記

碑首題曰八都壇神君實録八都者蓋其封龍等八山爲壇都神一作望而祭之因壇立以爲名唐刺史馮義縣令蕭傚等禱而有應率人脩其廟而爲之記同列時人姓名于後撰述

者自稱元質而不著姓亦無書人名氏碑以垂拱三年立集古錄目

撰人名元質不見其姓又不著書人名氏其字畫亦可愛碑首題云大唐八都壇神君之實錄其文云都望八山之始壇也此地名山封龍之類有八因壇立廟遂爲號爲封龍山在今鎮州其餘七山不悉其名又云漢光和中有碑而今亡此碑垂拱三年立集古錄

唐北嶽廟君碑

唐韋虛心撰陳懷志行書開元九年三月金石錄

唐真定令柳令譽記德碑

唐裴伉撰并分書開元十二年立金石錄

唐北嶽碑

唐張嘉貞撰并書開元十五年四月金石錄

唐欒城縣孫陽施石臺銘

在平山縣趙僎撰并行書開元丁卯歲

唐北嶽真君碑

唐房鳳撰八分書無姓名開元二十年正月

子立碑復金石錄

唐北嶽怡山碑

釋邈迺詞釋曠書開元二十一年八月金石録

唐白鹿泉神君祠碑

唐韋濟撰裴抗分書開元二十四年三月立在

獲鹿諸道石刻録

唐元氏令龐履温清德頌

唐郜混之撰蔡有鄰分書開元二十四年九月

金石録

唐真定令杜望之遺愛頌

唐李琚撰并分書開元二十五年金石録

唐封北嶽安天王碑銘

唐李筌撰戴千齡分書篆額天寶七年五月二十五日建復齋碑録

唐欒城令劉沔遺愛頌

在本縣鄭波撰趙含書大曆五年訪碑録

唐慧解寺三門樓讚

唐李宥撰周籝全行書大曆十二年六月在府城内開元寺三門石柱上訪碑録

唐僧道源發願文

唐前恒冀等州觀察判官王洽撰試金吾曹參軍王承規集王羲之書并篆額道源恒

開元寺僧也常發願礼大佛名及誦藏經成軍步軍使王士良等爲立此碑貞元十四年正月刻集古録目

唐范希朝謁北嶽廟記

元和五年河東節度使范希朝討鎮州過北嶽廟題記集古録目

唐鹿泉胡神祠史

唐耒復撰并書寶曆二年四月立在獲鹿復齋碑録

相州

春秋時屬晉戰國時屬魏後屬趙秦屬邯鄲郡二漢為魏郡曹公為魏王都此晉亦為魏郡後趙石季龍前燕慕容儁皆都之後魏置相州及魏北齊又都為改為清都尹後周復置相州及魏郡隋初郡廢大業初州廢後置魏郡唐為相州天寶元年日鄴郡故屬天雄軍節度梁分置昭德軍而天雄軍亂遂入于晉莊宗滅集後屬天雄晉高祖置彰德軍今縣四安陽湯陰臨漳林慮

魏甄皇后坐識板函

文昭皇后識坐板函八字紹聖丙子年鄴民耕地得一綠石匣廣八寸有半長倍之厚三之一

鹿項笏頭蓋其上有此八字魏文帝甄皇后神
坐前之物也故嘉興守林衡之父時爲相之臨
漳令模得之其字乃魏隸之工者傳于世旣鮮
故士大夫罕見魏史黄初中葬甄夫人于鄴州
帝以母氏之故追上尊謚别立寢廟此乃明帝
時所刻者續隸

魏張文簡碑

在湯陰西百步訪碑錄

僞趙西門豹祠殿基記

記云趙建武六年歲在庚子七月庚寅造西門

祠殿基金石錄

東魏定國寺浮圖碑

漢三公山碑集古錄作北嶽碑

隸書不著書撰人名氏文字磨滅者多不可悉考其中間有稱光和四年元氏左尉上郡瑋者其意若瑋被選舉而立此銘以報神貺集古錄目

文字殘缺尤甚其隱隱可見者光和四年以此知為漢碑尔其文斷續不可次序蓋多言珪幣牲酒黍稷豐穰等事似是禱賽之文集古錄

歐公集古錄有北嶽碑云文字殘缺尤甚其

見者曰光和四年以此知爲漢碑再余嘗
于北嶽訪求前代刻石凡盡獨無漢碑
所書事與集古所載皆同又光和四年
額題曰三公之碑而集古以爲北嶽碑
公未嘗見其額爭三公者山名其事亦
右神君每無極山碑三山皆在真定𣭎氏
金石録

三公之碑隸額兩旁又有封龍君靈山君六
字頗大蓋封龍與靈山是兩山之名揭其神于
額之旁者耶是配食三公之祠此碑光和四年

左尉樊子義立頌頌者先公太師以使事為北方斯留絶興癸亥年政地王次翁使至燕先公隅垣墻与驛中人語為覘者所得賴副留守高吉祥之力脱縲絏而歸子之出疆也高子之嗣

在安陽縣東魏遷鄴高丞相以南臺為相國寺作博浮圖極高其文郎温子升撰（寰宇記）

東魏韓陵碑

在安陽東縣北十七里東魏丞相高歡破爾朱兆兄弟于此山下仍立碑即温子昇之詞陳尚書陵〻嘗北使鄴讀韓陵碑愛其才麗手自録

之歸陳士人問陵曰北朝人物如何曰唯韓陵片碑爾寰宇記

北齊立西門君碑

在鄴縣漳令臨鄴城故事云西門豹爲令造渠决漳水以溉民田因是户口豐饒天僕射魏收爲立此碑寰宇記

魏文侯七年始封此地以西門豹爲鄴令敢欺至襄王時史起爲鄴令引漳水溉鄴其用與地記

北齊都達禪師塔銘

天保九年諸道石刻錄

隋臨漳令趙君清德頌

開皇六年金石錄

唐刺史許圍師德政碑

正書無書撰人名氏乾封二年立金石錄

唐立周大師尉遲公廟碑

唐前華州鄭縣尉閻伯璵撰序秘書省校書顏真卿撰銘蔡有鄰隸書迥字居羅代人仕周為相州總管周末隋文帝東政迥舉兵不克而死唐武德中改葬復其封爵開元二十六年相

州刺史張嘉祐爲之立廟建碑以開元二十六年正月立集古録目

唐尉遲公廟碑陰

唐孫士良撰蔡有鄰分書開元二十六年二月立金石録

唐休慮縣記

正書無書撰人姓名天寶六年金石録

銅雀臺碑

在安陽諸道石刻録

唐林慮縣造寺碑

總持寺碑

鄞縣脩定寺碑

分書三碑諸道

石刻録

定州

中山府戰國初為中山國後為魏所并後又屬趙秦屬上谷鉅鹿二郡漢高帝置中山郡景帝三年改為國後漢晉皆因之後燕慕容垂移都于此置中山尹復魏為中山郡兼置安州大唐改為定州陞義武軍節度皇朝太平興國元年改定武軍政和三年改中山府中山郡今縣七安喜　無極　曲陽　唐縣望都　新樂　北平

漢上谷太守張祥碑

在安喜縣東六里訪碑錄

漢孝子王立碑

安喜縣

唐何延年謂右軍永和中與太原孫承公四十
有一人修禊揮毫製序用蚕蚕紙鼠鬚筆遒媚
勁健絶代更無凡三百二十四字有重者皆且
别體就中之字有二十許變轉悉異遂無同者
如有神助及醒後他日更書數十百本終不及
此余謂神助及醒後更書數十百本無如者恐
此言過矣右軍化書豈減禊帖但此帖字數比
他書最多君千文又錦卷舒展玩無不滿人意
軫在心自不可忘非若其他尺牘數行數十字
如寸錦片玉玩之易盡也　高宗御製
翰墨志

蘭亭修禊序世所傳本尤多而皆不同蓋唐數家所臨也其轉相傳模失真彌遠然時時獨有可喜處豈其筆法或得其一二邪想其真蹟宜如何也哉世言真本葬在昭陵唐末之亂昭陵為溫韜所發其所藏書畫皆剔取其裝軸金玉而棄之于是魏晉以來諸賢墨蹟遂復流落于人間 太宗皇帝時購募所得集以為法帖十卷碑模傳之數以分賜近臣今公卿家所有法帖是也然獨蘭亭真本亡矣故不得列于法帖以傳今予所得皆人家舊所藏者雖筆畫不同

聊並列之以見其各有所得至于其僞優劣覽者當自擇焉其前一本流俗所傳不記其其上得于殿中丞王廣淵其三得于故公家又有別本在定州民家二家各自有石較其本纖毫不異故不復録其四得于三司蔡給事君謨世所傳本不出乎此其或尚有所未傳更俟博求集古録

右軍禊帖叙草号稱最得意書宋齊以來藏在秘府士大夫間未聞稱述豈未經大盜兵火時蓋有墨蹟在蘭亭石者及蕭氏宇文焚蕩之餘

十不存一永師曉出所見妙蹟唯有蘭亭故為
虞褚輩道之所以太宗求之百方期于必得
其後公私栢盜今竟失之書家晚得定武本蓋
彷彿存古人筆意耳

此文自唐明皇得其蹟刻之學士院人間不得
復見朱梁篡竊輦至汴都耶律德光破石晋此
刻渡河帝𣏌既歸与䪨重棄之殺胡林後置之
州治遂曰定本碧岫野人趙程仲古

定武蘭亭序石刻世称善本宣和中仕從中山詢
訪故老以謂石晋之末契丹日中原輦載寶貨

圖書而北至真定德元死漢祖起太原永康自
立而歸與其祖母交兵于國棄此石于中山慶
曆中上人李學究者得之不以視人韓忠獻之
守之武也李生始以墨本獻公公堅索
乃瘞之地中別刻石本以示公又一紀李
其真子乃出石散摸售人每本須錢一千由是
好事者爭取之其後李氏子負官繒無從取償
時宋景文守定乃以公帑金代輸之因取其石
匣藏于庫非貴遊交舊不可得也熙寧閒薛師
正出牧其子紹彭又刻別本者留之中山易古

刻攜歸長安大觀中詔取其石置宣和殿人間不復見矣養浩書室

武定郡丞舊有蘭亭石刻為薛師正之子紹彭易去世之所傳多矣宣和初其弟嗣昌獻于大上　徽宗命龕置睿思東閣之壁自是人間不復得靖康之亂凡尚方奇九卓絕之珍悉為群相輦歸彼國獨此石屬所不識素而不取建炎初　高宗駐蹕廣陵宗澤汝霖居守東都見之与賊窃之餘數物遣騎疾馳進　行在所曾未逾月狄復南冠　大駕幸淅失于倉猝之際絕

興中句子固叔堅帥淮南寄　旨令搜訪之叔堅宴索不獲其後叔堅遭臺評以謂窮尋窖藏金寳至于廣掘地上蓋縣此爲叔堅之子洎端叔語余如是物之顯晦有時未知何戾復當出耶紹熙壬子夏余覓官脩門與順伯劇談偶及順伯云此一段事世所未聞當爲我識之舊本之左因遂書之斯碑所用紙竹豈非摸打者歟清王明

此帖世傳以爲右軍得意書世間石刻無應數十百本而其推定武本以爲冠諸家辨别其贋

其說不一或以爲薛紹彭刋石易舊本歸其家鐫去湍流帶右天五字今世所存本此五字不全者薛氏舊物也文仰字如針眼殊字如蟹爪列字如丁形凡有此者皆望風以爲真而未嘗有確然辨其帖之所以善所以不善者大世之所以貴定武者以其鍚刻精好不失右軍筆意而已非以其能爲針眼爲蟹爪爲丁形也雖其能得其笔意雖無此王者不害爲善本况此三者皆可以人力爲而其筆意非真能者未易辨今不求其本而區區焉注目于其末此相馬而

惟記其驪黄牝牡豈不爲九方皐所笑乎山谷論此帖以爲無一字一筆不可人意摹寫或失真之肥瘦辨自成妍𡞿各存之以心會其妙處此真能觀書者也曾槃並蘭亭博議

後魏刺史崔亮頌

不著書撰人名氏其額曰定州刺史崔使君至化之頌使君名亮字敬儒齊國磐陽人長史馮時等立此碑碑石漫滅亡其年月集古錄目

題云魏鎮北將軍定州刺史崔使君至化之頌蓋亮嘗爲定州既去郎人立此碑頌德尔神龜

三年正月建金石録

魏中山大守常道碑

在府城西北三里訪碑録

隋正解寺碑

隋隨昌劉噐鄉撰不著書人名氏寺本後魏宣武帝以七廟所立謂之七帝寺至周被廢隋文帝時復興佛法定州賛治崔子石捨以為寺賜名正解碑以開皇十二年四月立集古録目

隋高陽郡隆聖道場碑

隋虞世基撰并書周建德六年隋高祖擁旄于

至此大業九年代叛海東旋師有詔改爲高楊郡記三業之所興設隆聖道場爲高祖祈福大業九年十二月立此碑新增

隋七祖堂記

無書撰人名氏諸道刻録

唐正解寺碑

唐李伯藥撰分書無姓名貞觀四年正月金石録

唐法果寺碑

唐姚璹撰趙處信正書垂拱四年一月立金石録

唐施石臺銘

唐趙攙撰并行書開元十五年立金石録

唐盧舍那珉像碑

唐趙僎撰蔡有鄰八分書珉像定州刺史張嘉自所造碑以開元十六年二月立集古録目

唐文宣王廟記

唐盧肇撰并正書大中十三年八月金石録

唐定州録事王君頌

無書撰人名氏諸道石刻録

隋李怕藥撰書人名鈌不可辨文帝仁寿中所起舍利塔銘也碑以大業五年四月立集古録目

唐柏仁令鄭君紀德碑

唐李羲仲撰正書無姓名聖曆三年十一月立金石録

唐曹溪能大師碑

唐蔡有鄰書諸道石刻録

唐能大師碑

唐兵部侍郎宋鼎撰河南陽翟縣丞史惟則八分書能大師姓盧氏南海新興人居新興之曹溪天寶七年其弟子神會建碑于鉅鹿郡之開元寺集古錄目

曹溪能大師碑天寶十一載二月立金石錄

唐相宋璟碑

唐撫州刺史顏真卿撰并書璟字子缺邢州南和人官至尚書右丞相封廣平公謚曰文貞碑以大曆七年九月璟孫儼追建集古錄目

唐宋璟碑陰

唐顔真卿撰正書無姓名大曆十一年春三月立附録全石名

滹河神鐘碑

在沙河縣西北七十一里湯山記寰宇

懷州 戰國時屬魏秦屬三州郡項羽立司馬卬為殷王都此漢初為殷國尊更名河內郡後漢因之晉分屬汲郡後魏置懷州蕭置河內郡隋初郡廢而懷州如故煬帝初州廢置河內郡唐為懷州天寶初日河內郡今縣三河內　武陟　修武

漢李國碑 在山陽城內 訪碑錄

西晉光祿勳尚凱碑

永康元年十二月立碑云君諱凱字士伯河內山陽人也復云累遷河內尹春秋六十有八元

康九年四月甲子蘷進贈光禄勛金石録

後魏孔子廟碑并祭文

不著書撰人名氏初孔子北遊趙聞鳴犢見殺而還晉人思之立廟于其地後魏太和中懷州刺史隋龍使河内太守達頭素和增葺立記又有延興四年祭文稱太上皇帝告宣尼之靈者文成帝也集古録目

文詞事實皆不足采其書亦非佳獨其字畫多異故特録之以備廣覽集古録

文詞頗古質可喜云孔子欲北從趙鞅聞殺鳴

櫝遂柩車而返友其没也晉人思之於太行嶺南為之立廟為記太和元年立其額又有延興四年太上皇帝祭孔子文者孝文之父獻文帝也（金石録）

後魏定鼎碑（金石録作御射碑）

不著撰人名氏後魏鎮遠將軍通直散騎常侍沈馥書宣武帝講武于洹衛之間命近臣馳射帝發失遠及里餘侍中崔光等請為銘記之其首曰定鼎遷中之丁年俗因謂之定鼎碑以景明三年十月立（集古録目）

流俗謂之定鼎碑景明魏宣武年號也碑云定鼎遷中之十年按魏孝文以太和十七年遷都洛陽至景明三年盖十年矣集古録

按此史及魏書宣武紀景明三年十月庚子帝躬御弧矢射遠及一百五十歩群臣勒銘于射所即此碑也金石録

後魏神龜造像碑

後魏桓嵩撰不著書人名氏河内縣民造石碑像記題名者数十人三十皆称侍佛碑以神龜三年立集古録目

余所集録自隋以前碑誌皆未嘗輒棄者以其時有所取于其間也然患其文辭鄙淺又多言浮圖然獨其字畫往往工妙惟後魏北齊差劣而又字法多異不知其何從而得之遂與諸家相戾亦意其夷狄昧于學問而所傳訛謬尔然録之以資廣覽也此碑字畫時時遒勁尤可佳也神龜孝明年號集古録

北齊崇因寺碑

陸義撰施淑八分書皇建二年三月金石録

周大雲寺碑

唐太子中舍人賈膺福撰并分書寺本隋文帝所立謂之長壽武后改曰大雲碑以大足元年五月立集古錄

賈膺福撰并八分書筆法精妙可喜按舊唐史云武后鑄九鼎圖寫山川物象命工書人賈膺福薛昌容李元振鍾紹京等分題之紹京之書世固多有膺福筆跡雖僅存然世亦未有稱者如昌容寺書遂不復見以此知士所以自著于不朽者果在德而不在藝也金石錄

周大雲寺碑陰

蕭懷素正書長安二年立諸道石刻録

唐

孔子贊并碑陰記

唐文林郎武盡礼書據碑称其先君嘗為懷州刺史作此贊後于悱為州録事參軍而刻之然不知其姓也并盡礼所作記述漢以來追贈孔子官爵孔子裔孫元寶等重葺祠宇修立旧碑并贊皆刻于碑陰集古録目

唐孔子贊撰人姓名殘缺武盡礼正書景龍二年立金石録

唐寧照寺鍾銘

唐居士武承泰撰文林郎武盡礼書寺僧初鑄大鍾以景龍三年立此銘集古錄目

武盡礼筆法精勁當時宜自名家而唐人未有稱之見于文字者豈其工書如盡礼者往往皆是特今人罕及爾余每得唐人書未嘗不歎今人之廢學也集古錄

唐明皇御註道德經

經玄宗書注皇太子紹及慶王琮等奉勅書初開元二十四年玄宗已注道德經道門威儀司馬秀等奏請兩京及天下應修官齋等州造立

石臺刊勒經注集古録目

唐郡臣請立道德經臺奏荅

唐玄宗注經成詔道士司馬秀等請立經台奏謝批荅及皇太子紹慶三琮等十八人列名皆附刻于經臺集古録目

唐令長新誡

在河南内唐玄宗御製初玄宗擇令長一百六十三人又自製新誡宰相裴耀卿等請令集賢院善書者書以賜之其後諸縣往往各以刻石集古録目

唐太子太師裴休神道碑

唐宣武節度副大使碑缺不處梅撰右散騎常侍韓琮書林字公美河東聞喜人官至太子太師碑以咸通八年立集古錄目

衛州

戰國時屬魏秦屬三川郡二漢屬河內郡魏置朝歌郡晉改為及郡後魏因之東魏置義州後周改為衛州又置汲郡修武郡隋初郡廢煬帝初州廢後置汲郡唐為衛州天寶元年日汲郡今縣四汲縣獲嘉新鄉共城

殷比干墓四字

殷比干墓四字在今衛州比干墓上世傳孔子書然隸書始于秦非孔子書必矣字畫古勁其漢人書乎石公弼

水經云朝歌縣牧野比干墓前有石銘隸云殷大夫比干之墓今已中折不知誰人所識大觀

中會稽石國佐有此四字比水經又闕其三字
畫清勁乃東都威靈時人所書者汝碑如歐趙
皆未之見隸續

漢故廩武典農高府君之神道
在汲縣東北五十里二石柱上寰宇記

晉立齊太公廟碑
其略云太公望者此縣人大晉受命四海一
太康二年縣之西偏有盗發冢而得什策之書
此碑乃汲縣令盧無忌立後題大康十年三月
金石錄

後魏弔比干文

文爲隸書不著名氏據碑稱遷中之元載北廵衛壤親比干之墓内弔之而其額曰皇帝弔殷比干文然則後魏大和中孝文帝之所作也碑以太和十八年十一月立

碑首殘缺惟元載字可識其下云歲御次平闍茂望鈞會于星紀十有四日惟甲申日按尔雅云歲在戊曰閹茂又鄭康成注月令仲冬者日月會于星紀後魏書孝文以太和十八年十一月甲申經比干墓親爲弔文樹碑而刊之是歲

甲戌其説皆合金石録

後魏吊比干文碑陰

碑陰盡紀侍從羣臣官爵姓名金石録

後魏造五級浮圖碑

不著書撰人名氏後魏汲郡朝歌羅城里人張醜和等共造五級浮圖以正光二年刻石其後有比丘僧題名集古録目

東魏石像記

武定四年建訪碑録

東魏石像碑

後魏鎮西將軍廉侠事道于汲縣置立堂宇鐫石為老子像而祠之在共城武定十年立（寰宇記）

北齊造像碑

天保九年歲次戊寅二月八日魯思明敬造（訪碑錄）

唐贈比干詔

唐薛純陁八分書貞觀十九年二月（金石錄）

顧村佛堂碑

在共城路南字畫頓古無年月（訪碑錄）

周百泉陂碑

唐共城令碑

尊勝陁羅尼經幢子

香嚴寺華嚴經壁

班氏先宗碑

五碑諸道石刻録

濬州

政和五年改通利軍為濬州縣

漢張公神碑

在通利軍黎陽縣界其口鎮訪碑錄

隸書不著書撰人名氏字多訛缺雖事迹粗可見而不復成文其間有銘辭凡二首漢朝歌長鄭彬以和平元年為張公立碑子廟又為監黎陽營謁者李君作歌九章同刻其後有李居等題名亦訛缺不可辨笑在黎陽集古錄目

張公神碑隸額在黎陽威宗和平元年立碑去

朝歌長鄭櫛為張公建闕作碑銘勸神懿監黎
湯營謁者李君好鄭之文既徽俸佐工又作歌
九章刻之石皴剥不明僅能辯其梗槩其辭依
傚離騷頗亦遒雅可觀然不知張公是何神也
隸釋

洛州

春秋時屬晉戰國屬趙秦屬郡鄲郡漢置廣平國後漢國廢為矩鹿郡之西郡魏置廣平郡晉及後魏皆因之後周置洛州隋大業初置武安郡唐為洛州矣寶元年曰廣平郡今縣五

永平　肥鄉　平恩　雞澤　西周

漢淳于長夏承碑

碑云君諱承字仲兖東萊府君之孫太尉掾之中子中郎將弟也又云年五十有六建寧三年六月癸巳淹疾卒官碑在洛州元祐間因治河堤得于土壤中建寧靈帝時年號也距今千歲矣而刻畫完好如新余家所藏漢碑二百餘卷

獨此碑最完金石錄

漢北海淳于長夏君碑篆額元祐中洛州治河堤始得之夏君名承仕郡爲主簿督郵至冀州從事四府舉辟除淳于長靈帝建寧三年卒此碑字體頗奇恠唐人蓋所祖述漢字有八分有隸其學中絶不可分别梁庾元威作書論載隸有十餘種曰芝英隸花草隸幡信隸鍾鼎隸龍虎隸鳳魚隸麒麟隸仙人隸科斗隸雲隸蟲隸龜隸鶴隸此碑蓋其間之一體隸釋

魏大長秋遊述碑并陰

碑云君諱述字廣祖廣平任人也晉泰始十年

九月乙丑卒咸寧三年九月甲子造復無碑録

灤州
春秋時屬晉戰國屬魏秦屬鉅鹿郡漢屬信都國後漢屬安平國魏晉爲博陵郡國後魏北齊後周爲博陵郡隋開皇初廢後十六年置灤州大業初廢屬博陵郡唐武德四年置灤州貞觀十七年州廢先天二年復置天寶元年曰饒陽郡今縣五
靜安　束鹿　安平　饒陽　武彊

隋敬族碑
諸道石刻錄

唐武強令梁昨德政碑
撰人名缺劉玄明正書垂拱元年四月立金石錄

唐武強令王公德政碑

在本縣訪碑錄

唐瑶臺寺律和尚塔銘

在滏陽縣訪碑錄

唐洺州司馬龐承宗碑

在邯鄲縣訪碑錄

唐崔府君廟碑

在州城敷靈廟内訪碑錄

唐崔府君墓誌

在同前處訪碑錄

磁州

春秋時屬晉戰國屬趙秦屬邯鄲郡漢屬魏郡趙國後漢國之晉屬廣平郡隋屬武安魏一郡唐置磁州天祐三年以磁慈声相近更名惠州後唐復故名後日滏陽郡今縣三

滏陽　邯鄲

東魏太尉高翻碑

翻齊獻武王歡之叔父也碑後題建立歲月文字殘缺惟齊魏無字可辨又云歲次已未按東魏孝靜以元象二年十二月政元興和是年歲次已未此碑蓋元象二年建也金石錄

在州城南門外五里村民家元象二年立碑題

北齊臨清王假黄鉞高翻碑訪碑録

唐日愛寺碑

唐何榮先書開元二十六年立訪碑録

唐因極寺大行禪師玄德幢銘

在邯鄲縣韓覃撰并書訪碑録

韓覃撰并行書開元二十六年二月金石録

唐大行禪師義方訓

唐何榮光行書開元二十六年二月金石録

唐登叢臺懷古賦

唐嚴浚撰蔡有鄰分書開元二十七年秋立金石録

祁州

春秋時屬晉戰國時屬魏二漢屬中山國晉屬博陵國元魏北齊後周隋屬博陵郡唐屬定州景福二年置祁州於無極縣皇朝景德元年徙治蒲陰今縣三蒲陰鼓城深澤

魏立漢劉盆子墳碑

在深澤縣正始二年立碑訪録

魏元成碑

在深澤縣墳側正始五年立碑訪録

唐太忍寺門樓碑

沙門釋集撰裴抗八分書開元十八年立金石録

唐大思寺門樓碑

唐楊邈撰裴抗書開元二十一年立 金石録

不著書撰人名氏善字碑跌趙郡平棘人隱居
學佛老之說名拜輔國將軍辭而不受碑以大
延四年立集古録目

東魏趙貴碑

不著書撰人名氏貴南鉅鹿癭陶人仕東魏至
本郡太守贈殷州刺史碑以天平二年立集古録目

隋造龍華浮圖碑

不著書撰人名氏趙郡平棘人范氏等共造浮
圖以開皇七年立此碑在平棘集古録目

隋欒州使君江夏徐君碑

郝士成撰候秀直分書大業二年丙寅七月十五日立在汶州石橋前復齋碑録

唐廮陶令李懷仁清德頌

正書無書撰人姓名永徽元年立金石録

唐立漢光武皇帝廟碑

唐李雲撰盧規行書開元十九年十月立金石録

唐立漢光武即位壇碑

王預撰行書開元二十二年四月金石録

唐令長新誡

明皇御製開元二十四年二月諸道石刻録

唐石橋記

唐張嘉貞撰 栁識書 訪碑録

唐李氏三祖堂記

唐李雲卿撰 在高邑之北道傍 諸道石刻録

趙郡開元寺經樓銘

傳楚後行書篆額 諸道石刻録

刺史王公德政碑

諸道石刻録

趙州

春秋時屬晉戰國屬趙秦屬邯鄲郡漢屬恒山鉅鹿郡後漢因之兼置漢州晉為趙國後魏為趙郡明帝兼置殷州此齊改為趙州隋政為欒州後復為趙郡唐為趙州天寶元年曰趙郡皇朝崇寧四年陞慶源軍節度今縣五

平棘 寧晉 臨城 隆平 高邑

周穆王吉日癸巳

刻石曰吉日癸巳在今贊皇壇山上壇山在縣南十三里穆天子傳云穆天子登贊皇山以埕臨城置壇此山遂以為名癸巳誌其日也圖經所載如此而又別有四望山者云是穆王所登

山據穆天子傳但云登山不言刻石然字畫亦
奇怪工人謂壇山爲馬蹬山以其字形類也
慶曆中宋尚書祁在鎮陽遣人于壇山摹此字
而趙州守將武臣也遽命工鑿山取其字龕于
州廨之壁聞者爲之歎惜也集古錄

世傳周穆王書按穆王時所用皆古文科斗書
此字筆畫近類小篆又穆天子傳史記諸書皆
不載以此疑其非是姑錄之以待識者金石錄

穆王登贊皇山以望臨城置壇此山謂之壇山
圖經云吉日癸巳誌其日也皇祐五年武臣李

唐以前皆無所傳聞而世定以為穆王書自宋
景文祁發之且以穆天子傳為證耳然字畫奇
古信非蔡漢以後遺迹余始至汝南同年生林
慮為河北提舉學事亟往求之慮見寄纔兩月
復以書報曰此字近詔取歸禁中不可復得
矣此書初在贊皇山中後武人為守鑿山取之
好事者常為歎惜今乃因得輦置近嚴則前日
未為不幸然余求之稍緩几遂失之故今尤為
可珍也葉石林
諸家所記皆言在趙州〻廨石林跋乃以政和

五年歸内府矣其説爲信因録之以廣異聞
施宿

漢光武碑
漢章帝北廵至高邑光和亦即位于此有石壇
壇有珪頭碑即帝建在高邑寰宇記

耿球碑
在平棘縣宋子故城袁紹立師宜官書寰宇記

晋太尉楊駿墓誌
在寧晋縣北千里駿武帝后之父也寰宇記

後魏張善碑

忠祐為守命工鑿取其字以別石加灰補之碑方正以題書目癸巳之記龜之州廨碑（復齋碑錄）

碑陰所記凡二百五十三人晉咸寧中建（金石錄）

後魏相州刺史徐雅碑

不著書撰人名氏雅字安市高平安鄉人後魏孝昌中邊戍叛亂以雅為平朔戍主假輔國將軍城陷而死追贈鎮軍將軍相州刺史碑以天平二年立（集古錄目）

齊王赳碑（赳一作赳）

隋韓公碑

二碑諸道石刻録

隋安定縣造寺碑

開皇八年五月立金石録

唐昭福寺碑

在永平縣西南十里洺水南唐貞觀四年立岑

文本詞記寰宇

唐高佳墓誌

不著書撰人名氏佳字才仁滄州渤海人碑以

乾封二年並本朝嘉祐中永年令石起得之於

洺州乾明僧舍集古録目

唐立漢世祖祠記

唐張邈撰梁遊楚分書天寶二年四月金石錄

唐聰明山神祠記

唐張造撰正書無姓名大曆七年立金石錄

唐聰明山銘

唐洪經綸撰張滆分書建中元年六月立金石錄

唐禱聰明山記

唐洺州刺史盧瑱撰不著書人名氏昭義軍節度使盧從史禱于聰明山祠作此記從史并其官屬皆題名於後以元和二年七月立集古錄目

唐獨孤守忠碑

唐常丞慶撰栁濟物書諸道石刻錄

唐滄州三河鎮將昭武校尉張德誌

在永平碑目九豐

張邕碑

諸道石刻錄

安肅軍

自五代以上地里典易州同

皇朝太平興國六年置靜戎軍景德元

年改為安肅軍今縣一

安肅

漢左伯桃碑

在安肅縣西十五里墓前_{訪碑錄}

廣信軍

自五代以上地里與昜州同

皇朝太平興國六年置威虜軍景德元年改爲廣信軍今縣一

遂城

唐夢真容勑

唐趙履信託蘇靈芝行書并篆額開元二十九年六月一日立本朝天聖六年重摹復碑縊錄

金剛經

山及多譯諸道石刻錄

順安軍

自唐以上地里興瀛州同如意元年析河間縣置武興神龍元年更名唐興景雲二年屬莫州五代時屬瀛州後唐廢皇朝太平興國元年以廢唐興縣地置唐興寨淳化三年陞為順安軍今縣一高陽

唐高陽寶諦寺碑

撰人姓人缺蘇靈芝行書開元二十六年六月立金石録

河北路化外州

幽州

大都督武王封召公奭于燕都此及秦滅燕以為上谷郡漢高帝分立燕國昭帝元鳳元年為廣陽郡宣帝太始元年更為國東漢武中併入上谷郡　永平八年復立為郡兼立幽州魏晉為燕國前燕慕容雋初都其地元魏立幽州及魏郡北齊置東北道行臺後周平齊置總管府隋開皇初郡廢大業初府廢立涿郡唐武德元年為幽州天寶元年曰范陽郡陞為盧龍軍領縣九

前縣　幽都　廣平　潞縣

永清　安次　良鄉　昌平

唐游擊將軍薛侯彥碑

唐趙含撰并行書開元十八年正月立　金石錄

唐雲麾將軍李秀碑

唐李邕撰并行書天寶元年正月立明皇以天寶三年改年爲載今此碑元年正月立而稱載何哉金石錄

唐復舜廟頌

唐韋稔撰類額正書并篆額貞元十二年閏八月金石錄

易州

歷代地里與幽州同秦屬上谷郡漢屬涿郡魏屬范陽郡晉屬范陽國元魏後屬范陽郡隋開皇初立易州及黎郡尋廢大業初州廢立上谷郡唐為易州天寶元年曰上谷郡領縣四

易縣　淶水　滿城　五回

唐鐵像頌

唐王端撰蘇靈芝行書開元二十七年立金石錄

唐易州刺史田琬德政頌

唐中書侍郎集賢院學士徐安貞撰蘇靈芝書

琬字正勤自易州刺史遷為安西都護此易州人所立德政碑也以開元二十八年十月立

集古錄目

唐侯臺記

唐前在監門率府兵曹參軍梁德裕撰蘇靈芝書侯臺者古燕國望雲氣之所也後人因其故址立臺以備遊宴易州刺史郭明肅于其四壁盡爲郭隗劇辛孝子烈婦寺像碑以開元二十九年十月立集古錄目

寶刻叢編卷第六

寶刻叢編卷第七

錢塘陳　思　纂次

陝西永興軍路一

京兆府上

京兆府本周室所居謂之宗周平王東遷地入於秦至孝公後都焉始皇置内史漢二年爲謂南郡高帝都北九年復爲内史武帝大初元年更爲京兆尹王莽既敗更始赤眉相繼據之後漢都洛陽仍以此爲京兆尹魏改尹爲太守晉改京兆郡兼置雍州愍帝亦都之其後爲劉曜符堅姚興所據後魏亦爲京兆郡兼置雍州後周復爲京兆尹隋初置雍州後改爲京兆郡唐初爲雍州開元元年改爲京兆府後周隋唐皆爲帝都昭宗遷洛廢爲佑國軍梁初改京兆府

太安佑國軍曰永平軍後唐復為西

為晉昌軍漢改曰永興軍今

鍾繇力命表

王右軍蘭亭記

海字樂毅論

獻之十三行洛神賦

集王書華陣圖

玉枕尊勝咒

褚遂良草陰符經

虞世南破邪論序

顏魯公論座位帖

顏魯公祭姪文

顏魯公鹿脯帖

柳公權消灾經

白樂天詩簡

蔡邕石經文字

鍾繇墓田丙舍

黄庭經遺字

東方先生西像贊

晉賢書曹娥碑

歐陽詢書心經

褚遂良小字陰符

褚遂良度人淫变

顏魯公寒食帖

顏魯公祭伯文

顏魯公馬伏波帖

柳公权清淨經

柳公权泥其經

秘閣續帖十卷蘭亭續帖六卷

在州學

自書州使工鐫刻今所存諸經字體各不同雖邕能分善隸兼備衆體但文字之多恐非一人可辨史云邕與堂谿典楊賜馬日磾張馴韓說單颺等正定諸經今公羊論語之後惟堂谿日磾二人姓名尚存別有趙䧆劉弘張文蘇陵傅禎左立孫表數人竊意其間必有同特揮毫者予詳玩遺字公羊詩書儀礼又在論語上識者當能別之並隸釋

魏

三體石經遺字

古文篆隸三体凡人百二十九字後漢熹平中

校定五經使蔡邕以三體書得後其子弟以其石質錢於富人而富人家火遂焚其石今無復有本矣益為可惜也後有甚妙二字吾亡友聖俞書也集古錄

石本舊藏高紳學士家集古錄云紳死其子弟以石質錢于富人而富人家失火遂焚其石非也元祐間余侍親官徐州時故郎中趙竦被旨開呂梁洪挈此石隨行已斷裂用木為匣貯之竦尤珍惜親舊有求墨本者必手摹以遺之竦歿今遂不知所金石錄

高紳為湖北轉運使道中聞砧声清遠因得此本于其覆曲已新裂矣遂載以歸完理緝綴櫝從碑以大曆十四年七月立集古録目

唐鳳翔節度孫志直碑

唐礼部尚書裴士淹撰太子少保致仕韓擇八分書孫公名志直字無撓河西姑藏人後于京兆嘗為鳳翔尹隴右四鎮節度封晋昌王罷以本宮奉朝請待制集賢院議軍國先自營其墓而立此碑無所刻年月集古録目

唐孫志直碑大曆中立諸道石刻録

唐夔州都督府長史顔勤礼碑

勤礼曽孫魯國公真卿撰并書

臨沂入題慶中終于夔州都

立石年月皆亡集古録目

元祐間有守長安者後圃建亭

古石刻以為基趾此碑几毁而存然

銘文可惜也金石録

唐薛王友顔惟貞家廟碑

唐吏部尚書顔真卿撰并書集賢院學士

李陽氷篆額真卿自叙家世銘於其父薛王友惟

之廟碑以建中元年七月立集古錄目

唐穎國公史維先墓誌

唐明州別駕徐浩撰并行書殷仲容書額建中元年八月二十八日復齋碑錄

以翼長年乃騎木鶴而習淩虛仙去之勢此至愚下品皆知爲可笑而駢爲之惟恐不至者何哉蓋其貪心已動于内故邪説可誘于外内貪外誘則其何所不爲哉集古錄

唐章公妻漢陽郡夫人盧氏墓誌

姪盧荀撰姪盧紉章正書咸通三年京兆金石錄

唐樞密院脩禊蘭亭記

唐路巖撰楊延行書咸通三年京兆金石録

唐宣歙兆院新啓功德堂記并碑陰題名

僧靈澈撰張宗厚正書咸通九年京兆金石録

唐沈公夫人馮氏墓誌

唐前天平軍節度副使羅洙撰前左威衛兵曹參軍李昌辭書夫人姓馮氏名靖冀州長樂人適吏部侍郎沈傳師又以其子詢故封至齊國太夫人碑以咸通九年立集古録目

唐明佛法根本碑

僧智慧輪撰僧紹明正書并篆額咸通十年立諸道石刻録

唐兵部尚書王承業墓誌

唐鄭言撰栁仲平正書咸通十年二月金石録

唐師子院鐘銘

唐韋蟾撰張宗厚書咸通十一年京兆金石録

唐十佛寺無相尊師護珠塔記

僧靈澈撰毛知微書咸通十一年京兆金石録

唐定永寺幡竿記

咸通十四年京兆金石録

唐安國寺鐘銘

韋蟾撰張宗厚正書咸通十四年諸道石刻錄

唐贈尚書右僕射曹汾墓誌

李郁撰咸通十五年京兆金石錄

唐佛頂尊勝陁羅尼咒

魯讓建正書乾符六年京兆金石錄

唐供奉官校建令李光存墓誌

從姪應坤撰閻從勛正書光化四年京兆金石錄

唐寄邊衣等詩

唐裴說撰僧彥脩草書光化四年京兆金石錄

唐淨住寺釋迦文賢劫千佛像記

唐崔行功撰隸書無年月京兆金石録

唐渭北節度臧希讓碑

唐元載撰張璪分書訪碑録

唐定水院鐘銘

唐毋煚撰諸道石刻録

唐裴州刺史裴乾立碑

唐馬曙撰并書訪碑録

唐崇元觀聖祖院記

唐賈餗撰徐𠊧古分書訪碑録

唐渭南令成克隽碑

唐馬駢撰 訪碑録

夢瑛說文字原

僧夢瑛篆書目録偏傍字源兼自叙郭忠恕答

書 復齋碑録

夢瑛十八體書

僧夢瑛書真字袁允中書 復齋碑録

陰符經

皇朝郭忠恕小篆古文八分三体書乾德

刻 集古録目

篆法自唐李陽氷後未有臻于斯者近時頗有學者尚未得其髣髴也寔錄官忠恕死時甚惟斯亦異人乎其楷書尤精集古錄

日本國語

其本在洋州太守李括家元祐三年游師雄刻于長安漕臺諸道石刻錄

碑云康保五年日本在海東自漢以來見于史然與中國不常通宋莒公紀年道譜載其國年號九而獨無康保其後畢仲荀見此諸錄于通譜之末然不知康保是中國何年也金石錄

長安縣

魏二像碑

不著書撰人名氏題曰魏平西將軍太原太守王府君釋迦彌勒二像碑府君名倫字道賓太原人嘗有遺誠使刻石立像于其墓前其子洛州長史聿始造像立此碑集古錄目

後魏普賢寺文八石像碑并陰

無書撰人名氏孝昌三年立京兆金石錄

隋寧遠將軍裴文基墓誌

開皇十年京兆金石錄

隋信行禪師傳法碑

僧法綝撰開皇十四年正月京兆金石録

唐化度寺淨名法師舍利塔碑

唐裴玄證撰武德三年京兆金石録

唐建大和宫碑

武德八年京兆金石録

唐逸民正議大夫裴玄證碑

正書無書撰人姓名貞觀八年正月金石録

唐曹敬業妻瑯琊郡君吕氏誌

顯慶元年京兆金石録

唐弘福寺辯法師碑

唐祕書丞李儼撰洋州司戶薛純陁書法師名机字辯姓張氏南陽人爲弘福寺沙門碑以題慶三年八月立集古錄目

純陁唐太宗時人其書有筆法其道勁精悍不減吾家蘭臺意其當時必爲知名士而今世人無知者余家集錄可謂博矣所得純陁書祇此而已集古錄

歐公集古錄云純陁太宗時人其書有筆法意其當時必爲知名士而今世人罕知者然亦不

傳于世余按法書要録云薛純陁學歐草徽傷
把鈍亦通之亞也然則純陁當時真知名矣余
又得純陁八分書比干詔蓋歐公所未見也
薛純陁同時有薛純唐太宗命書砥柱銘
筆法與純陁絶相類疑即一人蓋唐初時人名
姓多如此耳金石録

唐洺州武安郡司馬劉仁會墓誌
顯慶三年京兆金石録

唐上宮傳氏塔額記
唐殷脩榮撰乾封元年京兆金石録

唐大總持寺塔記
乾封元年京兆金石録

唐弘農楊覬之墓誌
乾封三年京兆金石録

唐西明寺上座道宣律師舍利塔記
唐郝文會撰并正書乾封三年京兆金石録

唐司農寺主簿梁幹碑
唐王知隱撰暢整正書咸亨元年京兆金石録

唐左武衛將軍曹敬業碑
咸亨元年京兆金石録

唐翠微寺道瑩法師塔碑

　唐張巨源撰王忱書咸亨五年京兆金石録

唐雍王友褚遂賢墓誌

　唐孟利貞撰上元三年京兆金石録

唐顏氏妻孫夫人墓誌

　唐孟利貞撰上元三年京兆金石録

唐慈恩寺善道禪師塔碑

　僧義成撰李振方正書永隆二年京兆金石録

唐幽貞逸人王真脩墓碣

　僧彥悰撰僧惠揀書垂拱二年京兆金石録

唐慈恩寺神昉法師塔銘
唐武三思撰正書無姓名證聖無年五月金石録

唐邠州三水丞梁師敬墓碣
唐薛曜撰暢整書證聖二年京兆金石録

周化度寺道感法師塔銘
唐殷祚撰并正書萬歲通天二年八月十五日
建復叅碑録

唐三洞觀女冠劉芬提墓誌
萬歲通天二年京兆金石録

唐左武衛將軍張公墓誌

神功元年京兆金石録

唐崇聖寺曇遂法師碑

唐薦福寺譯經沙門波崙撰前鳳州録事袤元懋書法師姓魏氏鉅鹿曲陽人高宗儀鳳中初建崇聖寺名法師居之其後自斷文體剺心腹以食百獸而死碑以長安元年立集古録目

唐東明觀道士茹法師碑

長安四年立京兆金石録

唐興善寺真器禪師塔碑

僧波崙撰大足元年立京兆金石録

唐信行禪師碑

唐越王貞撰張廷珪八分書武后時立金石録

唐信行禪師興教碑

唐越王貞撰中書舍人薛稷書于禪師事迹無所叙述但爲稱美而已謂之興教碑以神龍二年八月立集古録目

唐駙馬都尉武承訓乳母張夫人墓誌

神龍二年京兆金石録

唐崔彦曾撰郴仲年書大中十三年京兆金石録

唐少府監丞楊滌妻張氏墓誌

條自撰并正書行書銘大中十三年五月金石錄

唐安國寺撰西明寺金剛經

唐柳公權正書大中十三年六月金石錄

唐崇聖寺佛牙寶塔碑

唐忠武軍節度判官監察御史内供奉孫朴撰檢校太子賓客濮王府司馬王君平書據碑髙宗儀鳳中始建崇聖寺于京師武宗廢佛法寺亦被毁宣宗初復以太平坊之温國寺為崇聖寺崇聖舊寺所藏佛牙者顯慶中沙門道宣得之于神人至此建塔以奉之碑無所立年月

集古錄目

唐崇聖寺佛牙碑大中年立集古錄目

唐磻溪廟碑并詩二

唐監察御史張翔撰并後序右驍衛將軍兼侍御史高驍書磻溪詩二首其一京兆府渭南縣尉鄭誠撰其一首進士潘備撰皆駢書初翔以大曆中作銘駢以咸通二年刻集古錄目

駢爲將常立戰功咸惠著於蠻蜀筆硯固非其所事然書非二字亦不俗蓋其明爽豪儁終異庸人至其惑妖人呂用之諸葛殷等信其左道

唐兵部郎中常脛墓誌

唐宇文邈撰正書無姓名貞元十一年二月立

金石録

唐尚書省郎官題名石記

唐許孟容撰後序劉寬夫隸書貞元十五年

京兆金石録

唐晉州長史楊瑗墓誌

唐孫佁撰萄顥正書貞元十九年八月

唐光宅寺惠日禪師塔銘

唐孫藏器撰并正書貞元二十年

唐千福寺楚金禪師碑

唐紫閣山草堂寺沙門飛錫
學士吴通微書楚金姓程氏長安
中建多寶塔于千福寺玄宗夢聞其
之德宗時中人竇文揚言楚金其師也
謚乃謚曰大圓碑以貞元二十一年七月

集古録目

唐贈趙州都督符元亮碑

不著書撰人名氏其字畫捌公權書也元亮
字也闕其名而不書仕唐至左神策軍將軍贈

越州都督碑以貞元中立集古錄目

唐贈太子太保顔杲卿碑

從姪真卿撰外姪盧佐元書大曆九年魯公書建至貞元十八年傾倒石折元和元年十月孫男詎重建立復碑錄齋元和中舊石刓缺其甥盧佐元重書而刻之金石錄

唐内侍張尚進碑

薛釗撰刑義行書并篆額元和三年京兆金石錄

唐常州司倉陳玄志妻張淑墓誌

唐嵩撰撰并正書元和四年京兆金石録

唐同州刺史顔防墓誌

唐胡証撰并書元和四年京兆金石録

唐桂佑郊居記

唐太常卿權德輿撰正書不著

八月集古録目

唐王處士引氷記

唐大理卿武少儀撰與郊居記皆一體

名氏桂佑有池泉在長安社曲處士王易

佑鑿石引泉爲瀑内碑以元和五年立集古録目

唐杜佑莊居記

佑自撰沈傳師正書元和五年十月金石録

唐昭懿公主碑

唐諫議大夫孟簡撰权知吏部郎中皇甫鏄書

公主代宗之女諱昇平字昇平出嫁左散騎常

侍鄗暧号昇平大長公主道贈号國謚曰昭懿

碑以元和六年立集古録目

公主代宗女也號昇平公主嫁郭氏今此碑乃

元諱昇平斯莫可曉也集古録目

唐青龍寺佛頂尊勝真言碑

唐曹昉正書元和六年京兆金石録

唐青龍寺大悲陁羅尼咒

元和六年諸道石刻録

唐心經碑

元和六年李文成建諸道石刻録

唐開府儀同三司張庭芝墓誌

唐部居敬撰元和七年京兆金石録

唐杜佑賓佐記

唐司徒平章事杜佑撰不著書人名氏

前後賓佐其首曰今相國中書侍郎趙國

公者李吉甫也其餘凡八十餘人碑以元和年立集古錄目

唐新脩尚書省記

唐許孟容撰序鄭餘慶正書裴滋篆額元和年正月金石錄

唐尚書省石幢記

唐胡証撰八分書元和八年二月金石錄

唐魏博節度田弘正家廟碑

唐比部郎中史館修撰韓愈撰諫議大夫胡八分書并篆額憲宗時魏博節度田弘正始以

六州歸于朝廷詔追贈其父母立廟祭三世勅愈爲之記碑以元和八年十一月立集古録

唐知内侍省贈開府劉貞亮碑

唐歸登撰王伯良書元和九年京兆金石録

唐建國寺尾嚴經品石柱

僧智藏正書元和十年刻諸道石刻録

唐佛頂尊勝陁羅尼經

僧智嚴正書元和十三年京兆金石録

唐贈揚州大都督蕭昕碑

唐孟簡撰并書拔賀恕篆額元和十

唐太清宫宿盈寄张弘靖诗
唐令狐楚撰正书无名元和十四年京兆金石録
唐殷文昌妻武氏墓誌
唐殷文昌撰男斯立正书元和十四年京兆金石録
唐内常侍刘光珍墓誌
唐郭叔瑜撰长庆元年京兆金石録
唐邠国公梁守谦功德碑
唐杨承和撰并书陆邳篆额长庆二年京兆金石録
唐沙门佛藏等上表并代宗批答
建中二年访碑録

唐同宮記
建中二年立訪碑録
唐花蕚樓記
唐徐浩正書京兆金石録
唐三藏和尚不空碑
唐御史大夫嚴郢撰彭王傅徐浩書不
人居長安興善寺自玄宗以来謂之
時加開府儀同三司肅國公賜號
追贈司空加號大辨正廣智
年十一月立集古録目

自明皇以後職官不勝其濫下
皆享高爵重禄故不空始爲文鴻臚
既殁又贈司空嗚呼名器之輕一至于
命萬作司空與是異矣金石録

唐贈祕書監蕭晋妻陸氏墓誌
唐李冑撰興元元年京兆金石録

唐樗里子墓碣
唐獨孤寔撰張誼行書貞元三年立金石録

唐樗里子碣
唐鄭路撰鄭公誼行書京兆金石録

唐河中尹渾瑊賀表

唐顔防書并德宗批答貞元四年諸道石刻録

唐麟德殿宴群臣詩

唐德宗撰皇太子誦行書貞元四年六月金石録

唐冬日集藏用上人晚詩序

唐程浩撰序王涓詩吴通微行書貞元四年復齋碑録

唐會稽郡王康日知墓誌

唐李紓撰李曇正書貞元五年十二月

唐貞元七年同官記

唐韓秀弼公書 訪碑錄

唐陸齊望妻滎陽縣君鄭氏墓誌

唐陸贄撰貞元七年 京兆金石錄

唐無量壽經

沙門法昭行書在遺教往貞元八年 金石錄

唐千手眼大悲陀羅經

僧法昭書貞元九年 京兆金石錄

唐臨汝太守贈秘書監郇國公常袞碑

唐王維撰僧元真書貞元九年 訪碑錄

唐蜀州録事參軍韋徵墓誌

第曾撰貞元九年訪碑録

唐尚衣奉御楊正道碑

神龍三年京兆金石録

唐襄州義清縣令梁溧墓誌

神龍三年京兆金石録

唐玄通大居士張萬同墓誌

唐崔湜奉勑撰正書無姓名太極元年十二月

金石録

唐鎮國大將軍柴紹碑

唐將作監韋𢘑碑

唐梁郡太守韋贊碑

唐雍州刺史韋珍碑

四碑京兆金石録

唐京兆府渭南縣居士嚴思寔塔銘

正書無書撰人名開元二年立京兆金石録

唐知内侍省内侍王瓘墓誌

僧法興撰并書開元二年京兆金石録

唐贈吏部尚書襄武公李秘碑

唐李迥秀撰并書開元三年立京兆金石録

唐涇陽太一寺法海禪師塔銘

利法師撰僧静藏書開元三年京兆金石録

唐西崇福寺懷素律師碑

唐國子司業崔融撰安國寺沙門行敦集王羲之書懷素西崇福寺僧也姓范氏長安人碑以開元六年二月立集古録目

唐玄都觀碑

開元六年京兆金石録

唐右監門衛將軍安思恭碑

唐蘇詵撰陳少平書開元六年京兆金石録

唐太子左庶子韋維碑

唐汝州刺史崔日用撰國子監丞鄭謙光八分書維字文紀京兆杜陵人官至太子右庶子碑以開元六年立集古録目

唐玄都觀王尹尊師碑

唐裴子餘撰郭謙光八分書開元八年四月立謙光八分初不見稱于唐人獨歐陽公盛稱之所謂不減韓蔡史李四家余因訪求久之得崔敬嗣及此碑著録焉金石録

唐温國寺静泰法師塔銘

唐呂向撰劉懷信書開元十二年八月立金石錄

唐左藍門衛將軍趙元亨碑

唐張說撰崔庭玉書開元十七年立京兆金石錄

唐慈恩寺惠敎禪師塔銘

唐賀蘭欽明撰開元十七年立京兆金石錄

唐内侍省楊公碑

唐呂向撰李思銓行書開元十八年京兆金石錄

唐愛州刺史徐元貴碑

唐鍾紹京撰并行書開元二十年五月金石錄

唐職方郎中韋知人碑

唐梁陟撰馬極正書族子君訥篆額開元二十年京兆金石録

唐右監門衛上將軍黎景仁碑

唐張九齡撰崔庭玉書開元二十一年立金石録

唐宣義郎王巳墓誌

唐張九齡撰崔庭玉行書開元二十一年京兆金石録

剎寺崇行禪師塔銘

開元二十二年京兆金石録

唐萬回神迹記

唐右散騎常侍徐彦伯撰太子右内率府録事

卷七　二十三

參軍集賢院學士史惟則八分書萬回號人姓
張氏據記沙門玄奘常西遊天竺有寺空其一
室問其人曰是僧方生于中閩其號萬回蓋自
此而往者萬回矣萬回言語悲喜不常如狂者
所為多異高宗延之禁中中宗號之曰玄通大
居士封法雲公玄宗為營居屋于醴泉里後追
贈司徒封號國公碑以開元二十五年萬回弟
子沙門還源所立集古錄目
此碑徐彥伯撰其事固可恠矣玄宗英偉之主
彥伯當時名臣也而君臣相與尊寵稱述如此

欲使愚庸之人不信不惑其可得乎集古録

唐萬回神迹碑陰記

唐楊伯成撰并賛史惟則八分書并篆額開元二十五年仲夏十有五日戊子記復齋碑録

唐西明寺上座智遠律師塔銘

唐前進士啖彦珍撰集賢院書手陳瓌書律師姓睦氏遠郡人為長安西明寺臨壇上座碑以開元三十五年立集古録目

唐長安令廳食堂記

唐李朏撰羅希奭分書衛包篆額開元二十八

年訪碑錄

唐左散騎常侍尹倍碑

唐吴鞏撰韓擇木分書開元二十八年京兆金石錄

唐左賢王阿史那毗伽特勤碑

唐賀蘭進明撰李旻正書開元二十九年京兆金石錄

唐贈司農卿李元紘碑

唐韓休撰陸去泰分書開元中立京兆金石錄

唐大興禪寺一行禪師真贊

唐徐浩撰并正書開元中立京兆金石錄

唐西明寺主惠景法師塔銘

唐何崇撰并行書天寶元年京兆金石録

唐長安令韋堅德政頌

唐梁涉撰吕向行書天寶元年京兆金石録

唐慈恩寺道進律師塔銘

唐高參撰僧法亮書天寶四年京兆金石録

唐一切道士元傾和尚碑

僧崇業撰僧智業書天寶五年六月京兆金石録

唐福聖寺建陁羅尼經諸石柱

唐紀欣之撰并書天寶五年京兆金石録

唐贈東平太守韋仇玄素碑

唐韋述撰蔡有鄰八分書天寶七年立諸道石刻録

唐太原尹韋湊碑

族子韋述撰韓擇木分書天寶九年京兆金石録

唐內常侍陳文叔碑

唐李邕撰劉秦行書天寶九年十一月京兆金石録

唐户部尚書韋仇兼瓊碑

唐檢校倉部郎中馮用之撰左衛率府兵曹參軍集賢院待制蔡有鄰八分書兼瓊字兼瓊魯郡任城人官至户部尚書殿中監謚曰忠碑以天寶十年立集古録目

唐棣王琰墓誌

唐王齊同撰韓擇木分書天寶十年二月金石錄

唐陜州元從内常侍張公先廟碑

唐李康撰成軻書天寶十年京兆金石錄

唐玄都觀碑陰記

道士裴朏撰道士盧曉八分書天寶十年京兆金石錄

唐醴泉寺惠劔禪師塔銘

僧超霞撰孔光書天寶十二年京兆金石錄

唐慕容承初碑

唐泉隱撰田頴書顧戒奢篆額至德二年京兆金石錄

唐贈潞州都督桑如珪碑

唐陳翃撰張少悌正書永泰元年京兆金石録

唐居士張知順碑

永泰二年京兆金石録

唐香炉銘

唐劉朝正書大曆二年京兆石録

唐贈太尉吴令珪碑

唐裴士淹撰張少悌正書大曆六年立在香爐銘後京兆金石録

唐再修隋信行禪師塔碑并碑陰

唐贈司徒吴絢碑

唐張庭珪書大曆中立京兆金石録

唐少府監贈兵部侍郎李自正碑子抱玉

唐朱巨川撰韓秀弼書并篆建中元年京兆金石録

唐給事中劉迥墓誌

唐梁蕭撰建中元年京兆金石録

唐贈左僕射裴儆碑

從姪次元撰皇甫閱正書并篆建中二年京兆金石録

唐佛頂尊勝陁羅尼經石柱

僧道秀書貞元六年京兆金石録

唐潁州别駕王初墓誌

唐河南主簿馬幼昌撰通王府諮議陰冬曦書初字泰初新豐人官至潁州别駕碑以貞元八年立集古錄

長安令題名記

貞元八年刻諸道石刻錄

唐太子賓客李翼碑

唐子郡撰撰執鈞書子正鈞篆額貞元十年立京兆金石錄

唐太子賓客韋光裔碑

唐于益奉勑撰翰林待詔張楚昭奉為皇帝施

手書碑為行書韓擇木奉勑題額碑以大曆八

年閏三月建 復齋碑錄

碑陰批荅僧義真正書大曆六年 京兆金石錄

唐化度寺上座光教禪師謚號勑

大曆十一年并僧大濟表批荅 京兆金石錄

唐化度寺普寂禪師光教塔銘

僧圓照撰大曆十一年 京兆金石錄

唐太保昭武公李抱玉碑

唐中書侍郎平章事楊綰奉勑撰刑書尚書顔

真卿奉勑書昭武河西武威人本姓安後姓李氏肅宗所賜也初名重璋後名抱玉玄宗所改也代宗時終于河西隴右副元帥同平章事涼國公追贈太保謚曰昭武碑以大曆十二年五月立集古錄目

碑陰癸文韓雲卿撰子自正正書大曆十三年京兆金石錄

唐普覺寺特律比丘心印記

唐大曆十三年正月二十七日申戌于上都西長安縣承平鄉刻記復齋碑錄

唐馮抗撰歸登書并篆額貞元十一年京兆金石録

唐無垢淨光和尚塔銘

貞元十一年京兆金石録

唐陁羅尼真言

貞元十一年京兆金石録

唐贈常侍徐君妻魯郡太夫人高氏誌

從姪徐維初撰從姪徐鲞行書貞元十四年立

京兆金石録

唐左僕射李晋碑

唐李紓撰楊同悊書貞元十五年京兆金石録

唐化度寺三堦院尊勝陁羅尼經石柱
唐方琁撰贊序并書貞元十六年京兆金石録
唐贈太保裴郜墓誌
唐卒秘書貞元十八年京兆金石録
唐成德節度王武俊光廟碑
唐鄭贊撰崔公餘行書太子誦題額貞元十九年京兆金石録
唐大理寺直贈太師蕭恪誌
唐呂温撰貞元二十年京兆金石録
唐著作郎崔九言碑

唐廣南節度韋元礼碑
唐京兆尹左僕射吳讓碑
唐内侍省内侍張國朝碑
唐隴州刺史李敬和碑
唐雲麾將軍哥舒曜碑
唐高平郡王霍瓌碑
唐諸道兵馬副元帥哥舒賛碑
唐知内侍省虢國公楊玄遠碑
唐贈左僕射裴次元碑
唐贈陝州都督牛元翼碑

唐涇原監軍内府局令夏侯志寧碑

唐輔國大將軍渾元忠碑

十三碑京兆金石録

唐宣武節度昭德郡王劉全諒碑

唐楊于陵撰徐藏器書京兆金石録

唐寶利寺佛頂尊勝陀羅尼經石柱

唐元長楚撰賛序周仲諲書元和三年京兆金石録

唐刑部侍郎劉伯芻碑

唐段文昌撰沈傳師正書元和三年京兆金石録

唐左僕射裴倩碑

唐權德輿撰張弘靖正書胡記篆額元和四年京兆金石錄

唐左僕射魏國元靖公賈耽墓誌

唐權德輿撰鄭餘慶書元和四年京兆金石錄

唐贈尚書左僕射賈琰碑

子耽撰并書京兆金石錄

唐贈太尉魏國元靖公賈耽碑

唐鄭餘慶撰并正書元和五年五月金石錄

唐樂善寺處道和尚塔銘

唐歸登撰并行書篆額元和八年訪碑錄

唐于頔光廟記

唐札部尚書同中書門下平章事權德輿撰兵部侍郎歸登八分書并篆額元和中頔位至司空平章事以品得立廟祠其高祖郢公德成以下爲田室碑以元和十一年集古録目

唐建後周逍遥公韋敻晚書墓銘

唐令狐楚撰并書元和十一年京兆金石録

唐衢州刺史李公妻馬氏墓誌

元和十三年京兆金石録

唐莊嚴寺大慧禪師塔銘

唐歸登撰并書元和十四年京兆金石録

唐王涯先廟殘記

唐劉禹錫撰長慶四年京兆金石録

唐内侍省内給事崔談晋碑

唐李懷撰僧景麟正書并篆額寶慶元年京兆金石録

唐總持寺大果禅師藏山和尚塔銘

唐于敖撰李隨正書大和元年京兆金石録

唐左威衛將軍李藏用碑

唐礼部侍郎翰林學士王源中撰翰林待詔唐玄度篆額唐玄序集王羲之書藏用宦者也字

師貞隴西成紀人官至冠軍大將軍左威衛大將軍知内侍省隴西開國郡公碑以大和四年立集古錄目
玄度以書自名于一時其筆法柔弱非復前人之體而流俗妄稱惜之尔故有之以俟識者集古錄
唐贈太子少保何文悊碑
唐王源中撰劉禹錫正書陳脩古篆額大和四年八月立金石錄
唐游擊將軍師紿墓誌

唐張漢夫撰并書大和六年京兆金石録

唐開府儀同三司崔守誠碑

許康佐撰唐玄度分書并篆大和九年諸道石刻録

唐遊玄都觀詩

唐劉禹錫撰并書大和十年京兆金石録

唐知内侍省崔談峻壽堂碑

唐許康佐撰唐玄度行書唐玄度篆額大和中立京兆金石録

唐長安縣永遠亭記

大和中立京兆金石録

唐涇州節度朱叔夜墓誌

從姪景玄撰并正書開成四年京兆金石録

唐長安令李敬方祈雨題名記

開成五京兆金石録

唐脩漢未央宫碑

唐裴素撰朱玘行書元伯貞篆額會昌二年十

一月六日建復齋碑録

唐化度寺三堦院尊勝陁羅尼經石柱

僧惟則撰序并書會昌二年京兆金石録

唐武威郡王贈太傅李載義碑

唐裴璟撰柳正权正書篆額會昌五年京兆金石録

唐内常侍成叔貞碑

唐鄭成撰并書篆額

唐贈内侍王巨鏞碑

唐劉瑑撰毛文庚書并篆額大中三年京兆金石録

唐平盧節度孫公妻滎陽郡君鄭氏墓誌

唐任繕撰大中四年京兆金石録

唐慈恩寺善導和尚塔碑

僧志遇撰并書大中五年京兆金石録

唐千福寺重建章資師傳教碑

唐朱景玄撰朱玘行書大中五年京兆金石錄

唐贈司徒趙郡貞孝公李絳先廟碑

唐裴度撰韓欣正書并篆額大中九年京兆金石錄

唐贈太尉會稽郡公康志睦碑

唐常璀撰歸融王書楊述篆額咸通二年京兆金石錄

唐襄州刺史薛係先廟碑

唐鄭處晦撰柳公權正書咸通二年訪碑錄

唐内謁者監崔公先脩碑

唐權琢撰張元王書并篆額咸通二年京兆金石錄

唐聖壽寺上座惠靈和尚塔銘

唐薛琮撰咸通四年京兆金石録

唐贈内侍周景齊碑

唐柳仲年撰年書篆額咸通十年京兆金石録

唐石司郎中裴墠墓誌

姪頎撰咸通十二年京兆金石録

唐浙東觀察判官裴墠妻蕭㜲墓誌

唐裴墠撰咸通十二年京兆金石録

唐右神策軍碑

唐盧説撰韓遂安書董懷篆額咸通中立金石録

唐左僕射康承訓碑

唐狄渠撰任表正書廣明元年庚子五月十九日壬申建復齋碑録

唐左監門衛將軍宋匡業碑

唐吳融撰門湘書光化元年京兆金石録

慈恩鴈塔唐賢題名十卷

慈恩本寺隋無漏寺故他高宗在春宫爲文德皇后後置故以名之永徽三年沙門玄奘自西域歸始于寺西建鴈塔其後頽圮至長安中乃復更造南對王案霧鬖諸峯東枕曲江兆興大明宫丹鳳門端君引繩氣象雄偉甲于天下杜

詩所謂泰山忽碎破涇渭不可求蓋言其高遠如此句神龍以来進士登科皆錫宴江上題名塔下由是遂為故事五季寺廢惟鴈塔巋然獨存有僧蓮芳始葺新之塔之内外皆以塗墍唐人題字不可復見元豐間塔再大卿人王正叔始見畫壁斷裂自剗刮甃甓得題名數十乃録以歸屡白好事者使刻石建今踰四十年寧不果重和戊戌察雝書東觀偶与同年柳柏和錢談及此擊即悵然明年伯和出使咸秦暇日率同僚登絶頂始命盡剗斷壁而所得尤富皆前

此未之見者又俾刊者李知常知本摹搨隨其
斷缺不復敢增益一字時正叔隱居里中素工
書法迺屬以次第標目分十卷刻于塔之西南
隅于是一代奇蹟爛然在目先是會昌中宰相
李德裕自以不由科第深貶進士始罷宴集向
之題名削除殆盡故今所序獨詩人進士公与
卿貴游子弟爲多夫晋賢真蹟流傳至唐官諸
私勝几数千卷自歐虞褚薛而下皆宗之當特
士人咸以不能書爲耻以今題名攷親其間縱
復歌斜至鋒藏筆勁氣格高古皆有江左遺風

國朝士大夫必題識其側欲俾来者護持而是隸庸人輙以俗書汙縵其上于是汲水滌之新墨盡去舊畫宛然乃知唐人于字學能特點曳盡工至于筆墨亦復精妙如此伯和好古博學邁往不羣聞其成也為之喜而不寐見諉序引輙以所聞見者列之碑首云宣和庚子九月望日少陵樊察仲恕序一字廉卿本碑序

唐人登科燕集曲江題名鴈塔一代之榮觀當時士風以不得與為深恨 國朝錫燕瓊林立碑太平興國寺乃用唐之遺典故凡歌詩啟敘

紀述同年契者引鴈塔爲故事鴈塔在長安南曲江西慈恩寺樂天所謂曲江院裡題名處是也塔成于顯慶間距今幾五百年堅完如新壁間塼上字墨猶存四方士大夫自非身嘗登覽蓋莫之見世亦未有摹刻以傳者宣和庚子臧以漕身使關中公餘与同僚訪古周覽塔上層層見之字畫遒麗俱有楷法全傍無几而名卿體人留記姓字歲月者倍多乃得善工李知常等碑盡摹刻于石記隱士王正叔點校編次同年樊仲恕冠以叙引正叔好古博學通六書法

仲叔高才鉅筆有聞于時是書當借重以傳其詳見十叙云宣和庚子十月朔大名柳城伯和題本碑跋

寶刻叢編卷第七

寶刻叢編卷第八

錢塘陳　思　纂次

陝西永興軍路二

京兆府中

萬年縣

西魏雍州刺史長孫禪碑

大統二年京兆金石録

後周常孝寬碑

不著書撰人名氏孝寬字孝寬京兆杜陵人仕周至相州総管封鄖國公贈雍州牧謚曰襄碑

以大象二年立集古録目

隋張光墓誌

細書不著書撰人名氏周保定二年薨夫人姚氏隋開皇十三年薨仁壽元年八月十一日合塟于雍州天興縣復齋碑録

隋持節大將軍正義愍公豆盧毓碑

正書大業三年京兆金石録

隋皇甫誕墓誌

不著書撰人名氏大業三年十月十日遷葬于天興縣復齋碑録

隋檢校黄門侍郎柳旦墓誌

正書大業四年京兆金石録

隋姚辯墓誌

隋内史舍人虞世基撰太常博士歐陽詢書恭公名辯字思辯武威人官至左屯衛大將軍謚曰恭碑以大業七年十月立集古録目

隋左僕射元壽碑

隋虞世基撰歐陽詢正書大業八年正月金石録

隋齊郡太守元巷墓誌

大業九年京兆金石録

隋光禄卿徐寔墓誌

大業九年京兆金石録

隋内史令鄭譯碑

大業十年京兆金石録

唐楚哀王稚詮碑

唐歐陽詢撰并分書王名稚詮字集劭高祖之子也隋大業末高祖兵起于太原王在京師見殺高祖輔政追封楚公謚曰哀武德初進爵為王碑不著所立之年歐陽公時為給事中集古録目

唐中書令延安靖公竇威碑

于志寧撰武德九年京兆金石録

唐鄭孝王亮墓誌

正書細字無書撰人姓名開皇元年薨唐贈鄭王子淮安王神道以貞觀二年七月改葬于萬年縣復齋碑録

隋弘義明公皇甫誕碑

隋太子左庶子于志寧撰歐陽詢書誕字玄慮安定朝那人隋文帝末年為并州總管府長史漢王諒友誕不從見殺追贈柱國封弘義公謚曰明集古録目

誕以仁壽四年卒貞観中其子無逸追建金石録

周大宗伯唐瑾碑

唐于志寧撰歐陽詢正書瑾以後周天和四年薨貞觀中其孫皎所立

唐少府監梁趡墓誌

貞觀十一年八月二十一日合葬夫人元氏于萬年少陵景原復齋碑録

唐益州長史郭福善碑

碑首殘缺不見書撰人名氏福善字福善太原晉陽人唐初官至益州都督府長史謚曰慎碑

以貞觀十二年立集古録目

唐荆州長史杜隆碑

貞觀十四年立京兆金石録

唐相州刺史侯莫陳肅碑

正書無書撰人姓名貞觀二十一年金石録

唐工部尚書晋昌郡王碑

唐于志寧撰歐陽詢書貞觀中立京兆金石録

唐贈司馬長孫晟碑

李伯藥撰貞觀中立京兆金石録

唐永興公虞世南先廟碑

貞觀中立京兆金石録

唐司空王仁佑碑

唐于志寧撰于立政正書永徽二年京兆金石録

唐太常少卿鄭元璹碑

永徽二年立京兆金石録

唐贈荊州刺史尹惠碑

唐蘓詵撰郭謙光分書永徽三年立京兆金石録

唐三藏聖教序記

唐太宗御製序高宗御製記中書令褚遂良書

永徽四年十月刻又有一本在同州者序記同

為一石字畫並同而刻石在此本後十年疑换
本也集古録目

唐户部尚書楊纂碑

唐令狐德棻撰郭廣敬正書永徽六年京兆金石録

唐贈蒲州刺史柳則碑

唐来濟撰永徽中立京兆金石録

唐乞伏士幹墓誌

正書無書撰人姓名顯慶三年三月金石録

唐監門衛將軍段葉碑

唐劉延佑撰孫師範書龍翔元年京兆金石録

唐司禮少常伯辛良碑

唐李儼撰蕭權正書龍朔三年歲次癸亥二月己酉朔立復齋碑録

唐右金吾衛大将軍韓孝成墓誌

乾封二年京兆金石録

唐王屋縣令崔公碑

唐歐陽植正書乾封二年京兆金石録

唐夏州都督姜協碑

唐司列少常伯李安期撰豫王府屬直弘文館高正臣書協字壽秦州上邽人官至夏州都督

碑以乾封二年立集古録目

唐信安縣主墓誌

總章三年京兆金石録

唐修寶應寺記

唐員缺撰僧智清書咸亨元年京兆金石録

唐德州刺史李公碑

唐武琦正書咸亨二年京兆金石録

唐贈秦州都督韋瑰碑

唐詩敬宗撰虞旭行書咸亨四年京兆金石録

唐金剛般若經碑

咸亨四年京兆金石録

唐莊嚴寺行虔法師碑

唐許彦伯撰高正臣書上元〻年甲戌九月十五日辛酉建復齋碑録

唐慈恩寺大法師墓公碑

唐李義撰沙門正演正書永淳元年十二月四日立復齋碑録

唐進士高挺璠造石佛像記

光宅元年京兆金石録

唐懷州司兵参軍魏載墓誌

唐湖州司倉高嶠撰不著書人姓名載鉅鹿曲陽人魏文正公之孫烋王之子官至懷州司兵參軍坐事流夾嶺南碑以垂拱四年立集古録目

唐楊州都督趙道興碑

唐李至遠撰永昌元年立京畿金石録

周宣州涇縣令竇孝禮墓誌

天授三年正月六日復齋碑録

唐金剛般若經石柱

唐梁思彥撰僧元裕書長壽二年京畿金石録

唐雅州名山縣令李文義墓誌

唐顔今伯撰孫蓍正書長壽三年京兆金石録

周永和故寺碑

薦福寺譯經大德神英撰朝議郎晉州洪洞縣丞鉠敬元書聖歷二年七月十五日建新增

唐崔敬嗣墓誌

行書元書撰人姓名長安三年十月金石録

唐濮州長史蕭珪碑

唐負半千撰次子令臣正書大定元年四月立金石録

唐工部尚書姚璹碑

弟珽撰歐陽植正書神龍二年景年四月二十三日景申復齋碑録

唐贈光州都督蘇瓘碑

唐嚴識玄撰正書景龍四年京兆金石録

唐贈益州都督王美暢碑

唐禮部尚書昭文館學士薛稷撰并書美暢字通禮太原祁人官至潤州刺史其女爲睿宗德妃景雲中追贈美暢至益州都督碑以景雲二年七月立集古録目

唐并州長史崔敬嗣碑

唐檢校祕書丞兼昭文館學士胡皓撰國子監太學助教郭謙光八分書敬嗣字奉先博陵安平人官至并州大都督府長史碑以景雲二年九月立集古録目

崔氏為唐名族而敬嗣不顯皓為昭文館學士然亦無聞其事寔文詞皆不足多采而余録之者以謙光書也其字畫筆法不減韓蔡李史四家而名獨不著此余屢以為歎也集古録

唐鄭州刺史王思恭碑

唐李振撰并正書景雲二年金石録

唐荷恩寺碑

唐裴耀卿撰序顔温之銘景雲三年京兆金石録

唐贈廣州大都督成王仁碑

唐侍郎岑羲撰岐王府參軍魏思禮書仁字千王後改以字為名唐太宗之孫莫王恪之子官至益愛二州都督封成王神龍三年與節愍太子同誅武三思敗死先天二年妃慕容氏為立此碑集古録目

唐太僕少卿天水郡王僖碑

唐蘇晋撰魏思禮正書先天二年京兆金石録

唐嗣荆王元遜碑

　唐陶廉撰先天二年京兆金石録

唐洪州刺史王守真碑

　唐賀遂涉撰崔璹書先天二年京兆金石録

唐黄門侍郎薛稷碑

唐荆南節度使滋先廟碑

唐荆州刺史高榮郎碑

唐果州刺史徐孝德碑

唐滄州别駕高審行墓誌

五碑京兆金石録

唐豫州刺史魏叔瑜碑

唐荆州大都督府長史燕國公張說撰并瑜次子安州都督華書叔瑜字思瑾鉅鹿下曲陽人太尉鄭文貞公之子官至豫州別駕刺史碑以開元六年五月立集古録目

唐趙州癭陶縣主簿蕭希顏墓誌

開元十一年京兆金石録

唐瀘州刺史康玄辯墓誌

唐王羨門撰子晋書開元十二年京兆金石録

唐一行禪師塔碑

唐明皇撰并八分書一行本姓張代名遂後爲沙門謚曰大慧碑以開元十六年立集古録目

唐張説題玄宗御書記

唐集賢院學士張説題玄宗所書碑御製御書字并年月記及模勒刻字人姓名後有開元十六年將幸温泉親詣大慧禪師塔所口勑檢校立碑使朱敬宣所記然則説所題者禪師塔銘也集古録目

唐龍池頌

唐張説撰京兆金石録

唐涼州都督王君㚟碑

唐張説撰玄宗分書并題額開元十七年京兆金石録

唐濮州刺史陳忠墓誌

開元十八年京兆金石録

唐廣州都督馮君衡碑

唐尚書左丞相張説撰中書令鍾紹京書若衡長樂人子力士爲冠軍大將軍追贈君衡廣州都督碑以開元十八年立集古録目

唐贈吏部尚書蕭灌碑

唐尚書左丞相張説撰梁昇卿八分書明皇八

分題額府君名潅字玄茂南梁蕭詧之後仕至渝州長史子嵩為尚書令贈府君吏部尚書碑以開元十八年五月立集古録目

唐贈虢州刺史楊歷碑

唐陳州刺史李邕撰序歷前義男前中書令鍾紹京撰銘并書歷字旺本姓蘓氏其子思勗為官者姓楊氏因亦改歷姓開元中思勗為輔國大将軍贈歷虢州刺史碑以開元十九年立其後其載歷義姪高力士義男王守麟等官爵集古録目題云義男光禄大夫前中書令上柱國越國公

太子右諭德潁州鍾紹京撰銘并書歷中官楊思勗父也紹京出于胥吏無他才能特以夤緣附會致位宰相固無足道者然屈于閹豎至以父事之而又著之金石略無愧恥亦甚矣書之可以為後來之戒金石錄

唐誠節公馮昭泰碑

唐隸王洽撰中書舍人内供奉梁昇卿八分書昭泰字遇聖仕至括州刺史謚曰誠後以其子紹烈贈為工部尚書此其寢廟碑也玄宗親為題額加謚誠節碑以開元二十一年立集古錄目

唐請立馮公碑表

昭泰子紹正等請立廟碑表梁昇卿八分書并墨詔同刻散騎常侍陸堅題額集古録目

墨詔答馮紹正表梁昇卿八分書開元二十一年京兆金石録

唐海州東海令皇甫齊參墓誌

開元二十三年京兆金石録

唐太僕少卿杜元道碑

唐韋述撰子昆吾書裴耀卿題諱殷承業書額開元二十四年京兆金石録

唐右武衛大將軍趙侍賓碑

唐梁涉撰吴承嗣行書開元二十六年京兆金石録

唐綿州司功參軍張弘度墓誌

開元二十七年京兆金石録

唐太子賓客龎承宗碑

唐蘇頲撰梁昇卿八分書衛包篆額開元二十八年八月金石録

唐右威衛將軍高廣濟碑

唐梁涉撰序高力士撰銘并行書開元二十八年京兆金石録

唐邠州刺史韋鈞碑
唐韓休撰杜昆吾分書并篆額開元二十八年
京兆金石録
唐右驍衛大將軍范安及碑
唐韋述撰吴承嗣書開元二十八年
京兆金石録
唐嘉州刺史高君墓誌
唐員半千撰子謙書開元中刻
京兆金石録
唐延安縣主幽堂碑
唐王光庭撰于經野正書開元中立
金石録
唐河東郡君裴夫人誌

不著書撰人名氏左衛中郎李從一之妻封河東郡君碑以天寶四年立集古録目

唐玉真公主仙居臺碑

唐山人韓林撰八分書不著名氏天寶二年勅玉真公主投龍五老山常居此臺碑以天寶四年立集古録目

唐左武衛大將軍杜元恭墓誌

姪昆吾撰天寶五年京兆金石録

唐太原王四娘塔銘

道士裴煊撰張少悌書天寶六年六月京兆金石録

唐開元寺淨上院石燈臺贊

唐張鶴撰傅如玉書天寶六年六月 京兆金石録

唐贈太子少保顔惟貞碑

唐陸據撰綦有鄰八分書天寶六年十月 金石録

唐贈兵部尚書楊玄琰碑

唐玄宗御製并八分書太子亨題額天寶六年立 京兆金石録

唐青城縣令曹琳墓誌

唐張漸撰陳續正書天寶六年 京兆金石録

唐禮部尚書徐筠碑

唐陶翰撰蔡有鄰書天寶九年京兆金石録

唐京兆尹王鉷墓誌

唐常袞撰史惟則八分書天寶十載京兆金石録

唐贈吏部尚書楊銛碑

太子亨撰并行書及篆額天寶十二年京兆金石録

唐右驍衛將軍劉仲奬碑

唐王卓撰僧智詮書天寶十二年京兆金石録

唐内常侍王智預修塔銘

唐趙侍賓撰劉恭書天寶十二年京兆金石録

唐盧江郡司馬劉踐言墓誌

唐許益撰韓之行書天寶十二年京兆金石録

唐貞順皇后武氏碑

唐玄宗御製御書字爲八分皇太子亨題貞順皇后姓武氏晉陽人終於惠妃追册謚曰貞順碑以天寶十三年四月立集古録目

唐贈坊州刺史韋餘慶碑

唐徐浩八分書天寶十三載諸道石刻録

唐太華觀女冠李尊師塔銘

唐韓法撰劉秦行書天寶十三年京兆金石録

唐興唐寺金字大般若經藏銘

唐張珦撰李仙行書天寶中立京兆金石録

唐興唐寺石経藏贊

右経藏者唐開元中長安興唐寺僧所立東都白馬寺王嗣安為序隸書無名氏禮部尚書席豫等為贊其間蔡有鄰八分書者二頌戒奢真書者一翰林待詔張芬八分書者三其餘三人闕亡姓名又其餘皆不著書人名氏或作者所自書也碑以大寶中立集古録目

石経藏贊皆其作者自書而八分者數家惟蔡有鄰名重當時余家集録有鄰書頗多皆不若

此贊故尤寶之集古録

唐贈太保郭敬之碑

唐侍中苗晉卿撰中書侍郎平章事蕭華書敬之字敬之華州鄭縣人仕主壽州刺史以子〻儀追贈太保碑以肅宗元年建寅月立集古録目

唐王真公主墓誌

唐王縉撰姪粲行書肅宗元年建巳月十二日塋萬年縣寧安里鳳栖原復齋碑録

公主、公主肅宗女也法號無上真字京〻天寶中更賜號曰持盈金石録

唐贈婕妤河内董氏墓誌

唐常袞撰至德元年京兆金石録

唐贈左僕射常陵碑

唐李紓撰姪允正書上元元年京兆金石録

唐楚州司馬贈中書侍郎蕭華墓誌

唐盧光遠撰杜鴻漸正書寶應元年京兆金石録

唐贈太子賓客田道生碑

唐于益撰摯宗行書并篆額永泰元年京兆金石録

唐郭敬之碑陰子孫題名

唐王縉撰徐浩分書永泰元年京兆金石録

唐承天皇帝子新平郡王儼墓誌

唐常袞撰永泰元年京兆金石録

唐太子太傅庾光先碑

唐徐浩撰史惟則書永泰二年京兆金石録

唐興唐寺玄佀法師碑

無撰人名氏顔真卿書訪碑録

唐注大乘起信論

馬鳴菩薩造杜鴻漸注徐浩八分書京兆金石録

唐贈代州都督辛浩墓誌

唐成朝秀撰韓秀實八分書大歷元書京兆金石録

唐吏部侍郎王延昌碑

唐兵部郎中郡說撰廣州都督徐浩八分書延昌京兆人官至吏部侍郎集賢院待制碑以大歷三年立集古録目

唐郭子儀夫人涼國李氏碑

唐韓雲卿撰史惟則八分書碑文詞頗簡古而字畫工妙可喜或云碑今亡矣故世罕傳雲卿乃退之叔父科斗書後記所謂大歷中以文詞獨行中朝者碑以大歷三年五月立金石録

唐贈鄆州刺史張大詢碑

唐于益撰從姪彦之書大歷四年京兆金石録

唐富平尉顔喬卿碣

弟真卿撰并書大歷四年四月立石在長安世頗罕傳或云其在今亡矣有朝士劉絳如者汶陽人家藏漢唐石刻四百卷以余集録闕此碣也輟以見贈金石録

唐贈太尉辛雲京碑

唐元載撰史惟則分書并篆額大歷四年京兆金石録

唐贈太尉衛國文憲公杜鴻漸墓誌

唐楊炎撰徐浩正書大歷五年京兆金石録

唐楊思朂妻虢國夫人南宫氏碑

唐陶翰撰子楚玉行書大歷五年京兆金石録

唐贈太尉裴冕碑

唐元載撰吴通微行書大歷五年金石録

唐代宗賜建法和尚塔額碑

唐蘇源明撰徐光猷行書大歷六年京兆金石録

唐滎陽鄭氏墓誌

唐李益撰大歷六年京兆金石録

唐太子少傅辛推讓碑

唐郡説撰張少悌書大歷七年京兆金石録

唐左監門衛大將軍劉元朝碑

唐李端撰張焕書大歷八年京兆金石録

唐贈工部尚書郝王碑京兆金石録作庭王

唐吏部侍郎楊炎撰前卑州都督府長史翰林待詔韓秀実八分書王太原厭次人也官至河西隴右副元帥封安邊郡王碑以大歷九年立集古録目

唐玄宗子贈太傅信王瑝墓誌

唐常袞撰張少悌正書大歷九年京兆金石録

唐肅宗女和政公生碑

唐顔真卿撰吴通微行書大歷十一年京兆金石録

唐汝州刺史蕭洪墓誌

唐裴郁撰吴通微書大歷十二年京兆金石録

唐梓州刺史杜濟碑

唐顔真卿撰并正書大歷十二年十一月金石録

魯公之書列于石者多矣而有精有粗雖他人皆莫可及然在其一家自有優劣余意傳模鐫刻之有工拙也而此碑字畫遒勁豈傳刻不失其真者皆若是歟碑以殘缺銓次不能成其文第録其字法尔集古録

唐梓州刺史杜濟墓誌

唐刑部尚書顔真卿撰字畫亦類真卿而不著名濟字應物京兆杜陵人官至梓州刺史碑以大歷十二年十一月立集古録目

真卿撰而不云書葢也頗以為非顔氏書然其筆法非魯公不能為也更俟識者辨之集古録

碑但云顔魯公撰而不云書歐陽公以謂非魯公不能為也余觀此誌字畫奇偉决非他人可到金石録

唐霍國夫人王氏碑

唐中書侍郎平章事楊綰撰右散騎常侍蕭昕書夫人姓三氏郭子儀之妻碑以大歷十三年立集古錄目

唐贈司徒扶風郡王馬璘碑

唐常袞撰大歷十三年京兆金石錄

唐玄宗賢妃盧氏墓誌

唐顔真卿撰吳通微書大歷中立京兆金石錄

唐贈太尉杜鴻漸碑

唐中書侍郎平章事元載撰門下侍郎平章事王縉書鴻漸京兆杜陵人位至門下侍郎平章

事衛國公贈太尉謚文献碑以代宗初立不載
年月集古録目
唐贈太尉杜鴻漸碑建中二年立京兆金石録
唐貞順皇后武氏碑陰記
從子武就撰王虔行書建中二年京兆金石録
唐觀無量壽經
僧道秀書建中三年十月京兆金石録
唐贈左散騎常侍路太一碑
唐獨孤良弼撰并書建中四年金京兆金石録
唐避朱泚淡鎮石壁題名

唐李巽正書建中四年（京兆金石録）

唐龍首寺會覺法師塔碑

唐韓休撰劉朝正書張璪題額建中四年（京兆金石録）

唐勝業寺尊勝陁羅尼經

建中四年僧宗琮立石（京兆金石録）

唐咸宣公立碑

唐鄜坊節度掌書記武元衡撰蘇州常熟縣令袁中孚書將作少監集賢院學士李陽冰篆額公主玄宗之第十八女降祕書監崔嵩碑以興元元年立（集古録目）

唐贈司空尚可孤碑

唐鄭雲逵撰并行書貞元二年京兆金石録

唐工部尚書辛京杲碑

唐李竦撰韓秀榮八分書貞元六年七月金石録

唐内侍員外魚智誠墓誌

貞元六年京兆金石録

唐相州刺史李孟犨碑

子軫撰孫良鈞八分書子翼篆額貞元八年立京兆金石録

唐代宗子僖王墓誌

唐鄭德玄撰孫藏器正書元和二年京兆金石録

唐贈左僕射劉公碑

唐吕温撰戴少平行書元和四年京兆金石録

唐國子助教薛公達墓誌

唐韓愈撰正書無姓名元和四年閏三月金石録

西觀察使常丹墓誌

唐韓愈撰元和五年京兆金石録

唐河中監軍内常侍楊明義先廟碑

唐常宗卿撰鄭絪行書元和六年京兆金石録

唐集賢校理昭應縣尉石洪墓誌

唐韓愈撰元和六年京兆金石録

唐左散騎常侍路應碑

唐韓愈撰鄭餘慶正書元和七年十月金石録

唐江西觀察使韋丹碑

元和七年京兆金石録

唐贈司空令狐承簡碑

子楚撰并書元和七年京兆金石録

唐贈左監門衛將軍劉希泉碑

唐李益撰從姪佐時行書元和七年京兆金石録

唐章敬寺碑

唐通微撰毛伯良書元和七年京兆金石録

唐慈恩寺梵夾経記

唐武庭秀撰周仲謜書元和八年京兆金石録

唐興州節度裴玢碑

唐裴慶撰劉遵古行書元和九年十一月立碑

以斷裂其姓氏磨滅不可識云公諱玢字連城

以事攷之蓋裴玢也玢元和中為興元節度使

以疾歸朝卒金石録

唐贈兵部尚書王用碑

唐韓愈撰元和十一年京兆金石録

唐贈南平郡威武王高崇文司徒册文

唐祭高崇文文

三碑元和中立 京兆金石録

唐岐國安簡公杜佑墓誌

唐權德輿撰院傳師正書 京兆金石録

唐宫苑閑廐使駙馬都尉郭銛墓誌

唐沈亞之撰沈傳師正書長慶二年 京兆金石録

唐石州刺史酒泉郡王康公碑

唐吴鏻撰長慶二年 京兆金石録

唐左武衛將軍劉德惠碑

唐嚴綬撰劉繼元書陸邳篆額長慶二年京兆金石録

唐山南節度帝綬碑

唐中書侍郎平章事牛僧孺撰給事中子敖書綬字子章京兆人官至山南西道節度使碑以長慶三年立集古録

唐贈太尉司徒中書令韓弘碑

唐韓退之撰長慶三年京兆金石録

唐兵部郎中郭晤碑

唐陸邳隸書長慶四年京兆金石録

唐贈開府儀同三司王弘規碑

唐李德裕撰侯丕正書太和元年（京兆金石録）

唐崔群先廟碑

唐武昌軍節度使牛僧孺撰起居郎劉寬夫隷書并篆額憲宗元和十四年群方為中書侍郎平章事詔立廟于京師崇業里追贈其父金部郎中植為左僕射及其祖懷州刺史朝曾祖壽州刺史湛為三室廟既成給以羊豕助奠太常寺博士佐禮至文宗太和二年八月立此碑（集古目録）

唐太清宮道藏經目録碑

唐秦守正書趙盈篆額太和二年京兆金石録

唐令狐楚先廟碑

唐禮部郎中集賢院學士劉禹錫撰并書太和初楚為宣武節度使始立家庙于京師通濟里碑以太和三年立集古録目

唐贈吏部尚書楊玄琰碑

唐牛僧孺撰楊敬之書太和三年京兆金石録

唐贈左散騎常侍裴義碑

大和三年京兆金石録

唐章敬寺百巖大師靈塔碑

唐汴州刺史宣武節度副大使令狐楚撰吏部尚書鄭絪書大師以元和中詔至京師章敬寺長慶初令狐楚請賜謚及塔名曰宣教碑以大和三年立集古録目

唐贈右武衛大將軍駱奉老碑

唐朱景玄撰唐玄度分書篆額太和五年京兆金石録

唐内侍梁守謙乞寫興唐寺藏經表

大和六年京兆金石録

唐六譯金剛經

唐右威衛上將軍知内侍楊承和删集楊翱

撰序初承和以分書經刻于上都興唐寺文宗詔取其本使待詔唐玄度集王羲之書翰林學士鄭覃等六人爲贊刻石以大和六年春立集古録目

唐殿中侍御史韋翃墓誌

唐劉禹錫撰裴休正書大和六年正月金石録

唐贈司空王潛碑

唐李宗閔撰崔蠡正書王無悔篆額大和六年京兆金石録

唐石領軍衛將軍馬存亮碑

唐散騎常侍張昔墓誌

唐李德裕撰大和七年京兆金石録

唐内謁者張忠政碑

唐馮宿撰正書無姓名大和七年四月金石録

唐内侍少監弟五從直碑

唐卜炎撰從姪撰書大和九年京兆金石録

唐内侍省贈特進王延義碑

唐袁耶撰朱玘行書毛伯貞篆額開成元年立京兆金石録

楊明篆額開成二年京兆金石録

唐華嚴寺法順大師碑

唐許康佐撰并正書開成二年京兆金石録

唐循州司馬杜元穎妻裴氏墓誌

壻常懿撰并正書開成三年京兆金石録

唐淮南監軍常元素碑

唐丁居誨撰柳公權正書開成三年七月金石録

唐贈兵部尚書李有裕碑

唐中書舍人李景讓撰工部侍郎知制誥柳公權書有裕字綽夫丞州北平人官至衛尉卿碑以開成四年立集古録目

唐三藏法師玄奘塔碑陰
唐劉軻撰僧建初行書開成四年京兆金石録
唐憲宗女莊淑大長公主碑
唐杜牧撰柳公權正書開成四年京兆金石録
唐德宗女憲穆公主碑
唐柳公權正書京兆金石録
唐贈左散騎常侍李惟直碑
唐柳正亮撰并書鄭綬篆額開成五年京兆金石録
唐安國寺東禪院沒賀舍利傳碑
唐都官員外郎崔璹撰正書無姓名初開元中

國城西偏産異豕或謂文殊之化身常嬉遊于市〻人圍繞爭以餅餌投之後死于市〻吏劉守嗣等焚之獲舍利遂歸藏于安國寺立此傳碑以開成五年十月立 新增

唐内侍郗士榮碑

唐嚴厚本撰朱玘行書會昌三年 京兆金石録

唐左神策紀聖德碑

唐翰林學士承旨崔鉉撰散騎常侍集賢殿學士柳公權書集賢直院徐方平篆額武宗嘗幸神策軍勞閱軍士無統三軍上將軍仇士良請

爲碑以紀聖德銘等奉勑書撰碑以會昌三年

立集古録目

唐户部郎中裴纉墓誌

唐常綜撰李景章正書并篆額會昌三年京兆金石録

唐昊天觀碑

唐王起撰柳公權書徐方平篆額會昌三年十

月京兆金石録

唐華嚴寺文琬法師塔碑

唐許敬讓撰僧潛麟書會昌三年金石録

唐贈開府儀同三司四總宗墓誌

唐呂讓撰侯湘行書毛伯貞篆額大中元年刻京兆金石録

唐贈太尉牛僧孺碑

唐河陽三城節度使李玨撰右散騎常侍柳公權書并篆額僧孺字思黯隴西狄道人歷相穆敬文三宗武宗朝旬山南節度使貶爲循州長史宣宗初終于太子少師分司東都碑以大中二年十月立集古録目

唐贈太尉牛僧孺墓誌

唐杜牧撰柳公權正書大中四年京兆金石録

唐普光王寺碑

唐李邕撰柳公權書大中四年立金石録

碑云僧伽以景龍四年三月入滅於京孝和皇帝申弟子之禮百官四部哀送國門甚哉中宗之陋也佞佛之流謂武宗奮然除去浮圖法用是不永今中宗奉僧伽可謂至矣後三月竟棄天下其又何言集古録目

唐内侍監仇士良碑

唐鄭薰撰朱玘行書毛伯貞篆額大中五年立京兆金石録

唐安國寺經藏院碑

唐鄭薰撰安景之行書京兆金石録

唐刑部尚書庾承憲墓誌

第四男道游撰長男存讓書大中六年京兆金石録

唐掖庭局令劉榮璨碑

唐柳公權撰并書篆額大中六年京兆金石録

唐嶺南節度韋正貫碑

唐翰林學士中書舍人蕭鄴撰左散騎常侍柳

公權書正貫字公理京兆杜陵人官至嶺南節

度使碑以大中六年立集古録目

唐内常侍康約言碑

唐左散騎常侍柳公權撰并書約言官者也字寡辞貝州人位至河東監軍使内侍省内謁者監贈内常侍碑以大中七年二月立集古録

唐護國寺觀音院記

唐餒成式撰柳公權書大中七年京兆金石録

唐順宗女濮陽長公主碑

唐柳公權撰并正書大中九年京兆金石録

唐宣宗女齊國恭懷公主碑

唐董景仁書毛伯泊貞篆額大中九年京兆金石録

唐贈太子少保胡洙妻曹氏墓誌 唐王自收撰敍玄珪正書大中十年京兆金石録

唐興唐寺碑 撰人姓名殘缺李衮正書大中十年金石録

唐贈太尉蕭俛墓誌 唐蕭鄴撰大中十一年京兆金石録

唐京敎寺法照和尚塔銘 僧鏡霜述并書大中十三年京兆金石録

唐宣宗幸華嚴寺賜宗寔以下詩 大中十三年京兆金石録

唐兵部尚書盧綸碑

唐盧言撰崔綽書大中十三年七月立金石録

唐贈司空史憲忠碑

唐裴坦撰李從誨正書葉泳篆額咸道三年立京兆金石録

唐言和尚塔碑

唐張君卿撰于玄素行書咸通三年京兆金石録

唐六譯金剛経殘碑

唐楊翔撰序八分書京兆金石録

唐蓋巨源八分香咸道四年六月金石録

唐法順和尚吉祥泉碑

唐裴處權撰裴延嗣書咸通六年京兆金石録

唐國子助教温庭筠墓誌

第庭皓撰咸通七年京兆金石録

唐般若心經記

唐麴魯正書咸通八年京兆金石録

唐掖庭局丞田公遠碑

唐李騭撰張宗厚書咸通九年京兆金石録

唐振武節度使高弘碑

唐河東節度使鄭從讜撰右諫議大夫張鐸書

弘字大受，渤海人，官至振武麟勝等州節度使。碑以咸通十一年立。集古録目

唐懿宗女衛國文懿公主碑

唐常保衡撰，柳仲年正書并篆額。咸通十一年二月。京兆金石録

唐懿宗惠安王太后墓文

唐蕭寘撰，柳仲年正書。京兆金石録

唐内侍楊公碑

唐張揚撰，量景仁書。咸道十二年。京兆金石録

唐安國寺鐘銘

唐常蟾撰張宗厚正書咸通十四年京兆金石録

唐僖宗賜澄衿寺額碑

唐張同撰崔厚正書乾符三年京兆金石録

唐興善寺普照大師碑

唐給事中張同撰禮部侍郎崔厚書大師名智慧輪姓丁氏京兆杜陵人善西域咒法咸通中賜號遍覺大師所居曰太教注頂院僖宗初謚普照大師塔曰彰化碑以乾符四年立集古録目

唐贈持進段居木碑

唐崔蟾撰張宗厚正書并篆乾符四年京兆金石録

唐十善業道要略碑

唐裴休撰李郁篆額乾符四年京兆金石録

唐僧本行詩

僧飛錫撰李弘源正書乾符四年京兆金石録

唐贈太尉中書令貞孝公蕭倣墓誌

唐令狐綯撰玉繹書乾符五年京兆金石録

唐贈特進韋德鈞碑

唐王徽撰孫知誨書廣明元年京兆金石録

唐佛頂尊勝陁羅尼經

唐鄭弘升書廣明元年京兆金石録

唐開元寺修塔記
僧法諲撰并正書廣明二年京兆金石録

唐蔡州新蔡令蕭澤墓誌
男𤦎行書中和元年京兆金石録

唐贈禮部尚書蕭廩墓誌
唐鄭璘撰文德元年京兆金石録

唐廣濟大師含真和尚舍利塔碑
唐盧光濟撰高騭正書光化二年京兆金石録

唐移毗盧佛記
唐秦韜玉撰盧用龜正書鄭弘業書名銜李輝

篆額京兆金石録

資聖寺慈律師碑

義福寺法顗禪師碑

崇敬寺尼安定公主塔銘

報聖寺幡竿記

昭德寺鐘銘

薦福寺鐘銘

六碑京兆金石録

鄠縣

隋建靈山寺碑

大業中建在縣南十里京兆金石録

唐修文宣王碑

唐樂坤撰寶應二年京兆金石録

唐復縣記

唐中書舍人于郡撰祠部員外郎侍御史張璪八分書并篆額代宗之初吐蕃數寇京輔使李抱玉屯兵備之其裨將何德願以陳鄭兵屯鄠縣長吏寄寓佛寺德宗即位詔德願移屯鳳翔

復鄠縣如故碑以建中二年立集古録目

唐修昆明池堰記

唐京兆尹韓臯撰京兆府法曹參軍徐瑱書德宗貞元十三年詔除昆明池税許氏漁將以京兆尹韓臯為使截交河立堰引澧水注之于池復漢故迹以貞元十四年刻此銘集古録目

唐復縣記碑陰

唐徐元弼撰竇含章書寶歷元年京兆金石録

唐翰林院新樓記

唐韋表微撰鄭澣書唐玄度篆額大和元年

十二月諸道石刻録

唐靈際山大定寺李先生碑

唐蘇彧撰王登書武宗會昌六年京兆金石録

唐圭峰定慧禪師傳法碑

唐中書侍郎兼户部尚書平章事裴休撰并書工部尚書柳公權篆額碑師姓何氏名宗密果州西充人居圭峰山宣宗追謚曰定慧碑以大中九年正月立集古録目

裴休撰并書其文綷事迹無足采而其字法世所重也故録之云集古録

唐悟真寺五言詩

唐王縉撰京兆金石録

唐泗州和尚記

崔瀣撰京兆金石録

法主和尚塔碑

僧迴斌撰丘光道書諸道石刻録

藍田縣

唐楚金和尚塔記

開元十六年立京兆金石録

唐石門湯泉記 一

唐太子通事舍人李幼卿撰大僕寺主簿文學直集賢殿修撰書院衛包八分書并篆額唐初有沙門空藏者居藍田山中方大雪山谷間有氣上蒸發石而湯泉出其下開元中勅給事中楊碑不著名營葺之增多其室宇立此碑集古録目

唐楊公修石門湯泉碑天寶八年立京兆金石録

唐空寂寺大福和尚碑

唐陸海撰僧惟高書寶應二年京兆金石録

唐門下侍郎王縉碑

唐李行撰從姪缺書建中三年京兆金石録

唐尚書右丞王維碑

唐庾承宣撰鄭絪書貞元三年京兆金石録

唐魏博節度田布碑

唐陝州大都督府長史陝虢觀察使庾承宣撰

前鄉貢進士呂價書布字敦禮官至魏傳節度

使碑以長慶四年立集古録目

唐歸義寺大智禪師碑

諸道石刻録

咸陽縣

後魏賀拔岳碑

不著書撰人名氏拔岳桑乾馬邑人也後魏末為雍州刺史都督三雍二華二十州諸軍事謚曰武壯碑以永熙三年正月立集古録目

後魏建文八石像碑

恭帝武成二年諸道石刻録

後周贈太保吴國武公尉遲綱碑

天和四年京兆金石録

後周柱國康國忠公王雄碑

保定四年京兆金石録

後周靈州刺史胡歸德碑

天和六年十一月金石録

隋開府儀同三司崔弘安墓誌

開皇十五年京兆金石録

隋車騎將軍盧贍墓誌

開皇十六年十一月金石録

隋開府儀同三司賈義墓誌

開皇十八年薨以仁壽元年二月十八日瘞于咸陽縣復齋碑録

隋大將軍晉原公梁恭墓誌

仁壽元壽十月金石録

隋大將軍安陽肅公姜濟墓誌

正書不著書人名氏公諱濟字彭子定州博陵人仕至開府儀同三司左領軍大將軍大業元年四月薨于松第以三年十月葬于京兆郡碑缺縣平陵鄉新增

隋上儀同楊緡墓誌

許善心撰庚世基製銘世以為歐陽詢書年月殘缺復齋碑録

隋兵部尚書段文振碑

處士潘徽撰歐陽詢八分書文振字元起隴西姑臧人仕隋位至兵部尚書龍崗郡公贈右僕射謚曰襄碑不著所立年月 集古錄目

隋段文振碑大業八年立 京兆金石錄

隋桂州總官侯莫陳穎墓誌

正書不著書撰人名氏君諱穎字遵道彭城人大業六年為南海太守九年十月薨于郡治以唐武德八年七月遷葬于雍州咸陽縣 新增

隋丹州刺史肅恭公張崇碑

唐歐陽詢書首尾殘缺其可見者云公諱崇字

子高碑以貞觀八年十一月立金石録

唐明州刺史獨孤延壽碑

唐于志寧撰褚遂良書君諱某字延壽而其名

缺不可辨延壽陁子也缺八字月立金石録

唐遂寧郡公楊達碑

不著書撰人名氏遂寧郡公姓楊氏名達字叔

莊弘農華陰人隋之宗室煬帝世官至納言封

遂寧郡公謚曰懿唐武后其外孫也顯慶元年

追贈左僕射仍爲立碑集古録目

正書無書撰人姓名顯慶元年立達観王雄弟也煬帝時官至納言卒贈吏部尚書唐武顯慶中以武后外祖父加贈左僕射官為之立碑金石錄

唐代國大人間佛龕碑

唐陳國重撰韓處約書碑称佛龕者當漢初有氣如烟雲出于其間漢高祖為之立庙後漢永平中釋教既至中國改庙曰太平寺周改名曰大乘武帝時被毀至唐代國夫人楊氏復開而立之碑以顯慶二年立目集古錄

唐姑藏郡太夫人郁久閭氏碑

唐許敬宗撰殷仲容八分書顯慶四年八月立 金石錄

唐司農少卿竇遜墓誌

唐賀遂亮撰龍朔二年 京兆金石錄

唐西明寺忍辱闍黎塔銘

僧靈瓚撰暢整書麟德二年 京兆金石錄

唐司元太常伯竇德玄碑

唐李儼撰姪節正書乾封元年十一月 金石錄

唐左衛大將軍部國公碑

咸亨四年京兆金石録

唐贈秦州都督竇彥瑋碑

唐劉褘之撰儀鳳二年京兆金石録

唐寧州刺史氏仁執碑

載初元年京兆金石録

唐冠軍大將軍楊公碑

唐蘇味道撰姪楚珪正書長壽元年十月金石録

唐丹州刺史蕭宗道碑

唐員半千撰蔡有鄰八分書久視元年京兆金石録

唐則天母孝明皇后楊氏碑

唐武三思撰相王旦正書長安二年六月金石録

唐廷後周并州總管宇文舉碑

唐盧思道撰揚略書碑云君諱舉字神舉神龍

年十月其曾孫敞追建金石録

唐沛國郎義夫人鄭氏塔碑

唐岑義撰魏紹書景龍二年立京兆金石録

唐太子中舍人揚承源碑

唐孟猷忠撰集王羲之褚遂良歐陽詢等諸家

書承源字嗣本弘農華陰人仕至太子典郎追

贈太子中舍人碑以景龍三年十月立集古録目

唐睿宗昭儀晋昌唐氏碑

景雲中立京兆金石録

唐左鷹揚衛大将軍契苾明碑

先天元年京兆金石録

唐高安長公主碑

唐蘇頲撰蘇詵隷書開元五年京兆金石録

唐夔州都督王公碑

唐刑缺撰陸堅書開元六年京兆金石録

唐贈司空竇希瓛碑

唐著作佐郎李湛然撰陝王府司馬魏華書希

瑊字美玉扶風平陵人位至太子少傅贈司空

碑以開元六年十月立集古録目

唐寧州司馬閻公夫人武倩墓志

開元六年京兆金石録

唐處士臧君旌德碑

開元十五年諸道石刻録

唐秘書監王殉墓誌

唐韓休撰馬極書開元十六年京兆金石録

唐贈夔州都督王方翼碑

唐張説撰陸堅人分書元冲行篆額開元十六

年十月京兆金石録

唐沁州刺史馮仁碑

唐崔尚撰郭謙先書開元二十二年京兆金石録

唐襄陽縣主武氏墓誌

開元二十六年京兆金石録

唐贈幽州刺史元懷景碑

唐皇甫彬撰正書開元二十八年二月金石録

唐諫議大夫李公妻焦夫人墓誌

唐王勃撰并書開元中立京兆金石録

唐駙馬都尉豆盧建碑

唐衛尉卿駙馬都尉張垍撰諸王侍書榮王府
司馬韓擇木八分書并額建字立言河南人尚
玄宗女建平公主位至太僕卿駙馬都尉碑以
天寶三年七月立集古録目

唐梓潼太守竇履温碑
唐李之芳撰天寶四年京兆金石録

唐贈太常卿張義方碑
唐張謐正書天寶七載京兆金石録

唐禮部尚書徐南美碑
唐大理評事陶翰撰翰林待詔左衛率府兵曹

參軍蔡有鄰八分書徐筠字南美東海人也垂拱中官至禮部尚書碑以天寶九載立集古錄目

唐河東郡夫人薛氏碑

唐房綰撰王曾八分書天寶九載二月京兆金石錄

唐贈汝南太守郭慎微碑

族弟汭撰顔戒奢八分書天寶中立京兆金石錄

唐鄭陳節度使彭元曜墓誌

唐李潮撰并八分書乾元二年十一月金石錄

唐承天皇帝墓文

常衮撰徐浩書代宗大歷二年刻諸道石刻錄

唐太子賓客冀國靖公竇希球碑

唐裴耀卿撰姪皋行書大歷七年正月一日立

復齋碑錄

唐潁川郡夫人陳氏墓誌

唐張倉撰韓秀弼八分書貞元八年京兆金石錄

唐焦⿰米光碑

從弟郁撰朱獻任行書貞元十八年七月金石錄

唐元稹妻韋氏墓誌

韓愈撰沈傳師正書元和四年諸道石刻錄

唐涪陵郡王焦伯瑜碑

唐邢叔度撰孫藏器行書元和十四年京兆金石錄

唐太子賓客杜信碑

杜信自撰男師古書姪師仁篆額元和十四年京兆金石錄

唐武昌軍節度使元稹碑

唐白居易撰元和中立京兆金石錄

唐監察御史王叔雅妻薛瓌墓誌

唐薛公幹撰長慶三年京兆金石錄

唐淄王傅元錫碑

唐中書侍郎平章事李宗閔撰翰林學士承旨

工部侍郎柳公權書錫孚君既河南人代王什翼犍十四世孫位至淄王傅贈尚書右僕射碑以開成四年七月立集古錄目

唐贈司徒崔慎由墓誌咸通中刻京兆金石錄

唐武寧軍書記王戩妻李氏墓誌唐王戩撰并正書乾符三年京兆金石錄

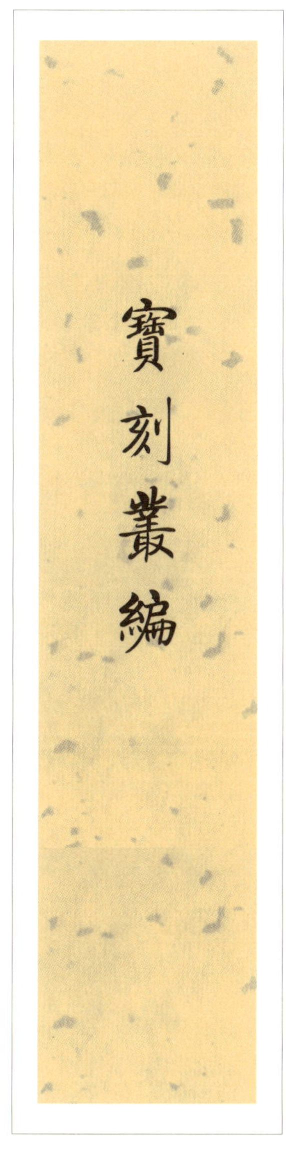

〔宋〕陳思　輯

2

中華書局

字志元而其名已殘缺然史初不載其名也金石録

唐贈司空魏鄭公碑

唐太宗御製并書徵字元成鉅鹿曲陽人位至太子太師贈司空謚曰文貞碑以貞觀十七年正月立集古録目

唐瑶臺寺碑

唐許敬宗撰諸葛思禎正書貞觀十八年立金石録

唐中書令贈廣州都督岑文本碑

貞觀十八年京兆金石錄

唐泰州都督姜確碑

唐于志寧撰僧智辯正書貞觀十九年十月立金石錄

唐高士廉塋兆記

唐衛尉卿許敬宗撰趙模書高儉字士廉渤海蓨人官至尚書右僕射申國公贈司徒謚曰文獻碑以貞觀二十一年立集古錄目

趙模書字畫甚工蓋貞觀中太宗命臨蘭亭序者碑年月殘缺高宗時立金石錄

唐贈太常卿孔穎達碑

唐太子左庶子于志寧撰不著書人名氏穎達字沖遠冀州衡水人官至太子右庶子國子祭酒封曲阜公謚曰憲碑以貞觀二十一年立集古録目

世傳虞世南書據碑云穎達卒于貞觀年時世南之亡久矣然驗其筆法蓋者規摹世南而為者也金石録

孔祭酒碑世傳虞永典書者非也沖遠之殁廼後伯施十年豈非當時學永興法書者耶然筆

道婟六自可珎東觀餘論

唐駙馬都尉楊師道碑

貞觀二十一年京兆金石録

唐長廣長公主墓誌

正書無書撰人姓名貞觀二十二年十一月金石録

唐晋州刺史裴藝碑

唐上官儀撰正書姓名殘缺貞觀二十三年立金石録

唐上官儀撰褚遂良書京兆金石録

唐駙馬都尉蕭鋭碑

貞觀中立京兆金石録

唐贈太常卿褚亮碑

書撰人名氏皆缺文爲隸書亮字希明河南陽翟人仕唐至散騎常侍弘文館學士贈太常卿謚曰康碑以貞觀中立集古録目

八分書無書撰人姓名年月殘缺高宗時立金石録

唐贈太尉房京黔碑

碑缺不見書撰人名氏攷其字畫褚遂良書也

玄齡字喬清何人唐初官至司空梁國公贈太尉謚曰文昭碑以貞觀中立碑缺不見年月集古錄目

文字磨滅斷續不可考究惟其名字僅存其後題修國史河南公而姓名殘缺者褚遂良也碑高宗時立金石錄

唐駙馬都尉豆盧懷讓碑

永徽元年京兆金石錄

唐贈并州都督豆盧寬碑

唐門下侍郎李義府撰正書不著名氏寬字缺

恕位至光禄大夫封茂國公贈并州都督謚曰定碑以永徽中立在昭陵集古録目

唐光禄大夫豆盧寬碑永徽元年六月立金石録

唐太常卿薛收碑

唐于志寧撰書人不著名氏收位至天策府記室太常卿定州刺史謚曰獻碑多漫滅志寧官爵收字及鄉里葬之年月皆不可見集古録目

文字殘缺其可讀處以唐史校之無甚異同惟收之卒謚曰懿而史不書爾永徽六年八月立金石録

唐魏州刺史王波利碑

不著書撰人名氏忠公姓王氏名濤字波利一寯邛都人任唐爲内給事官至魏州刺史其定縣公謚曰忠碑以永徽中立集古録目

唐贈荆州都督張公瑾碑

僧法琳撰藴敬書永徽中立京兆金石録

唐贈幽州都督長孫敞碑

永徽中立京兆金石録

唐贈荆州都督長孫順德碑

永徽中立京兆金石録

唐安南都護姜簡碑

永徽中立京兆金石録

唐太子少師崔敦禮碑

唐尚書左僕射于志寧撰太常少卿于立政書敦禮博陵人位至太子少師侍中中書令固安縣公謚曰昭據唐書敦禮字安上而此碑曰君諱安上字敦禮又曰本名元禮武德二年勅改爲敦禮前後目初乖誤當以敦禮爲正碑以顯

慶元年十月立集古録目

唐贈禮部尚書張後胤碑

唐李義甬撰正書無姓名顯慶三年三月立在

昭陵復齋碑録

唐贈司徒李靖碑

唐侍中許敬宗撰直弘文館王知敬書靖字藥

師隴西成紀人官至右僕射衛國公贈司徒謚

曰景武碑以顯慶三年五月立集古録目

唐金吾衛大將軍梁敏碑

唐暢整書顯慶三年京兆金石録

唐贈司徒尉遲恭碑

唐中書舍人許敬宗撰不著書人名氏恭字敬

德河南洛陽人官至開府儀同三司鄂國公贈司徒并州都督謚曰忠武碑以顯慶四年三月立集古録目

唐蘭陵長公主碑

唐吏部尚書兼知中書門下事李義府撰慶州刺史駙馬都尉竇懷哲書公主名淑字麗其太宗之第十九女碑以顯慶四年十月立在百城寺中集古録目

唐贈荆州都督張士仁貴碑

顯慶中立京兆金石録

唐冠軍將軍許洛仁碑

龍朔二年京兆金石録

唐驃騎將軍乙連孤晟碑

正書無書撰人姓名麟德元年二月金石録

唐清河公主碑

唐李儼撰暢整書麟德元年十月金石録

唐盧國公程知節碑

唐待中中書令行右相許敬宗撰暢整書知節字義貞濟州東阿人官至鎮軍大將軍贈驃騎大將軍碑以麟德二年十月立在昭陵集古録目

唐鄭國夫人武氏碑

唐司列少常伯李安期撰前代衛兵曹參軍殷仲容八分書天人名順字碑缺則太原爰陽人武后之姊司衛卿賀蘭安石之妻封韓國夫人追贈鄭國碑以乾封三年立集古錄目

唐衛州刺史蕭業墓誌

總章二年京兆金石錄

唐司衛卿尉遲寶琳碑

唐侍中中書令行右相許敬宗撰膳部員外郎直弘文館王知敬書寶琳字元瑜敬德之子位

至司衛卿碑以咸亨元年正月立集古録目

唐贈司空并州都督趙王福碑

咸亨元年京兆金石録

唐駙馬都尉房州刺史薛瓘碑

唐吏部尚書馬載應忠碑

唐贈益州都督蜀王愔碑

三碑咸亨中立京兆金石録

唐高唐公馬周碑

唐許敬宗撰殷仲客八分書上元元年十月十六日建復齋碑録

唐駙馬都尉營州都督周道務碑

上元二年京兆金石録

唐駙馬都尉周道務加上柱國告

上元二年京兆金石録

唐右驍衛大將軍阿史那忠碑集古録作薛忠碑

不著書撰人名氏忠字義節京兆萬年人唐上元中位至右衛大將軍贈鎮軍大將軍謚曰貞

碑以上元二年十月立集古録目

碑偶闕其姓游師雄作昭陵圖乃以為薛國忠

而歐陽公亦以為薛國忠也今以碑傳參攷碑

云出光四鎮入掌六師屬東户之㫖宸扆北軍
之重任一居軒禁四十八年而傳云阿史郡忠
字義節蕃尼失之子也以功擢左屯衞將軍尚
宗室女定襄縣主始詔姓獨著史封薛國下缺

唐贈禮部尚書永興懿公虞世南碑

唐駙馬都尉寧遠軍程知亮碑

唐駙馬都尉唐義識碑

唐駙馬都尉長

唐駙馬都尉工部尚書杞國公假倫碑
唐駙馬都尉長孫冲碑
唐駙馬都尉王大禮碑
唐駙馬都尉劉玄懿碑
唐駙馬都尉韋正舉碑
唐駙馬都尉獨孤湛碑
唐駙馬都尉史仁表碑
唐駙馬都尉王恭碑
唐户部尚書房仁裕碑
唐殿中監唐嘉會碑

唐光禄卿姜遼碑

唐金州刺史盧貞松碑

唐寧州刺史賈義節碑

唐輔國大將軍嘉國公周仁護碑

唐原州都督李正朝碑

唐大將軍鴈門公梁建方碑

唐大將軍周國公鄭仁泰碑

唐大將軍芮國公豆盧行業碑

唐輔國大將軍夾奕碑

唐左監門衛大將軍賀拔儼碑

唐輔國大將軍阿史那德昌碑

唐大将軍可汗阿史那步真碑

唐開府高陽郡恭公許敬宗碑

唐尉遲寶琪碑

二十九碑並京兆金石録

唐趙國太妃楊氏碑

唐李儼撰暢整書京兆金石録

唐巢王元吉女文安縣主墓誌

京兆金石録

寶刻叢編卷第十

錢塘陳　　思纂次

陝西永興軍路下

河中府

河東　臨晉　猗氏　虞鄉

萬泉　龍門　榮河

唐玄宗登逍遥樓詩

唐玄宗御製并分書，太常卿姜皎書，年月。蒲州刺史王璵以詩刻石，請御書碑額表一。蒲州刺史顔真卿書荅詔，肅宗書，以乾元元年立。集古録目

唐王公城河中頌

陳翃撰盧耿正書上元元年十月金石録

唐萬泉令裴千鈞德政碑

唐蕭嵩正書皇太子已下題

唐蒲州刺史裴寬德政碑

唐趙良器撰韓擇水分書開元二十四年訪碑録

唐禹廟題名

唐陜州别駕崔顥等題名字為八分不著名氏

開元二十五年刻集古録目

唐禹廟頌

唐龍門令吕延祚撰楚順八分書開元中刻於

漢宗季方禹廟題名之上隸續

唐贈文部郎中薛悌碑

唐國子司業蘓預撰武部郎中徐浩八分悌長盧人中宗時為雍州司兵叅軍坐魏元忠流死袁州天寶中子伯連為咸寧令追贈悌文部郎中集古録目

唐薛悌碑天寶十三年二月金石録

陝州

陝　平陸　夏　靈
峁城　湖城　閿鄉　寶

漢沛相楊統碑

漢沛相楊君碑在閿鄉楊震墓側碑首尾不完失其名字按後漢書震及中子秉秉子賜賜子彪皆有傳又云震長子牧富波相牧孫奇侍中奇子亮陽成亭侯又云少子奉奉子敷敷子衆蘇亭侯又有彪彪子脩楊氏子孫載于史傳者止此爾不知沛相爲何人也碑云孝順皇帝西巡以掾史召見拜郎中遷常山長史換揵爲府

丞宰司累辟應于司徒州察茂才遷鮦陽侯相後拜議郎五官中郎將沛相年五十六建寧元年六月癸丑遘疾而卒其終始尚可見而惜其名字亾矣集古録

漢沛相楊君碑歐陽公集古録云碑首尾不完失其名字余按楊震碑沛相名統震長子富波侯相牧之子也金石録

漢故沛相楊君之碑篆額碑缺不知其名髣髴有冨波君字按楊震碑云長子牧冨波侯相牧子統金城太守沛相則知此爲楊統碑也順帝

以其忠臣之苗特召為郎歷常山長史犍為府丞鮦陽侯相金城太守車騎將軍從事議郎立官中郎將沛相以靈帝建寧元年立故吏戴條等共立此碑隸釋

漢沛相楊君碑陰

楊氏世葬閿鄉墓側皆有碑今其存者四余家集録皆得之乃太尉沛相高陽繁陽令也此碑陰者不知為何人碑文字残缺其僅存者十五人又滅其一其在者十四人集古録目

楊統碑陰凡十五人不稱郡皆

漢高陽令楊君碑

漢隸不著書撰人名氏首尾不完不見名字據碑嘗爲高陽令最後爲善缺侯相而碑額但曰高陽令楊君碑據楊震碑高陽令名著震孫也集古録目

首尾不完而文字尚可識云司隸從事定潁侯相最後爲善缺侯相葢其中閒嘗爲高陽令而碑首不書冣後官者不詳其義也按楊震碑高陽令著震孫也集古録目

漢故高陽令楊君之碑篆額楊君名著太尉震

之孫常山相讓之子碑缺其名得之子震碑仕歷司隸從事議郎高陽令思善侯相年五十三而卒石損立其年隸釋

漢高陽令楊君碑陰

不著書人名碑首尾不完今可見者四十餘人各有所出錢數楊氏數世皆葬閿鄉此碑有稱後公門生者有稱沛君門生者不知何人碑陰也後公義不可知沛君所謂沛相者也集古錄目

首尾不完今可見者四十餘人楊震子孫葬閿鄉者數世碑多殘缺此不知為何人碑陰其後

有云右後公門生又云右沛君門生沛君疑是沛相者自有碑而亾其名字矣後公亦不知為何人也集古錄

歐陽公云余家集録得楊震墓域中漢碑四震及沛相繁陽高陽令碑并得碑陰題名然得時參錯不知為何碑之陰也集古所有余盡得之又各以碑陰附于碑後其曰懷陵園令蔣禧字武仲者沛相碑陰也其曰故吏故民故功曹史故門下佐者繁陽令碑陰也其曰右後公門生右沛君門生者高陽令碑陰也金石錄

楊著碑陰其間有沛君門生者沛相統也後公門生者太尉秉也楊震拜于前故以秉爲後沛君者著之從兄後公者著之季父後公之薨其猶子繁陽君季榮而收綬高陽君以沛相之喪亦棄官而歸一門孝義如此宜其門人事之如一代石立表無彼此之分非皆著之門生也故不名 隸釋

漢繁陽令楊君碑

漢隸不著書撰人名氏殘缺不完不見其名氏其可見者曰富波君之小子據楊震碑攷之富

相名收震之子也碑以熹平中立集古錄目
首尾不完文字磨滅可識者四百三十字不可識
者六十一字碑云遭叔父太尉薨又云富波七
君之子也按漢書楊震子收為富波相君迺收
子也叔父太尉者秉也惜其文字磨滅不可見
矣集古錄

漢故繁陽令楊君之碑銘篆額逸其名楊君者
大尉震之孫富波侯相收之子太尉秉之猶子
沛相統之親昆弟高陽令著之從昆弟也自郎
中除右都侯繁陽令以靈帝熹平三年卒隸釋

漢繁陽令楊君碑陰

隸書凡故吏故民處士等百有餘人集古録目

唐砥柱山銘

唐魏徵撰薛純書諸道石刻録

在硤石縣唐貞觀十二年太宗東巡臨幸于此

今有魏徵所製碑銘寰宇記

唐獨孤府君頌德碑

唐硤石尉孟缺休撰桃林主簿盧元珪書

碑今缺府君名不可見其字曰思〻下又缺一

字河南洛陽人給事中元愷之子為陝州桃林

令入為水部員外郎桃林人立此碑以頌德據

唐書表元愷二子曰思莊思行而亦不著名此

不知其為誰也碑以調露二年立集古録目

唐元府君德政碑

不著書撰人名氏。府君名思哲，字知仁，河南洛陽人，以絳郡夏縣令卒于官。縣人右監門校尉陰神義等為立碑以頌德，以調露二年立。在夏縣。集古録目

周石柱銘

唐陝州刺史碑缺撰，八分書，不著名氏。柱者相傳以為周召分陝所立以別地著。所刻年月，驗其字，武后時等題名。集古録目

唐楊玄琰碑

唐崔沔撰梁昇卿八分書開元六年四月

唐萬回法師碑

唐徐堅撰行書無姓　開元十年閏五月金石録

唐立闕龍逢碑

在靈寶縣西南七里唐太宗東巡致祭開元十三年立碑舍人吳巽之詞寰宇記

唐刺史盧奐廳事贊

唐玄宗御製御書帝西幸過陝府至奐廳事題贊于其壁奐以刻石并謝表批答附于後碑以

開元二十四年十月立集古錄目

唐明皇注道德經

經玄宗書注皇本（太）子紹及慶王琮等奉勑書初開元二十四年玄宗巳注道德經道門司馬秀等奏請兩京及天下應修官齋等州造立石臺刻勒經注弘農太守趙冬曦立在閿鄉集古錄目

唐李湑德政碑

唐河中猗氏縣丞缺旻撰吏部常選張休　書絳州夏縣令李湑之德政碑也湑字　人碑以開元二十七年立在夏縣集古錄目

唐揚仲昌

唐尚書左丞席豫撰鄔縣篆

與神道碑同開元二十八年立在閿鄉

唐揚玄琰述先史記

唐徐彥伯撰劉升八分書開元中立諸道石刻録

唐三門記功頌

唐太子亨題額隸王琰分書天寶三年十二月

立復齋碑録

唐靈寶縣令裴遂遺愛頌

唐賈庭瑶亭王譚銘史惟則八分書天寶中立

唐郭英義紀德碣

諸道石刻録

唐中書舍人姚子彦撰不著書人名氏英義字英義太原晋陽人嘗為陝州刺史碑以肅宗元年立集古録目

唐雍王遊三門記

唐元帥府判官裴儆撰行軍司馬李進書雍王題額代宗廣德初雍王為天下兵馬元帥東討史朝義師還次陝因登三門問從官以古今興亡治亂之迹作此記廣德二年刻在三門

唐立傅説廟碑
唐侍御史内供奉楊鱗撰夏縣尉宗正八分書大歷四年立在夏縣集古録目
唐楊仲昌後碑
唐檢校禮部尚書席豫撰太子少保致仕韓擇木八分書仲昌字□□開元中官至吏部郎中以大歷六年追立在閿鄉集古録目
唐德宗題陝州佛堂院壁詩
不著書人名氏帝時爲雍王天下兵馬元帥大歷七年陝州觀察使皇甫温刻集古録目

唐昭義節度薛嵩神道碑

唐禮部郎中程浩撰，梁州都督府長史翰林待詔韓秀寔八分書。薛公名嵩，楚玉之子也。初為史思明將，朝義敗，以其地降，即拜昭義節度，封平陽郡王。碑以大歷八年立，在夏縣。集古録目

唐韋輿遺愛頌

唐監察御史鄭士林撰，前進士胡証八分書。輿字又玄，京兆杜陵人，嘗為夏縣令，此碑夏縣人所立，以貞元二年八月刻，在夏縣。集古録目

唐名伯祠堂記

唐崔敖撰房次卿書李惟益篆額貞元年立訪碑録

唐陽公舊隱碣

元和六年立訪碑録

唐刑部郎中胡証撰夏縣令黎熠書縣李靈省篆額証其門人也無所立年月在夏縣集古録目

唐世篆法自李陽冰後寂然未有顯于能自名家者靈省所書陽公碣筆畫甚不顯聞于時亦不見于他處以余家所藏而見于録者唯此雖未爲絶筆亦可惜哉集古録

唐薛平增修家廟碑

唐左散騎常侍集賢院學士馮宿撰給事中裴潾書河中節度使薛平增修其家廟以大和三年立此碑在夏縣集古録目

延州

中都督延安府秦屬上郡漢初為翟國

尋復為上郡後漢因之漢末羗胡

户口流散郡縣廢焉後魏置東夏州西

魏改曰延州置総管府隋置延安郡唐

復為延州梁號忠義軍後唐改曰彰武

皇朝陞延安府今縣七

膚施 延川 延長 門山

臨貞 敷政 甘泉

唐石像文并陰

唐延州別駕唐珍撰不著書人名氏顯慶中

之祖季鄉為延州刺史造石龕立三佛像開元

中復為州別駕加以鐫飾以開元二十七年

立此碑并碑陰題名集古録目

同州

戰國時屬秦魏秦屬內史項羽分屬塞國漢高帝置河上郡景帝分為左內史武帝改為左馮翊東漢因之魏除左字但為馮翊部晉及元魏皆因之兼置華州西魏改曰同州隋初郡廢大業州廢復置馮翊郡唐武德九年曰同州天寶元年曰馮翊郡梁曰忠武軍

皇朝太平興國七年陞定國軍今縣六

馮翊　澄城　朝邑

郃陽　白水　韓城

後周河瀆廟碑

後周車騎大將軍王褒撰車騎大將軍趙文淵

奉勑書字為隸體初北齊天統十六年周文帝

請立四瀆廟于華山郡使郡守楊子昕營建武

帝朝晋公護秉政廟在其封内又增修之而立此碑以天和二年十月立集古録目

隋興國寺碑

李德林文張孝徵書開皇四年訪碑録

唐無量壽佛大像碑

不著書撰人名氏唐興國寺沙門道宗造無量壽佛大像未成而卒其徒智常成之貞觀十年同州刺史隴西郡王博又為立此碑集古録目

唐三藏聖教序記

序唐太宗御製記高宗御製中書令褚遂良書

永徽四年刻在永興今此本序記同爲一石字畫並同而刻石在永興本後十年疑摸本也能翔三年六月立集古錄目

唐河瀆紀瑞頌

唐崔禹錫撰王宗敬分書先天元年立金石錄

唐河侯新祠頌

唐秦崇撰王晏行書開元九年四月立碑伯姓馮名夷字公子潼鄉華陰人也金石錄

唐同州別駕崔禹傳

唐權倕撰黨撫八分書開元二十五年春金石錄

唐洛祠志

行書無書撰人名氏天寶六年三月立金石錄

唐鄭預注心經

正書無姓名天寶元年四月金石錄不著書人名氏疑預自書蓋開元天寶之間書體類此者數家如擣練石韓公井記洛祠志皆一體而皆不見名氏此經字體不減三記而注尤精勁集古錄目

唐阿那寺碑

韓休撰僧開祕書大歷二年立在澄城縣訪碑錄

唐贈太常卿王仁忠碑

唐江夏太守李邕撰，都水使者集賢殿學士史惟則八分書。仁忠字揖，太原祁人，位至左千牛衛將軍。永泰中以子崟贈太常卿。碑以大歷三年立。鏶目

華州

鄭　華陰　下邽　渭南　蒲城

西嶽華山廟碑

勒斯石以垂後會遷京尹乃勅都永掾柱遷市石遺書佐郭香察書碑成于後之四年蓋孫璆典郡時也郭香察書者察位他人之書尔小歐陽以為郭香察所書者非也隸釋

漢斥彰長斷碑

在華陰已斷裂惟存下一段故其姓名皆亡矣所可見者假除百石遷補任尉假印綬守廣平憂曲陽令斥彰長熹平二年秋七月寢疾不豫最後題熹平六年十月九日辛酉造金石録

斥彰長田君斷碑所存其下一段與趙氏所藏

者同文雖半亾遺字一一明白碑云其先高祖
時以史二千石自齊臨淄徙關中祖興先為執
金吾弟颭漁陽太守孫布光武中興云云史記
高祖徙貴族齊田氏關中後漢傳朔方人田颭
引兵至單于庭迎盧芳入塞布記建武七年盧
芳所置朔方太守田颸舉城降則作彰蓋諸田
之後碑云二年七月卒而缺其年名未有立碑
歲月始知物故在熹平年但作彰非所終之官
趙氏强名姑仍其舊碑中字扎嫵媚甚類華祖
華山亭碑書之者好用奇字　隸續

漢樊毅西嶽華山亭碑

隸書不著書撰人名氏據碑漢光和元年弘農太守河南河南樊毅字仲德初至郡親祠西嶽以其齋室逼窄使縣令胸忽先讜繕治之明年正月己卯而就立此碑集古録目

漢樊毅修西嶽廟復民賦碑

隸書不著名氏漢弘農太守樊毅上尚書表也毅使從事荀班華陰令先讜繕治嶽廟并復華下十里民田租口筭以其事表上光和二年也碑久湮没唐興元元年華陰令盧撇求得而為

之記八分書於碑末在華嶽廟中集古録目

碑云光和二年十二月庚午朔十三日壬午弘農太守臣毅頓首死罪上尚書臣以去元年十一月到官其十二月奉祠西嶽華山省視廟舍及齋衣祭器率皆久遠有垢臣以神嶽至尊宜加恭肅輒遠行事荀班與華陰令先謹以漸繕治成就之又曰讜言縣當孔道加奉尊嶽一歲四祠養牲百日或有請雨齋禱後賞無倍小民不堪有飢寒之窘乞差諸賦復華下十里以內民租田口臣輒聽盡力宣奉詔書思惟惠利比

碑粗完故録其首尾臣叙者樊毅也集古録
樊毅乞復華下民租田口筭狀此碑全載光和
二年壬午奏牘別無他詞蓋毅到郡即遣官屬
繕治庙宇縣令以地當孔道一歲四祠有養牲
之費調發之勞故為華下十里之内希旬恩卹
雖不同孔廟卒吏碑併載朝廷施行語案後碑
云上奏復賦克厭帝心則知已從其請矣碑後
有唐興元中縣令盧倣題字云碑在庙北隟地
没于荒榛時方從之縣治云隸釋

漢樊毅修華嶽碑

隸書不著書撰人名氏漢光和二年華陰太守樊毅修嶽祠記也并書貞元三年檢校太子庶子董叔經等十五人題名附集古録目

華嶽有樊毅之碑三華亭及華粗碑皆云祠事在元年季冬華亭碑云繕治就緒在二年正月此碑叙始祠乃在二年十月與前碑不同前碑以午年季冬巳巳齋祠至來春巳卯一旬之内工後已就則昕修者散齋外亭尒盖是以次整治二役相繼至末年之冬衆作咸畢十月之祠乃是次年再舉此云後不于時而功已著盖欲

羡其速成故不引年年之祭也隸釋

漢殽阬君神祠碑

漢隸不著書撰人名氏中條山有石堤樹谷當湧溢為患故立殽阬泄其水注之於渭自前漢時立廟以祠之其後阬稍堙塞庙亦毁廢没漢鄭縣令裴華字君光復浚阬立廟碑以光和四年六月立并縣丞夏龔等題名者六十三人在鄭縣集古録目

慶歷中樞密直學士施昌言為陝西都轉運使為余摸此碑云碑文已磨滅初不可辯以麵填

其刻稍尋其點畫命上鐫治之乃可讀漢碑今
在者類多磨滅不完故斯碑歷　可見也惟裴
畢姓名為鄉人鑱去矣敎阮町以蓄泄水患先
和中華為鄭縣令始修復之事見水經及華州
圖經阮敎君祠合謂之五部神廟其像有石隄
西戍樹谷五樓先生東臺御史王翦將軍皆莫
曉其義集古録
歐陽公集古録云敎阮君祠今謂之五部神廟
其像有石堤西戍樹谷五樓先生東臺御史王
翦將軍莫曉其義今此碑有云石堤樹谷南通

商雒又云前世通利吏民興貴有御史大夫將軍牧伯故為立祠以報其功乃知石隄樹谷御史將軍之號自漢以來有之流俗相傳其所從來遠矣而水經云鄭縣地南山北有五部神廟廟前有碑光和四年鄭縣令河東裴畢字君先立又知五部神自齊魏間已有此號矣金石録

殽阬君神祠之碑銘篆額在鄭縣靈帝光和四年縣令裴畢字君先立碑無縣令姓名據水經淂之殽有二陵古称地險蓋山阜高深雨盛水集有阬以儲之則可以疏泄溉注而無溢溢之

患自魏晉以来謂之五部神廟歐陽公尝記部
使者摸此碑命工以麵其填刻而鐫剔之始可
讀云廟有石隄西戍樹谷五楼先生東臺御史
王翦将軍之像莫可曉今碑云石隄樹谷南通
商雒當是有石為隄有木為谷後人因以名其
神碑云前世通利吏民興貴有御史大夫将軍
收伯故為立祠攷其文意益謂前世阬不堙塞
水泉通利地産人物有至御史将軍牧伯之貴
者後人不攷亦以名其神尔碑之末有題名六
十六人云有秩長安知其皆長安人也隸釋

漢殽阬君神祠碑陰

碑陰題名三百四十二人其磨滅不可見者三十餘人字小而勁漢隸之神品也前碑之後曰有秋者六十餘人在碑之陰則無秩可知矣隸釋

碑陰縣吏及鄉人題名其完好可識者二百餘人磨滅者又百餘人小字淳勁可喜金石錄

漢華嶽廟碑

在華陰漢鎮遠將軍段煨更修之碑黄門侍郎張昶書魏文帝與鍾繇各於碑陰刻二十字此碑垂名海内寰宇記

漢司徒劉奇碑

在華陰諸道石刻録

漢劉黨碑

在華陰墓下文字磨滅諸道石刻録

晋王猛碑

在華陰縣東八十里寰宇記

後魏大代華岳廟碑

不著撰人名氏後魏鎮西将軍略陽公侍郎劉玄明書大延中改立新廟以道士奉祠春祈秋

報有大事則告碑以大延五年五月立集古録目

後魏修華岳廟碑

不著書撰人名氏後魏興光元年詔遣侍中遼西王常英析曹尚書苟尚等重葺嶽廟二年立集古録目

此碑録目

後魏崔浩碑

興光二年訪碑録

後周華岳廟碑

万紐于瑾撰趙文淵書天和二年十月金石録

隋楊雄碑

不著撰人名氏書學博士姓名缺書雄隋之疎屬官至司徒封觀王謚曰德碑以大業九年立集古

録目

唐靈仙寺碑

唐秦王府記室參軍薛收撰國子書學博士缺

鳳鄉書寺在西嶽沙門妙達所建碑以貞觀元

年立集古録目

唐長明燈銘

唐鄭行寶撰顯慶二年二月八日建復齋碑録

周渭南縣令李思古清德頌

唐直崇文館馬吉甫撰不著書人名氏李君名

思古渤海蓨人為鴻州渭南令入拜右司員外

郎縣人為立清德碑以聖歷元年十月立集古録目

其首題云大周鴻州渭南縣按新唐書則天大授二年析雍州之渭南慶山置鴻門縣遂以渭南慶山鴻門高陵以置鴻州大足二年州廢矣集古録

唐沙州司馬楊榮碑

榮孫元表字伯儀篆帝同分書神龍二年三月建在蒲城縣復齋碑録

唐衛州司馬楊恪碑

唐張東之撰八分書姓名殘缺神龍二年歲次敦洽三月建在蒲城縣復齋碑録

唐右武衛大將軍李思訓碑

思訓從子福州刺史李邕撰并書思訓字建景皇帝之後官至右武衛大將軍謚曰昭碑以開元八年立蒲城集古録目

唐凉國長公主碑

唐蘓頲撰明皇八分書開元十二年八月立公主睿宗女也金石録

唐西嶽大洞張尊師碑

唐王延齡撰李慈書尊師名敬忠字誠華陰盟東里人為西嶽雲臺官主碑以開元十四年四

月立［集古録目］

慈之書體兼虞褚而遒麗可喜然不知為何人以其書當時未必不見稱於世益唐人善書者多遂不得獨擅既又無他可稱遂至泯然于後世以余集録之傳慈所書碑祇得此爾［集古録］

唐高祖駐馬佛堂碑

唐渭南縣興法寺僧貞慶撰并八分書高祖武德二年嘗幸渭南至大韓村其父老以為榮立佛像于其地謂之駐馬佛堂歲久碑記缺落開元十七年村人韓祚等重建［集古録目］

唐華嶽真君碑

唐華陰丞陶翰撰，常騰書。玄宗開元十九年加五嶽神號曰真君，初建祠宇，立此碑。集古録目

唐代國長公主碑

公立壻鄭萬鈞撰并書公主睿宗第四女也碑以開元二十二年十二月立金石録

唐刺史楊瑒遺愛頌并陰

唐王嗥撰史惟則八分書開元二十三年立碑陰記史惟則八分書金石録

唐鄭虔禱華嶽文

開元二十三年四月二十三日復齋碑録

唐華山石闕題名

自唐開元二十三年鄭虔題名為首後二百一

年至後唐清泰二年戶部侍郎楊凝式而止其間無年月時世者悉列于後總五百一人在華嶽廟中集古錄目

自唐開元二十三年訖後唐清泰二年寔二百一年題名者五百十一人再題者又三十一人注〻當時知名士也或兄弟同游或子姪並傳或僚屬將佐之咸在或山人處士之相攜或奉使奔命有行役之勞或窮高望遠極登臨之適其富貴貧賤歡樂憂悲非惟人事百端而亦世變多故開元二十三年歲在丙子是歲天子躬

耕籍田肆大赦群臣方頌太平請封禪蓋有唐極盛之時也清泰二年歲在乙未廢帝纂立之明年也是歲石敬塘以太原及召契丹入自鴈門廢帝焚于洛陽而晉高祖入自太原五代極亂之時也始終一百年閒或治或亂或盛或衰而往者來者先者後者雖窮達壽夭參差不齊而斯五百人者卒歸于共盡也其姓名歲月風霜剥裂亦或在或亾其存者獨有千仭之山石尔故時録其題刻每撫卷慨然何異臨長川而歎逝者也集古録

唐左輔頊儌西嶽廟中刻石記

唐權偉撰李珸八分開元二十四年十月復齋碑録

唐華嶽廟碑

唐玄宗御製御書諸道石刻録

唐御製華嶽碑述聖頌

唐京兆府富城縣尉達奚珣撰序右補闕集賢殿學士吕向撰頌并書玄宗御製御書華嶽廟碑建于廟中珣等遂作此頌以開元中立集古録目

唐金仙長公主碑

唐徐嶠之撰明皇行書開元中立金石録

唐鄎國長公主碑

唐張説撰明皇八分書開元中立訪碑録

唐諦賞祭華嶽文

唐右補闕韓賞撰諸王侍書榮王府司馬韓擇木八分書自陳其志以忘身憂國為己任以盟于神天寶元年四月刻在華嶽集古録目

唐靈臺觀主張敬忠碑

唐何思遠撰郭懷漸書天寶六年正月金石録

唐嶽廟古松詩

唐常元志撰右補闕集賢院學士衛包古文篆

天寶九年立集古錄目

唐御書華嶽碑堂修飾記

唐衛包撰并正書天寶九年正月立金石錄

唐雲臺觀三方功德頌

唐右補闕内供奉集賢院修書衛包撰并書字為古文據碑天寶中詔　功德于華山雲臺宮并安御容重飾金天王廟前御製碑而作此頌以天寶九年四月立集古錄目

唐雲臺觀金籙齋頌

唐衛包撰并書字為古文玄宗自開元中每歲

之千秋節設金籙齋于華嶽雲臺宫碑以天寶九年四月立集古録目

雖不著書人姓氏而字爲古文寔爲包書也唐世華山碑刻爲古文者皆包所書包以古文見稱當時甚盛盖古文世俗罕通徒見其字書多奇而不知其筆法非工也余以集録所見三代以來古字尤多遂識之尔集古録

唐修金天王庙靈異述

唐衛包撰并正書天寶九年四月金石録

唐顔魯公華嶽題名

唐顏魯公書以乾元元年爲饒州刺史題于華嶽廟集古録目

唐渭南令路嗣恭遺愛表

唐考功郎中知制誥蕭源明撰不著書人名氏嗣恭字嗣恭平陽人初名劔客開元中歷數縣令皆有能名明皇以爲可嗣漢魯恭故賜此名復歷渭南令至朔方留後上元二年渭南爲立此表在渭南集古録目

唐贈揚州都督假寬神道碑

唐揚美撰簫正正書大歷四年十月金石録

唐贈工部尚書王忠嗣碑

唐元載撰王縉行書大歷十年四月 金石録

唐華嶽精享昭應之碑

興元元年十二月立 諸道石刻録

唐節度李元諒功昭德頌

唐張濛撰韓秀弼八分李彛篆額貞元五年十月 金石録

唐冠軍將軍烏承玭碑

唐左散騎常侍河南尹許孟容撰魏傳節度副使胡誌八分并篆額承玭字德潤張掖人官至

右領軍使冠軍將軍此碑不完纔有其半不見
所立年月集古録目

唐烏承玭碑元和七年正月立金石録

唐刺史廳堂記
唐吴丹撰并正書元和八年二月金石録

唐刺史後閣記
唐李正辭撰正書元和八年二月金石録

唐少府監胡珦碑
唐潮州刺史韓愈撰左金吾衛大將軍胡証八
分書并篆額珦字潤溥貝州宗城人官至少府

監碑以長慶三年四月立在蒲城縣集古録目

唐司徒烏重胤碑

唐司徒平章事裴度撰山南東道節度使竇易直書重胤字保君京兆人官至天平横海等軍節度使司徒平章事碑以大和二年四月立集古録目

唐沈傳師金天王廟題名

大和二年十月盧佚沈諭同謁諸道石刻録

唐賈竦謁華嶽廟詩

唐賈竦撰并書大和六年竦從子掫刻在華嶽

唐贈太尉白敏中碑集古録目

唐中書侍郎平章事畢諴撰中書舍人王鐸書敏中字用晦太原人歷相宣宗懿宗以太傅致仕卒贈太尉碑以咸通三年立在下部集古録目

唐濟安侯廟記

唐李巨川撰柳懷素正書光化二年四月一日記復齋碑録

唐李德讓碑

唐史惟則篆書諸道石刻録

唐令狐彰華山詩

唐史惟則八分書 訪碑録

唐平淮将佐題名

唐馬総等題名 諸道石刻録

唐使院石柱記

唐李商隠撰 諸道石刻録

李靖上華嶽書

寶覺寺碑

興法寺碑

金臺觀碑

龍游宫碑

五碑並諸道石刻録

耀州

春秋戰國屬秦秦屬內史項氏分屬塞國漢初屬河上郡後屬左馮翊東漢及晉皆因之元魏置北郡雍州西魏改為宜州及置北地郡尋改為通州郡隋開皇初郡廢大業初州廢屬京兆郡義寧二年置宜君郡唐武德四年改曰宜州貞觀十七年州廢大授二年復置宜州大定元年又廢天祐三年岐王李茂貞墨置制耀州仍陞義勝軍節度梁末帝時茂貞養子溫韜以州降梁梁改為崇州靜勝軍後唐同光元年為耀州以為順義軍

皇朝開寶五年為感義軍太平興國元年改感德軍今縣七

華原　富平　三原

同官　美原　淳化

唐太子少師竇良碑

唐于志寧撰王行滿書貞觀十二年立在三原京兆金石録

唐贈司徒河間元王孝恭碑

唐岑文本撰于立政正書貞觀十四年立在三原金石録

唐潭州都督巢國勇公錢九隴碑

唐楊州都督竇貞王元曉碑

二碑貞觀中立京兆金石録

唐刑部尚書彭城襄公劉德威碑

唐許敬宗撰李玄模書永徽二年立在三原京兆

金石録

唐左僕射張長遜碑

顯慶元年立京兆金石録

唐贈吏部尚書閻讓碑

顯慶元年立京兆金石録

唐越州都督于德芳碑

從弟志寧撰蘔季子分書麟德元年四月八日

建在三原復齋碑録

唐于志寧神道碑

唐令狐德棻撰男立政書乾封元年十一月立

唐淄川公李同碑 金石録

撰人姓名殘缺諸葛思禎正書咸亨元年五月

金石録

唐贈司徒荆州都督道孝王元慶碑

唐贈司徒益州都督鄭惠王元懿碑

唐贈司徒并州都督江安王元祥碑

唐贈司徒冀州都督滕王元嬰碑

唐太尉絳州刺史韓王元嘉碑

唐司徒貴州刺史霍王元軌碑

唐太子太師魯王元夔碑

唐贈司徒益州都督鄧康王元裕碑

唐贈司徒荆州都督彭思王元則碑

唐金州刺史酆悼王元亨碑

唐贈荊州総管潭國襄公丘和碑

唐潭州都督呉興郡公沈叔安碑

唐左武衛大将軍樊興碑

唐賀蘭公碑

上十五碑在三原京兆金石録

唐國子司業于立政碑

撰人姓名残缺陳遺八分書調露元年十二月金石録

國子司業于可封碑弟淑之撰調露元年立諸道石刻録

唐美原神泉詩序

唐常元旦撰篆書無姓名垂拱元年四月金石録

唐德表禪師碑

垂拱二年諸道石刻録

周雍州明堂縣令子大猷碑

正書書撰人姓名殘缺聖歷三年十一月金石録

唐左衛成遠府折衝姚廻碑

在富平景龍二年立京兆金石録

唐清邊軍總管楊乹緒碑

唐富平主簿褚琇撰正字權瓌八分書乹緒字

幼紹雍州富平人官至宣威將軍右玉鈐衛幽州開福府折衝都尉清邊軍總管致仕碑以先天元年十一月立集古録目

唐兖州都督于知微碑

唐姚崇撰正書無姓名開元七年六月三日立在三原復齋碑録

唐神德寺碑

八分書不著書撰人名氏神德寺故後魏之會同寺也唐垂拱三年有司奏自華原之石門山徙于後相城北魏龍華寺故基而立之碑以開

元八年立集古録目

唐相州刺史竇忠仁碑

唐國子祭酒徐堅撰八分不著書人名氏忠仁字恕扶風平陵人位至相州刺史碑以開元十一年立在三原集古録目

唐贈工部尚書臧懷恪碑

唐撫州刺史顔真卿撰并書懷恪字貞節東莞人官至右武衛大將軍贈工部尚書碑以開元十二年立在三原集古録目

唐左羽林大將軍臧懷亮碑

唐陳州刺史李邕撰并書懷亮字明時東莞莒人官至左羽林大将軍碑以開元十九年立在三原集古録目

唐三原令乙速孤令役清政頌

唐梁陟撰陳載正書開元二十六年四月建復齋碑録

唐洪福寺弥勒石像碑

唐同官主簿韓滉撰并書集賢院學士衛包題額弥勒石像者長安中縣人趙貞等造寺僧圖證重修碑以天寶五年立在同官集古録目

唐果毅都尉臧崇碑

天寶七年立諸道石刻録

唐美原夫子廟碑

唐行美原縣令王巖撰并書天寶中初尊夫子

爵為王碑以天寶八年立在美原集古録目

縣令王巖字山甫撰并書巖天寶時人字畫奇恠初無筆法而老逸不羈時有可愛故不忍棄之蓋書流之狂士也文字之學博自三代以來其体隨時变易轉相祖述習遂以名家亦烏有法邪至魏晉以後漸分真草而羲献父子為一時所尚後世言書者非此二人則皆不為法其藝誠為精絶然謂必為法則初何所據所謂天下孰知夫正法哉邕書固自放于恠逸矣聊存之以備博覧集古録

唐神德寺弥勒閣碑

唐杜鰲撰馬順書弥勒閣者開元中沙門會覺所立天寶十一載馮翊人張祥德重建碑以十二載立在華原集古録目

唐内府局丞劉琦碑

沙門惟一撰天寶十二載諸道石刻録

唐贈滎州刺史藏公碑

唐王齊問撰張頌行書天寶中立諸道石刻録

唐金輪寺僧為程元振建勳業碑

猶子若鎮撰寶應元年諸道石刻録

唐太尉李光弼碑

唐顏真卿撰張少悌書廣德二年十二月立在富平金石録

唐臧氏糾宗碑

唐湖州刺史顏真卿撰并書臧氏東莞人唐自初靈州都督寵而下至京府參軍叔清族系名字官閥悉載于碑不知所刻年月在三原集古録目

唐沛縣令于默成碑

李子休烈撰序劉單銘史惟則八分書大歷三

唐贈司空李楷碑

唐楊炎撰史惟則八分書并篆額大歷三年立諸道石刻録

唐左武衛中郎将臧希忱碑

唐韓擇木撰并書大歷四年立在三原金石録

唐贈揚州都督臧希晏碑

唐張字撰韓秀弼八分書大歷五年立在三原諸道石刻録

唐陁羅尼經石柱

唐高沔撰等書大歷八年立諸道石刻録

唐釋迦像記

唐滑州節度判官豆盧適撰不著書人名氏渭北節度使臧碑不著名修華原縣攝受寺立釋迦像之記也碑不著所立年月而稱唐九葉寶應元聖皇帝又稱唐三甲子甲寅歲則當在代宗之大歷九年唐興一百五十七年矣碑在華原

唐刑部尚書李光進碑

唐戶部尚書楊炎撰梁州司馬韓秀實八分書光進字大應光弼之弟官至刑部尚書封武威郡王碑以大歷十年立在富平集古録目

唐監軍使贈開府第五昱碑

唐于邵撰史有盈行書建中元年京兆金石録

唐贈宋州刺史王仁敬神道碑

唐張饒撰張少悌正書興元二年京兆金石録

唐贈太子太傅鄴侯李泌碑

貞元四年京兆金石録

唐金輪寺碑

唐程献可撰陰冬曦正書貞元五年京兆金石録

唐贈户部尚書符令奇碑

唐鄭叔規撰貞元八年立在富平京兆金石録

唐贈工部尚書李彙誌

唐沈亜之撰南卓書貞元十八年立在華原京兆金石録

唐劒州刺史贈太僕少卿李公碑

唐鄭雲達撰并書袁滋篆額貞元二十年立諸道石刻録

唐太尉王播碑

唐中書侍郎平章事李宗閔撰翰林學士承旨柳公權書楷字明敭太原人位至左僕射同平章事贈太尉碑以大和四年正月立集古録目

唐太尉王播墓誌

唐牛僧孺撰柳公權正書大和四年四月立金石録

柳書名重天下當時大臣墓誌非其筆則人以子孫為不孝今世称柳書小字必曰王播墓誌播以金錢附離致位宰相公權少其為人嘗對延英發其傾邪闒通狀矣而復為播書碑豈迫

于内甥之情耶集古録

唐贈越州都督符璘碑

唐李宗閔撰柳公權書大和元年立諸道石刻録

唐柳尊師墓誌

唐翰林學士諫議大夫柳公權撰并書尊師名處幽河東虞鄉人公權弟也碑以開成二年立在華原集古録目

唐贈太師王起神道碑

唐户部尚書平章事李回撰太子少師柳公權書并篆額起字舉之太原人位至山南西道節

度使同中書門下平章事贈太師碑以大中九年四月立在三原集古録目

唐安平郡公贈

弟璵撰大中九年京兆金石録

唐贈工部尚書韓泉墓誌

姪鉶撰大中十年京兆金石録

唐富平縣令李府君妻周氏墓誌

大中十年京兆金石録

脩甲伏樓記

劉知寔撰劉權書諸道石刻録

同官唱和詩

張紹庭碑

二碑諸道石刻録

邠州

古豳國春秋戰國皆屬秦﹅屬內史漢屬左扶風安定北地郡漢宋置新州平郡兼屬安定晋因之西魏置豳州後周及隋皆因之帝初州廢屬安定北地郡義寧二年復置豳州唐開元十三年以字類幽改作邠烏夫寶三載以為新平郡後陞為靜難軍節度今縣四

新平　宜祿

唐昭仁寺碑

唐諫議大夫朱子奢提不著書人名氏及立石年月唐太宗即位其平生戰伐之地皆立寺為戰歿者祈福昭仁寺者嘗破薛舉處也集古録目

碑在豳州唐太宗與薛舉戰處也唐自起

群雄戰處後皆建佛寺云爲戰亾士薦福碑
朱子奢撰而不著書人名氏字畫甚工集古錄

唐納職令王行碑

唐著作郎楊齊哲撰吏部常選南朝馮令
行字缺訛不可辯太原人官至伊州納職縣
碑以開元七年五月立集古錄目

唐邠寧節度馬璘德政碑

唐韓雲卿撰張少悌行書大歷三年四月金石錄

唐汾陽王廟碑

唐中書舍人高參撰右威衛倉曹參軍張誼書

邠寧節度使韓游瓌請爲子儀立廟于邠州碑以貞元二年九月立集古録目

解州

自唐以上地里與河中府同漢乾祐元年割河中之聞喜安邑解三縣置解州皇朝因之今縣三

解縣　聞喜　安邑

唐贈太尉裴行儉碑

唐右丞相張説撰裴漼書行儉字約河東聞喜人官至禮部尚書金牙道大總管謚曰憲開元中追贈至太尉碑以開元十八年立在聞喜集古録目

唐贈太師裴光庭碑

唐中書令集賢院學士張九齡奉勅撰玄宗御

書侍中裴耀卿題御書字兵部尚書同中書門下三品李林甫題額諫議大夫褚庭誨摹勒光庭字連城河東聞喜人官至侍中正平郡公贈太師謚忠獻碑以開元二十四年十一月立在聞喜集古録目

唐代州都督薛仁貴碑

唐著作郎弘文館學士苗神客撰仁貴玄孫左領軍衛兵曹參軍伯嶷書薛禮字仁貴河東汾陰人官至明威將軍代州都督碑以天寶二年立在安邑集古録目

碑云公諱禮字仁貴河東汾陽人唐書列傳云
仁貴絳州龍門人又不云名禮余家集録薛氏
碑尤多攟仁貴子楚玉碑亦云父仁貴尒仁貴
為唐名將當時甚顯著往往見于他書未嘗有
云薛禮者仁貴本田家子奮身行陣其僅知姓
名尒其曰名禮字仁貴者疑後世父士盛其子
孫為增之也仁貴卒于永淳中碑以天寶中建
集古録

唐盬池靈慶公神祠碑
唐崔放撰崔縱正書貞元十三年八月金石録

唐安邑縣新亭記

唐劉師老撰李銑正書元和元年閏六月金石録

唐立衛伯玉遺愛頌

伯玉裔孫唐陝虢觀察使次公撰河中節度使張弘靖書伯玉河東安邑人晉惠帝祐以太保録尚書事為楚王瑋所殺碑以元和六年立在安邑集古録目

唐鹽宗神祠記

唐太子右庶子攴度安邑解縣兩池榷鹽使錢義方撰試左武衛兵曹參軍盛濤八分書鹽池

神祠故名盩宗其後人有靈慶祠而主吏不復
親祠盩宗祠宇隳廢義方重营葺之立此記以
大中十年立集古録目

虢州

春秋時為虢之南境虢亡屬晉戰國時屬秦魏二國秦平天下為三川郡漢屬弘農郡東漢及晉皆因之元魏置西弘農郡後周廢之隋煬帝置弘農郡恭帝改為鳳林郡唐初置鼎州因鼎湖為名後為虢州人縣三

虢略　盧氏

朱陽

唐張令隱浮圖銘

唐張士貴撰正書無姓名永徽五年十一月立

金石錄

唐大興國寺舍利塔碑

唐相州刺史越王貞撰趙郡李君惠集王羲之

書興國寺楊震學舍也隋文帝仁壽中以舍利分置天下諸寺此其一也碑以儀鳳四年三月立集古録目

唐蒙泉湯記

唐弘農太守趙冬曦撰天寶二年三月甲寅建復齋碑録

唐鑄軒轅鼎原銘

唐虢州刺史王顏撰華州刺史袁滋籀書鑄鼎原者軒轅皇帝鑄鼎之所碑以貞元十一年正月立集古録目

商州

春秋時屬晉戰國時屬秦爲内史地漢屬弘農郡東漢屬京兆郡晉初爲京兆南郡後置上雒郡元魏因之西魏兼置洛州後周改爲商州隋初郡廢大業初州廢復爲上洛郡唐復爲商州天寶元年曰上洛郡今縣五

上洛　商洛　洛南

豐陽　上津

漢四皓神位刻石

四皓神位神胙几刻石四在惠帝陵傍驗其字畫盖東漢時書也金石録

圈公神坐角里先生神坐圈公神祚机綺里季神祚机此四人者神坐及胙几當各有之今綺

季甪里尚闕其一而黄公者未見傳者云數十
年前商于農人耕地得此隸釋
四皓之目始見于法言及漢書王貢傳序相承
讀之曰園公曰綺里季曰夏黄公曰甪里先生
前賢未始有異故王黄州元之在汝州有詩曰
未必須如甪里子也應頭似夏黄公而畢文簡
公嘗譏評之以謂不當云夏黄公蓋杜子美詩
云黄綺終辭漢謂之黄綺則四皓之目宜曰園
公曰綺里季夏曰黄公曰甪里先生也僕初亦
以為然蓋逸少有尚想黄綺帖陶淵明詩亦曰

黄綺之商山又曰且當從黄綺皆所以為證然近歲商州耕夫得漢世石刻數種有云園公神坐綺里季神坐用里先生神坐又各有神胙机皆漢人隸書其號不應誤則與文簡公之説異矣當以石刻為正宜從舊目則前人所謂黄綺者將各取一字以月二人不必皆其首字也園公石刻乃為圈公蓋二字音文為近或拇牘傳寫之差亦當以圈為是按顔師古匡謬正俗有圈稱陳留風俗傳自序云圈公之後圈公為秦博士避地南里漢祖聘之不就惠太子即位以

圏公為司徒以是書證之圏姓愈曉然矣今尚有圏姓者姓氏書多以圏為圏公之後此又可證云

三輔舊事云漢惠帝為四皓作碑于其所隱處此神坐及胙几豈亦當時所立邪並東觀餘論

唐立漢烈仙四皓碑銘

撰人姓名缺吴嗣分書開元十下缺復齋碑録

唐四皓舊隱圖畫文

唐渠常年撰寶正書貞元十六年十月金石録

唐四皓新廟記

唐蕭曽重建以李華四皓賛代銘韋行儉正書元和八年辛丑歲李栖筠刻復齋碑録

唐新修橋驛記

唐韋行儉撰柳汶正書元和八年立復齋碑録

唐商於驛路記

唐翰林學士承旨韋琮撰太子賓客柳公權書祕書省校書郎李隱商篆額商州刺史吕公碑不著名移建州之新驛碑以大中元年正月立集古録目

唐修武關驛記

無書撰人名諸道石刻録

寧州

秦屬北地郡漢屬北地上郡東漢屬北地安定郡晉國之後沒于戎狄元魏獻文置華州孝文改曰班州後為豳州西魏改為寧州後周分置趙興郡隋改寧州曰豳川尋廢州而改趙興郡為北地郡唐後為寧州天寶元年曰彭原郡今縣四

定安　定平　襄樂　真寧

隋定安縣官寺碑

開皇八年五月　金石錄

坊州

自隋以前地里與鄜州同後周天和中元皇帝為敷州刺史于此地為馬坊武德二年分鄜州置坊州因故馬坊為名天寶元年曰中部郡令縣二

中部
宜君

唐韋維善政論

唐著作郎楊齊哲撰前洛州縣丞直翰林院缺庭誨書維字文紀京兆杜陵人為坊州刺史此實紀德碑也以先天元年立集古録目

維先天中為坊州刺史齊哲所撰其寔德政碑也特異其名尔集古録

唐脩秦文公廟記

唐前夏州等節度掌書記李伉撰并書篆額坊州之南有秦故鄜畤祠秦文公夢龍自天下屬于地立畤以祠之世久相傳謂之衙龍神刺史崔駢改其廟像以為文公祠開成五年立此碑

集古録目

寳刻叢編卷第十

寶刻叢編卷第十一

錢塘陳　思　纂次

陝西秦鳳路

鳳翔府
天興　岐山　扶風　盩厔　郿
虢　麟遊　普潤　好畤　寶雞

秦州
成紀　天水
隴城　清水

涇州
保定　靈臺
良原

熙州
狄道

隴州
汧源　汧陽
吴山　隴安

成州
同谷
栗亭

渭州
平涼　潘原　安化
崇信　華亭

階州
河州
蘭州
河東路
太原府
潞州
晋州
絳州
汾州
澤州

福津
将利
定羌

嵐州

寶刻叢編卷十二

錢塘陳　思　纂次

淮南東路

揚州

亳州

宿州

海州

楚州

泗州

滁州

真州
淮南西路
壽春府
廬州
蘄州
和州
舒州安慶府
濠州
光州
黄州

無爲軍

海州 朐山 懷仁 沭陽 東海

漢東海廟碑

者碑録朐山有秦始皇碑云漢東海相任蔡修祠刻於碑陰似是此也任君當又在滿君之後南陽之役更十八年後人猶頌其美則規模決非苟然者子官京口日将士往來朐山者云海

廟一椽不存自今非四十年前舊物不復見此刻矣歐趙公時天下一家漢碑雖在遐陬窮谷無脛而可至集古録中已屢言雖得爲可寶況今乎隸釋

唐大雲寺碑

唐海州刺史李邕撰并書寺舊謂之確師禪房僧慧藏葺之碑以開元十二年四月立集古録目

初武后時有僧上大雲經陳述符命遂令天下立大雲寺至開元二十六年詔改爲開元寺此碑十一年建故猶稱大雲也金石録

唐孔子老子題子贊

唐睿宗撰李邕行書開元十一年十二月立金石録

寶刻叢編卷第十三

兩浙東路

越州

大都督紹興府春秋為越國之都秦屬會稽郡漢因之東漢置會稽郡乃自吳縣徙治山陰晉宋齊梁陳皆因之宋兼置東揚州尋廢梁復置東揚州隋平陳郡廢改州曰吳州大業初置越州尋廢置會稽郡唐復為越州天寶元年曰會稽郡陞為鎮東軍皇朝因之統縣八會稽山陰荊縣諸暨餘姚上虞蕭山新昌

秦會稽山刻石

史記秦始皇本紀云上會稽祭大禹望于南海

而立石刻頌秦德越絶書云始皇以三十七年東遊會稽以正月甲戌到越留舍都亭取錢塘浙江岑石石長丈四尺南北面廣六尺西面廣尺六寸刻文六于越東山上其道九曲去越二十一里水經云秦始皇登稽山刻石紀功尚在山側孫暢之述征記云丞相李斯所篆也梁書竟陵王子良為會稽太守范雲為主簿雲以山上有始皇刻石三句一韻多作兩句讀之並不得韻又其字皆大篆人多不詳雲夜取史記讀之明日登山讀之如流張守節云會稽山刻李

斯書其字四寸畫如小指圓鐫今文字整頓是小篆字予嘗上會稽東山自秦望之山巔並黃茅無樹本其山間有三石筍中有水一泓別無他石石筍並無字復自小逕別至一山俗名鵝鼻山山頂有石如屋大中間挿一碑于其中文皆為風雨所剥隱約就碑可見欵畫如禹廟沒字碑之類不知此果岑石歟非始皇之力不能挿于石中此山絶險罕有至者得一採藥者引之至耳非為碑也或云大篆或云小篆皆不可攷姚寬叢語

禹廟窆石銘

漢窆石銘永建元年五月金石錄

禹廟窆石遺字亘寶文閣王順伯復齋金石錄定為漢刻舊經云禹葬于會稽取此石為窆會稽志

漢曹娥孝女碑

漢度尚所立邯鄲淳文諸道石刻錄

在會稽縣東南七十二里按後漢書云元嘉元年縣長度尚改葬娥為立碑會稽典錄云尚弟子邯鄲淳文字子禮時甫弱冠尚有異才尚先

使魏朗作曹娥碑文成未出會郎見尚尚與之飲宴而子禮方下督酒尚問朗碑文成朗辭不才因試使子禮爲之掾筆而成無所點定朗嗟嘆不暇遂毀其草其後蔡邕又題八字曰黄絹幼婦外孫齏臼其碑歲久字多訛缺至景德中重立會稽志

漢石經遺字

在州治蓬萊閣諸道石刻録

晋黄庭經

凡三本無書人名氏前二本大約類類題云永

和十二年山陰縣寫石在越州後一本其後不完不知石所在集古録目

齊桐柏山金庭館碑

南齊征虜將軍南清太守司徒左長史揚州行事沈約造揚州刺史驃騎記室倪珪之書據記稱永泰中定居桐柏嶺因地名建館曰金庭宫命置道士十人而已爲之首蓋道士自叙之言非約所撰其謂造之者疑如後世所立碑之類爾碑以永元三年立集古録目

在剡縣東南七十二里本觀内齊永元三年正

月七日立訪碑録

隋禹廟碑

隋史陵正書大業二年五月立其文字磨滅十五六而其末隱隱可辨云會稽郡缺二字史陵書筆法精妙不減歐虞按張懷瓘書斷云褚遂良嘗師史陵蓋當時名筆也今此碑磨滅而僅存世之藏書者皆未嘗有非余收録之當則遂不復見于世矣金石録

唐虞世南碑

貞觀二年閏二月五日立在會稽縣南二十里

訪碑録

唐龍泉寺碑

唐虞世南撰布衣董鏧重書沙門好直篆額大周天授二年立大和六年再建在餘姚諸道石刻録

周谿州司馬康遂誠墓誌

行書不著書撰人名氏君諱遂誠字筠會稽山陰人仕至谿州司馬長壽二年四月二十日卒以三年正月二十四日與夫人柳氏同歸窆于蘿渚山之舊塋新增

唐賀知章二告

一延和元年八月

一開元四年八月政和辛卯摹勒上石復齋碑録

唐龍瑞宫記

唐賀知章撰并正書開元二年立諸道石刻録

唐高行先生徐師道碣

唐姚奕撰序賀知章銘于嶠之書開元十一年四月立金石録

唐香巖寺碑

唐銀青光禄大夫康希銑撰越州刺史東海徐嶠之書香巖寺者本梁賈恩舊宅其妻捨充梵

守舊名同惠神龍中請而署焉碑以開元十一年六月立新增

唐秦望山法華寺碑

唐李邕撰并行書開元二十二年十二月金石錄

唐康公夫人許氏墓誌

唐王壽撰褚庭誨正書天寶五載五月二十五日立復齋碑錄

唐宇文顯山陰述

唐竇公衡撰杜陵史懷則分書并篆額天寶十三年甲午夏四月立在山陰復齋碑錄

懷則與惟則同時必其昆弟也惟則以八分著名懷則之書蓋不減惟則而初不見稱于當時者豈非其位不顯乎以此知士負其藝能或以垂名于不朽或遂湮没而無聞者蓋亦有幸不幸也若懷則之書非見録于余則遂泯没于後矣金石録

唐法華寺元儼律師碑

唐秘前書省正字萬齊融撰武部郎中徐浩書律師姓徐氏諸暨人居越州法華寺碑以天寶十五年六月立集古録目

唐休光寺法真師行業贊
唐王熖撰洪元睿集王羲之行書天寶十五年
立在餘姚諸道石刻録
唐龍泉寺常住田碑
唐萬齊融撰范的書諸道石刻録
唐徐浩光瑩題記
唐徐浩正書大歷九年十月
唐題寶林寺詩
唐會稽公徐浩撰并書集古録目
唐謁禹廟詩

唐徐浩撰并書訪碑録

唐台州刺史康希銑碑

唐顔真卿撰并書大歷十二年立在離渚官遣匠摹本爲村民擊碎諸道石刻録

唐南鎮會稽山神永興公祠堂碣

唐試左衛威兵曹參軍羊士諤撰試太子正字韓抒村書韓芳明篆額唐封會稽山神爲永興公貞元年奉詔禱祠作此銘無刻石年月

唐嘉祥寺大覺禪師影堂記

唐崔元翰羊士諤書貞元元年諸道石刻録

唐復禹廟冠冕記

唐崔及撰馬積正書元和三年十月立在城東

禹廟内諸道石刻録

唐禹廟詩

唐浙東觀察使越州刺史薛苹詩不著書人名

氏苹初至鎮易禹廟金紫服以冠冕後因祈雨

作此詩其和者鹽鐵轉運崔述等凡十七首集古

録目

唐杭州司士盧君第二女墓表

唐林賈詞元和六年秋八月庚寅立復齋碑録

唐建南鎮碣記

唐孟簡撰陳構正書元和十年十月金石録

唐孔子弟子贊

唐明皇源乾曜盧從愿李杭元行冲張嘉貞宋璟陸餘慶姚元崇蘇頲裴漼撰正書無名氏篆額元和十年十二月刺史孟簡立在州學復齋碑録

唐庚肩吾孟簡經禹廟詩

唐庚肩吾孟簡撰謝楚行書元和十一年八月復齋碑録

唐禹穴碑

唐鄭魴序元積銘韓杼村行書寶歷二年九月立金石錄

唐春分投簡陽明洞天并繼作

唐元威明白居易撰王璹分書劉蔚篆額大和三年正月十五日立在龍瑞宫復齋碑錄

唐杜義墓誌

沙門義述大和三年四月二十四日瘞復齋碑錄

唐寧賁禪師塔銘

唐沈約撰并行書沙門潭鏡八分書額大和五

年九月建在山陰縣界昭福寺復齋碑録

唐大龍興寺惠崇大師碑

釋好直述門人宗易行書大和五年十月十五日建在餘姚復齋碑録

唐法華寺詩

唐越州刺史李紳撰徐浩書大和八年刻集古録目

唐李紳撰後自序題云大和甲寅歲遊寺刻詩于壁詳自序所言似紳自書然以端州題名較之字体殊不類集古録

唐修龍宫寺碑

唐李紳撰行書無姓名大和九年四月立

唐王士倫墓誌

大和九年紛于暨陽諸道石刻錄

唐修阿羅漢塔記

沙門知白述王辭正書開成二年九月八日立

在餘姚復齋碑錄

唐越州都督府戶曹參軍齊君墓誌

樂安蔣環撰無書人姓名開成三年正月終四月窆于會稽玉笥山之南原復齋碑錄

唐開元觀夏尊師墓誌

唐何得一述正書無姓名會昌元年二月十九日卜宫于陶朱峰在諸暨復齋碑録

唐尊勝經幢

唐奚㦂行書會昌元年六月復齋碑録

唐五大夫市新橋記

唐周援書會昌三年月属無射二十有九日建在會稽虞江之東

唐賜李褒改大中禹迹寺勅

大中年刻復齋碑録

唐戒珠寺記

唐衢州刺史趙璘撰貝靈該八分寺以會昌中被廢宣宗初復立碑以咸通元年正月立集古録目

唐大慶寺衆尼粥田記

唐裴潘述王隨正書并額咸通三年十月二十七日立

唐平察徽墓誌

咸通三年八月窆于陶朱鄉赤山之崗諸道石刻録

唐瑯琊王子琚墓誌

唐李修撰陳郅行書咸通三年十一月二十日在上虞復齋碑録

唐彭城劉府君墓誌
唐楊珪撰咸通十年在諸暨

唐大慶寺復寺記
唐貝靈該八分書并篆額咸通十一年二月二十日立復齋碑録

唐魏絪府君墓誌
唐陳子藴撰正書無姓名咸通十一年十一月一日刻復齋碑録

唐尊勝經幢
唐王鍞書并鐫字咸通十三年八月閩人銖等

造在戒珠寺復齋碑録

唐尊勝經幢

唐王修己書咸通十五年復齋碑録

唐尊勝經幢

唐陳霊欣書咸通十五年復齋碑録

唐浙東都團練董詡墓誌

唐魯郡祝知微撰正書無姓名詡字正臣乾符四年終在山陰復齋碑録

唐平陽霍夫人李氏墓誌

乾符六年復齋碑録

唐滕夫人墓誌

廣明元年復堂碑錄

唐侯官令魏公墓誌

袁述中和元年復堂碑錄

唐立晉王右軍祠堂記

從十一代孫師乾撰無書人名氏在城内戒珠

寺諸道石刻錄

雲門寺畫華嚴經變讚

馬鴻翥篆田琦分書復堂碑錄

石氏所刻歷代名帖

周穆王吉日癸巳
鍾繇力命表
王右軍蘭亭記
海字樂毅論
獻之十三行洛神賦
集正書筆陣圖
玉枕尊勝呪
褚遂良草陰符經
虞世南破邪論序
顔魯公論座位帖
顔魯公祭姪文
顔魯公鹿捕帖
柳公權消灾经
白樂天詩簡

秘閣續帖十卷蘭亭續帖六卷

在州學

蔡邕石经遺字
鍾繇墓田丙舍帖
黄庭经遺字帖
東方先生畫像贊
晋賢書曹娥碑
歐陽詢書心经
褚遂良小字陰符经
褚遂良度人经
顔魯公寒禽帖
顔魯公祭伯父文
顔魯公寫伏波帖
柳公權清淨经
柳公權泥甚帖

婺州

春秋戰國皆屬越秦屬會稽郡二漢因之吳孫皓分置東陽郡晉宋齊因之梁置金華郡陳因之隋平陳郡廢置婺州以當天文婺女之分為名大業初州廢復置東陽郡唐武德四年置婺州天寶元年曰東陽郡石晉勝武陞勝軍節度皇朝淳化元年改寶寧軍今縣七

金華 東陽 義烏 蘭溪 永康

梁智者法師碑

梁太子綱撰天監中武帝執弟子禮大同光中歸寂 諸道石刻錄

陳善慧大士碑

陳侍中尚書左僕射領大著作徐陵撰陳大建五年太歲癸巳七月五日書吴興吴文純刻字碑陰紀大士問答語并題眷屬禮越弟子名復齋碑録

陳知善闍黎碑

陳侍中金紫光禄大夫王名缺撰大建五年五諸道石刻録

陳惠集法師碑

陳大建六年尚書左僕射領國子祭酒豫州太中正周宏正撰諸道石刻録

唐赤松巖寺碑

唐進士劉處仁撰垂拱四年六月立諸道石刻録

唐寶嚴院千歲和尚碑

僧宗一撰開元二年四月立諸道石刻録

唐張長史千文

乾元二年復齋碑録

唐涼泉寺碑

僧法珪撰蔣峦行書大曆十年一月八日

唐東陽令戴叔倫去思頌

唐陸長源撰李秋寔八分書興元二年五月二

十八日建在本縣學復齋碑録

唐溫州安固令王懷瓚墓誌

正書無書撰人姓名貞元十三年十一月甲申

窆于郡城復齋碑録

唐靈隱寺東峯新亭記

唐馮宿撰釋乾覺正書貞元十七年十一月七

日己丑建在蘭溪復齋碑録

唐普安院左溪大師碑銘

唐檢校吏部員外郎李華撰孫承釗毛如浦等

行書篆額大和九年十二月二十五日立在浦

江碑録復齋

唐法華寺碑

唐鄭路撰陳修古正書并篆額會昌二年正月

立在東陽碑録復齋

唐法隆寺經幢

大中十一年立諸道石刻録

唐盧府君廟記

大中十一年立諸道石刻録

唐轉輪經藏記

刺史裴翻撰咸通八年立諸道石刻録

太平寺尊勝經幢

唐何重環書咸通六年五月立 諸道石刻録

唐俱胝院石幢記

唐陳孝恭撰咸通十年八月立 諸道石刻録

唐崇建寺重雲大師真身記

唐進士李篆撰李衢篆額乾符三年立 復齋碑録

唐武威侯廟記

唐進士唐嚴撰廣明元年二月立 諸道石刻録

唐再建大廳記

唐前福川觀察支使沈光撰廣明二年十月立

唐還珠記 諸道石刻録

唐浙東觀察使元稹撰 諸道石刻録

唐聖壽寺碑

唐拾遺綦毋潜撰 諸道石刻録

唐和安寺碑

唐明州鄞縣尉邵朗撰 諸道石刻録

唐西安寺碑

唐右庶子致仕滕白撰 諸道石刻録

後唐鶴嚴院記

清泰三年七月立在金華諸道石刻錄

晉樂安院記

僧慧月撰僧紹清正書晉天福八年十一月十八日立在蘭溪復毖碑錄

晉興法院記

開運三年七月立諸道石刻錄

漢靈應鍾銘

乾祐五年諸道石刻錄

周明昭院禪主和尚壽塔記

大理評事章仁安撰廣順三年六月立在武義

諸道石刻録

周普濟院記

張廷珙撰顯德三年立在義烏石今亡 諸道石刻録

周永寧院記

進士張安世撰顯德四年四月立在蘭溪 諸道石刻録

明州

秦屬會稽郡漢已降因之唐開元二十六年採訪使者齊澣奏以越之鄮縣置以境省四明山爲名天寶元年曰餘姚郡朱梁陞爲望海軍節度

皇朝建隆二年改

奉國軍今縣六

鄞縣　奉化　慈溪

定海　象山　昌國

唐小字道德經

唐明皇注八分書不著名氏開元二十七年立集古録目

小字八分書不著書人名氏或云石在明州今亡矣字畫精妙見者多疑爲明皇書而知非

者以其首但題御注而不云御書也碑以開元二十七年立集古録

唐聖主興明故魯先聖文宣王頌

唐李處祐撰并書王延璬鐫并篆額天寶九年九月七日立復齋碑録

唐刺史裴儆紀德碣

唐越州刺史浙江東西節度副使王密撰集賢院學士李陽冰篆裴公名儆代宗時為明州刺史歲滿罷去州人為之立碑不著刻石年月集古録目

唐王密撰李陽氷篆并古文額大歷八年立建

炎中焚毁今有重列本復齋碑録

唐刺史裴儆紀德碣

唐王密撰八分書姓名残缺復齋碑録

唐董黯孝子碣

唐明州刺史在殷撰前吏部侍郎集賢院學士

徐浩書孝子後漢人名黯字叔達句章人也和

帝時殺其鄉人以報親讐召拜郎中不受大歷

中殷為刺史葺其祠宇以大歷十二年二月立

此碑集古録目

唐刺史王密德政碑

唐浙東觀察判官李舟撰太子少師顏真卿書國子監丞李陽冰篆額王公名密德宗初自作明州移為湖州刺史州人潘瀾阮律等請立遺愛碑以建中二年十月立并勑書同刻勑徐浩所書也集古録目

唐文宣王廟碑

唐前侍御史裴　碑缺　八分書篆額貞元四年正月旬有一日建復齋碑録

唐南樓詩

唐陳右撰胡師模八分書元和二年十二月立金石録

唐天童巖寺太白禪師塔銘

唐范的撰并書元和乙未建復齋碑録

唐移州城記

唐韓杼材撰韓泉正書并篆額長慶二年歲次壬寅立復齋碑録

唐天童巖寺碣

唐范的撰并書篆額長慶三年仲春復齋碑録

唐清泉寺大藏經記

唐韓杼材撰并行書劉尉篆額大和二年九月
立金石錄

唐新修文宣王廟記

唐鄭楚南撰令狐驤正書篆額大和六年二月
十五日立復齋碑錄

唐封孔子為文宣王冊

唐玄宗御製行書無名大和七年七月十九日
明州刺史于季友建復齋碑錄

唐阿育王寺常住田記

唐萬齊融撰范的行書大和七年十二月刺史

于季友重立元碑乃徐嶠之書復齋碑録

唐大梅山常祖師還源碑

唐江積撰并正書開成五年七月諸道石刻録

唐蓬萊觀碑

唐孫謙卿撰貝靈該分書正方外篆額大中二年六月十九日建在象山諸道石刻録

唐重置開元寺碑

唐陶祥撰劉歷之分書并篆額大中八年七月立復齋碑録

鮑君廟記

楊倫書諸道石刻録

温州
春秋屬越秦二漢屬會稽郡吳屬臨海郡晉明帝置永嘉郡宋齊梁陳因之隋平陳郡廢屬處州大業初屬永嘉郡唐武德五年置東嘉州貞觀元年州廢屬括州上元二年置温州天寶元年曰永嘉郡石晉陞靜海軍節度
皇朝太平興國二年降軍事今縣四
永嘉　平陽　瑞安　樂清

唐海濤志

唐竇叔蒙撰其書六篇二曰海濤志二曰濤歷三曰濤日時四曰濤期五曰朔望體象六曰春秋仲月漲濤解余嚮在揚州得此志甚愛之張于座右之壁異於朝夕見也已而夜為風雨所

壞其後求之几十五年而復得斯本以示京師好事者皆云未嘗見也集古錄

海濤志濤歷濤日時濤期朔望體象春秋仲月漲濤解凡六篇唐竇叔蒙撰其說以月朓朒候濤汐之進退并竇氏濤日時疏一篇越州刺史孟簡撰皆陶從書未亘題額不著刻石年月集古錄目

唐仙岩四瀑布詩

路應等唱和行書貞元七年三月金石錄

唐置玉清觀制

乾寧四年諸道石刻録

台州

春秋戰國屬越秦屬會稽郡二漢因之吴置臨海郡晋宋齊梁陳因之隋平陳郡廢屬處州後屬永嘉郡唐武德四年置海州五年改為台州天寶元年曰臨海郡皇朝因之今縣五

臨海　黄巖　寧海
天台　仙居

唐普濟寺碑

唐許敬宗撰　訪碑録

唐台州司馬韓公素真賛

天台峯白雲撰并書先天元年刻　諸道石刻録

唐玄宗真容應見制

開元二十九年六月一日下臨海太守賈長源刻輔崇儀八分書復齋碑録

唐桐柏觀碑

唐祠部郎中崔尚撰翰林院學士慶王府屬韓擇木八分書天台山有廢道宮相傳以為晉葛玄所居唐景雲初詔建為桐柏宮道士司馬子微葺而成之碑以天寶元年三月立集古録目

唐宋德遇墓誌

唐金濟時撰正書無名元和三年刻諸道石刻録

唐天台佛隴禪林寺記

唐陳讓撰徐放書元和六年五月立在天台復齋碑録

唐智者大師修禪道場碑

唐梁肅撰徐放書陳修古篆額元和六年立在天台復齋碑録

唐柳泌主清行

隱居台州刺史柳泌述并書元和十四年歲在己亥九月十五日建在天台復齋碑録

唐柳泌題瓊臺詩

總仙刺史柳泌無年月正書磨崖天台復齋碑録

唐白卽岩記

唐王　撰何歸儒分書篆額寶歷元年閏七月八日建（復齋碑錄）

唐修桐柏宮碑

唐浙東團練觀察使越州刺史元稹撰并書台州刺史顏顒篆額桐柏宮以景雲中建道士徐靈府等重葺碑以大和四年四月立（集古錄目）

唐天台禪林寺智者大師畫像賛

唐顏真卿撰顏婭顒正書男汝王篆額大和四年冬季月建（復齋碑錄）

唐智者大師畫像贊

唐顔真卿撰沙門行昉八分書諸道石刻錄

唐佛龕大師碑

唐韓 撰張抱元正書大和六年諸道石刻錄

唐長生田記

唐顔顒撰何歸儒書并篆額諸道石刻錄

唐赤城山中岩寺碑

沙門神邕撰牛僧孺書開成元年復齋碑錄

唐蒼山廟記

唐宋誠撰分書無姓名篆額會昌六年十月記

復齋碑錄

唐國清寺額

唐柳公權書大中七年八月八日僧澄觀乞額狀及柳公權批答刻諸道石刻錄

唐天台導元院記

唐張仁顔撰道士葉瓊彥書道士葉孤雲分書額文德元年十一月立復齋碑錄

漢重修法空大師塔亭碑

臣彙征奉制撰臣程延翰奉制書乾祐三年九月六日庚午建復齋碑錄

處州

春秋戰國屬越秦屬會稽郡二漢因之
吴置臨海郡晉屬永嘉郡宋以後因之
隋開皇九年平陳置處州十二年改為
括州大業初州廢置永嘉郡唐武德四
年復置括州天寶九年改曰縉雲郡大
歷四年避德宗名改為處州
皇朝因之
今縣六
麗水　龍泉　松陽
遂昌　縉雲　青田

宋石門頌

大宋元嘉十有九年歲在壬午刊而記諸在青
田縣界復齋碑録

唐有道先生葉國重碑

唐松陽令李邕撰并書國重道術之士字雅鎮南陽葉縣人碑以開元五年三月立集古録目

余集古所録李邕書頗多最後得此碑於蔡君謨君謨善論書為余言邕之所書此最為佳也集古録

李邕既為撰碑而難於書法善追其龜而書之世號追龜碑其閒用字多差誤是時夜艾鐘鳴李公書未畢而覺碑因存而不易續以碑示邕邕笑曰初以為夢今果然耶葉法善傳

俗號追龜碑紹興十四年太雷碎其石諸道石刻録

唐贈歙州刺史葉慧明碑

唐松陽令李邕撰，國子監太學生韓擇木八分書。慧明字道昭，南陽人，隱居學道。玄宗時，子法善以道術顯，爲鴻臚卿，追贈慧明歙州刺史，碑以開元五年七月立。集古録目

唐吏隱山記

唐李陽冰撰，在縉雲。復齋碑録

唐李陽冰殘碑凡數百字，雖首尾不完，文字缺滅，而歷歷可讀。其間多述山水景物。其最後曰：名之曰吏隱山，又曰：時唐百二十九載，以歲次

推之則天寶五載也集古録目

唐淳和觀鐘銘

唐郭階撰郭陽正書乾元二年正月十五日建

復齋碑録

唐城隍廟記

唐縉雲令李陽冰撰并篆書陽冰禱廟而雨因移建于山上碑以乾元二年八月立在縉雲縣

集古録目

陽冰為縉雲令遭旱禱雨約以七日不雨將焚其祠既而雨遂徙廟于西山陽冰所記云城隍

神祀典無之吴越有爾然今非止吴越天下皆有而縣則少也集古錄

唐重修文宣王廟記

唐縉雲令李陽冰撰并篆陽冰為縉陽雲令重修孔子廟像碑以上元二年七月刻在縉雲縣集古錄目

唐忘歸臺銘

無刻石年月在縉雲縣集古錄目

唐李陽冰撰并書此銘及孔子廟城隍神記三碑並在縉雲其篆刻比陽冰平生所篆最細瘦

世言此三石皆㓗歲久漸生刻處几合故細爾

然時有數字筆畫特偉勁者乃真蹟也集古録

集古録云此銘及孔子廟城隍神記三碑並在

縉雲其篆刻比陽氷平生所篆最細瘦世言此

石皆㓗歲久稍生刻處几合故細爾恐無是理

若果爾更加以歲月則遂無復有字矣此數碑

皆陽氷在肅宗朝所書是時年尚少故字畫差

疎瘦至大歷以後諸碑皆暮年所篆筆法愈淳

勁理應如此也金石録

唐李氏瞿尊銘

唐李陽氷撰并篆无刻石年月在縉雲復齋碑録

唐阮客舊居詩

唐縉雲令李陽氷撰并篆書阮客隱者也碑无刻石年月在縉雲集古録目

詩云阮客身何在仙雲洞口横入間不到處今日此中行阮客者不見其名氏盖縉雲之隱者也彼以適俗為高而終以无名于後世可謂獲其志矣然聖人有所不取也陽氷欲稱其人而不顯其名字何哉豈阮客見稱于當時而陽氷不慮于後世耶夫士固有顯聞于一時而泯沒

于後世者矣顧其道何如也陽冰篆字世傳多矣此磨滅而僅存尤可惜也集古録

集古録以為陽冰作驗其姓名乃縉雲令李名㽦非陽冰也其字畫亦不工盖陽冰肅宗上元中嘗令縉雲其篆字石刻尚多有存者故歐陽公亦誤以此詩為陽冰作金石爾録

唐石門洞記

唐李陽冰撰并篆在青田諸道石刻録

唐石門山瀑布記并詩

唐竇公衡記并裴士淹詩並八分書後有謝靈

運立希範詩并希範六代姪丹和詩大歷中陳恒賛書諸道石刻録

唐石門山記

唐刺史李季貞篆書建中四年十一月立復齋碑録

唐仙都山銘

唐李敬仲撰王光行書篆額貞元三年冬十月甲申樹復齋碑録

唐仙都山銘

唐張薦撰正書無姓名篆額貞元三年冬十月

十日題復齋碑録

唐孔子廟碑

唐韓愈撰任迪行書大和三年建金石録

唐麗陽廟記

唐張礎撰張道衡正書任漢藩篆額大中九年

五月戊申朔二十日乙卯建復齋碑録

唐仙都山黄帝祠堂碑

唐袁隲撰雲遊子正書篆額咸通八年立復齋碑録

衢州

自隋以前地里與婺州同唐武德四年平李子通折婺州之信安置衢州以州西三衢山為名天寶元年曰信安郡皇朝因之今縣五

西安　江山　龍遊
常山　開化

唐西楚霸王祠堂記

唐賀蘭進明撰賀蘭誠行書姚韓卿篆額天寶十三年十月八日建復齋碑録

唐徐偃王廟碑

唐徐安貞撰張宙正書大歷八年十月立金石録

唐徐偃王廟碑陰記

唐張宙撰并八分書大歷八年十月立金石録

唐韋公鐫信安郡王登石槁詩記

詩嗣江王禕撰記嚴綬撰韋蕣書并篆額貞元三年正月九日刺史韋光輔建

唐徐偃王廟記

唐于皐謨撰正書无姓名貞元十年秋八月立復齋碑録

唐徐偃王新廟碑銘

唐邵令鈌撰姚賛分書順宗永貞元年十一月建復齋碑録

唐遊石橋記并詩

唐刺史陸庶撰次男綜正書元和元年三月十八日刻復齋碑録

唐遊石橋序并詩

序謝良弼撰詩劉迴李幼卿李深謝劇羊滔撰元和七年十二月十二日

唐徐偃王廟碑

唐韓愈撰元錫正書元和十年十二月立復齋碑録

唐東武樓碑

唐崔耿撰正書元姓名會昌二年立諸道石刻録

唐東武樓碑陰詩

東武樓新成崔耿作會昌二年九月鐫 復齋碑録

寶刻叢編卷第十四

錢塘陳　思　纂次

两浙西路

臨安府

大都督府春秋屬越戰國屬楚秦屬會稽郡漢因之東漢順帝以後屬吳郡晉屬吳興吳二郡宋齊梁因之陳置錢塘郡隋開皇中郡廢置杭州大業初州廢置餘姚郡唐武德四年置杭州天寶元年曰餘杭郡
皇朝陞鎮海軍節度淳化五年改曰寧海軍　今縣九

錢塘　仁和　餘杭　臨安　富陽
於潛　新城　鹽官　昌化

漢候鉦銘

四十二字淮下兩字缺有云新始建國元年蓋王莽以始建國冠所改年號紹興初金州耕者耕得之大守郭浩致于宣撫司後以進御府志録資古紹

候鉦四十二字缺二字王莽地皇二年所作紹興中出于金州今在毗陵胡承公家漢罷如館陶釜甘泉内者鐙之類雖非彝鼎間古文蓋猶是篆體獨此器所書有波畫字尤清勁與漢末筆法無異孰謂西都隸字皆古拙乎隸續

晉関内侯廣昌長暨遜碣

咸和中湖州刺史孔彭立在餘杭訪碑録

晉郭文碑

咸和中湖州刺史孔彭立在臨安訪碑録

晉孝婦嚴氏碑碣

咸康六年立在餘杭訪碑録

梁関内侯盛紹遠碑

天監中聚徒教授殁後門人立碑在餘杭訪碑録

唐於潛縣令丁明府德政頌

唐殷亮撰并書公名君表字元章麟德二年三月九日立諸道石刻録

唐韋同遊富春題
分書長安二年十二月諸道石刻録
唐龍興寺碑
唐盧李詢撰李涉八分書景龍四年四月金石録
唐華嚴玄覽律師碑
唐工部侍郎徐安貞撰練議大夫褚庭誨書法師庭誨之諸父也爲杭州華嚴寺僧碑以開元十五年八月立集古録目
唐臨安縣主簿宅記
唐陸曾分書并篆額天寶五年七月建復齋碑録

唐前餘杭令陳允昇德政碑

唐李舒撰上元二年立在本縣内訪碑録

唐天柱山天柱宫記

唐吴筠撰并書萧昭題額大歷五年立訪碑録

唐徑山大覺禪師國一影堂記

唐崔元翰撰羊士諤正書貞元九年二月八日立復齋碑録

唐徑山大覺禪師碑

唐王顔撰王偁正書貞元十年十一月金石録

唐内供奉道士吴筠碑

貞元十年立在餘杭西十九里天柱觀内訪碑録

唐大覺禪師國一碑

唐崔元翰撰歸登行書并題額元和十年四月十五日建在徑山復齋碑録

唐胥山銘

唐杭州刺史盧元輔撰錢塘縣令王遂書山有子胥廟故以爲名以元和十年十一月立集古録目

唐大覺禪師碑

唐崔元翰撰胡季良八分書并篆額寶歷二年十一月立諸道石刻録

唐神仙觀碑

唐盛君玉撰郁文則行書篆額大和九年正月建復齋碑録

唐處士鍾離府君墓誌

唐吴郡沈鄯正書會昌三年十二月立在餘杭復齋碑録

唐大覺禪師碑

唐李吉甫撰蕭起正書大中八年十二月金石録

唐處士吴興姚澣墓誌

大中八年九月二十四日塟錢塘復齋碑録

唐大覺禪師塔銘

唐丘丹撰蕭起行書大中九年五月立金石録

唐郭寧墓誌

唐孫因餘撰能遂書大中中立復齋碑録

唐餘杭令劉允恭德政碑

在本縣內訪碑録

唐天目山銘

在於潛縣天目山上訪碑録

梁新建錢塘湖廣潤龍王廟碑

錢鏐記行書篆額貞明二年丙子正月十五日

庚午建（湲齋碑録）

梁新建功臣禪院記

錢鏐記貞明二年立在臨安縣（諸道石刻録）

吴越國王錢鏐題名

梁龍德元年十一月一日天下都元帥吴越國王錢鏐建置正書在南郊登聖寺磨崖（湲齋碑録）

後唐開慈雲嶺路記

篆書梁單閼之歲興建龍山至涒灘之歲開慈雲嶺蓋興建于梁貞明五年開嶺於唐同光二年碑在慈雲嶺（湲齋碑録）

後唐尚父吴越國王謚武肅神道碑
楊凝式撰翰林待詔張恭胤行書郭在徽篆額
長興五年正月立在臨安縣 漫齋碑録
吴越胡進思造傳大士像塔記
晋天福十年二月十一日惠龜記在郊壇側淨
明寺 漫齋碑録
吴越王題錢明觀槁記
吴越寶正六年歲次辛卯四月八日因建錢明
觀造此石槁吴越國王記 漫齋碑録
吴越加句尊勝呪幢

婺州浦江縣女弟子胡氏二娘寶大二年歲次乙酉十一月八日建在九里松觀音寺碑渡齋録

𨸏亭神祠碑于僧翰書諸道石刻録

驪峯寺記

悟空師碑

吴越國王成宗安陵題

江南李主書杜牧九日登高詩四碑並諸道石刻録

蘊州

平江府周初封泰伯為吳國春秋末為越所併戰國屬楚秦置會稽郡漢因之東漢順帝置吳郡晉宋齊梁陳皆因之陳兼置吳州隋平陳郡廢改州曰蘊州因姑蘊山為名大業初州廢復置吳郡唐武德四年曰蘊州天寶元年曰吳郡南唐陞為中吳軍節度皇朝太平興國三年改曰平江軍正和三年陞為平江府今縣五

長州　吳縣　崑山　常熟

漢外黃令高彪碑

故外黃高君碑隸額凡兩行石已損疑其上當有漢令二字紹興中吳郡取土於郭外而得之

令碑在郡齊高君舉孝廉步三署令外黃受經

于汝南許公受知于光祿勲楊公其舉將頴川太守文君諱廷尉遂損官以赴之道病而卒碣之所載頗詳獨其名字皆剥缺不可攷碑云光和七年龍在困敦月次鶉火六日丙申卒盖靈帝甲子年六月也是歲十二月改元中平又云中平二年龍斿奮若月次星紀龍舒范君來典鄗邦郎乙丑十一月也乃是述立碑之事文苑傳有高彪字義方吴郡無錫人傳云彪為諸生遊大學有雅才而訥於言郡舉孝廉試經第一除郎中校書東觀數奏賦頌奇文因事諷諫靈

帝異之弟五永使督幽州百官祖餞于長樂觀皆賦詩彪獨作箴蔡邕等美其文以為莫尚也後遷内黄令帝勅同僚臨送祖于上東門詔東觀畫像以勸學者彪到官有德政病卒詳史之所書甚與碑合家無錫而望姑蘊盖不遠也則知此乃高彪之碑無疑但傳以外黄作内黄一字之誤尔　隸释

魏鍾繇賀捷表

漢建安二十四年閏月九日上　諸道石刻録

晉樂毅論

永和四年書賜官奴首尾存中缺後有草書二行諸道石刻録

杜子恭墓碑

在西郭門外寰宇記

吴偏將軍淩統碑

在吴縣東北二十五里皐亭山東碑云統字公績吴興餘杭人也志毅果敢常爲前鋒寰宇記

宋湘東太守張濟女雅兒墓誌

宋故臨渭縣侯湘東太守張府君諱濟第三女雅兒春秋三十有一亡于編憂永徽元年十月

十七日權假窀窆于西鄉復齋碑録

梁張先師碑

梁昭明太子奉勅撰天監五年立諸道石刻録

梁太常卿陸倕墓誌

從子褒序湘東王蕭繹銘前一半磨滅僅有姓氏名字官爵皆不復存後有普通七年除太常卿字以其年六月卒塋吴縣陵山鄉碑末列祖父二兄四男名及官爵以南史攷之乃陸慧曉之子陸倕也按史倕字佐公累遷至太常卿卒復齋碑録

隋橫山頂舍利靈塔銘

嚴德盛製文魏瑗正書大業四年九月八日立

淩齋碑録

唐枯樹賦

唐褚遂良書庾信賦貞觀四年十月八日爲燕國公書凡四百六十七字

諸道石刻録

唐弘文館學士願君墓誌

正書无書撰人姓名乾封二年三月立碑已殘缺亡其前一段以事孜之蓋願胤也胤高宗朝爲弘文館學士司文郎中平姓名附見唐書令

狐德棻傳金石錄

唐陸景倩妻徐夫人墓誌

分書無書撰人名氏景雲元年九月六日立復齋碑錄

唐老子道德經幢

唐明皇八分書諸道石刻錄

唐春申君廟碑

唐吴郡太守江東採訪等使趙居貞撰前廣陵大都督府户曹參軍集賢院待制史惟則八分書并篆額吴郡有春申君故宫後人因以爲廟俗訛謂之城隍神居貞廣其制度更易塑像以

朱英酰饗改名曰黄相廟碑以天寶十年立集古録目

唐清遠道士詩

唐顔真卿李德裕追和諸道石刻録

唐畫龍記

唐李紳撰在長洲諸道石刻録

唐重建龍興寺碑

唐房琯撰序綦毋潛銘徐挺古分書貞元十四年十月十五日韋夏卿重刊立沈寧篆額渡齋碑録

唐龍興寺碑陰記

琯姪孫房楨述分書无姓名貞元單閼歲建卯之初日在營室以記碑陰乃貞元十五年二月也渡齋碑録

唐五龍堂記

貞元中立諸道石刻録

唐新開常熟塘記

唐劉允文撰劉苑正書元和四年二月立金石録

唐大德元浩和尚靈塔碑

唐崔恭撰并正書元和十四年十一月五日立

在虎丘復齋碑録

唐包山神景現林屋洞院記

開成三年立諸道石刻録

唐周先生住山碑

唐令狐楚撰諸道石刻録

唐武丘東山碑

唐陸東之撰諸道石刻録

唐報恩寺慧敏律師碑

陳諫撰元錫書諸道石刻録

後梁加句尊勝陁羅尼呪

開運三年四月復齋碑録

華山精舍記

明聖湖記

白樂天與劉禹錫書

三碑諸道石刻録

潤州

春秋屬吳戰國屬越後屬楚秦屬會稽鄣二郡漢屬會稽郡東漢屬吳郡吳王孫權初鎮丹徒謂之京城晉平吳置毗陵郡宋置南東海郡及南徐州梁改郡曰南蘭陵郡陳曰南東海郡自宋至陳常以京為口重鎮隋平陳郡廢開皇十五年置潤州大業初州廢屬江都郡唐武德三年復置潤州天寶元年改為丹陽郡後陞鎮海軍節度皇朝改鎮江軍今縣三丹徒丹陽金壇

吳季子墓十字碑

篆書凡十字曰烏乎有吳延陵季子之墓據張模從申記以為孔子書碑以堙埋玄宗命殷仲

容榻大歷十四年潤州刺史蕭定重刻于石 集古録目

前世相傳以為孔子所書據張從申記云舊石堙滅唐開元中玄宗命殷仲容摸搨其書以傳然則開元之前已有本矣至大歷中蕭定又刋于石則轉相傳摸失其真遠矣按孔子平生未嘗至吳以史記世家攷之其歷聘諸侯南不踰楚推其歲月蹤跡未嘗過吳不得親銘季子之墓又其字時大非古簡牘所容第以其名傳之久不可遽廢故録之以俟博識君子 集古録

自唐以来相傳為孔子書大歷中𠜂定再摸而刻之余覽史記家語及秦漢以前諸子凡孔子與學者談議問荅是非褒貶纖悉必載其間荒誕之說寔非出于聖人附託書之者固有之矣況于季子之賢孔子親銘其墓不應略不見称于前世至唐而始傳也又碑銘始于東漢孔子時所未有而其字畫乃故為奇怪以欺駭世俗者非孔子書無疑蓋好事者偽為尓故余特為之以解来者之惑後有博識之士當以余言為然金石録

自前世以来傳爲孔子書故太白撰紫陽先生銘有延陵既殁仲尼嗚呼之語字苑亦云李陽冰初師嶧山碑後見仲尼季札墓刻遂變化開闔若龍蛇蟠踞自言斯翁之後直至小生曹喜蔡邕不足比數此碑大歷十四年蕭定再刊本然必謂吾夫子書於何所據也集古後錄

瘞鶴銘

称華陽真逸撰不著名氏不知其何時人潤州圖經以爲王羲之書銘刻于焦山之足常沒水中人候水落時模之不過得其數字此本几七

十字最為多也

題云華陽真逸撰刻於焦山之足常為江水所没好事者伺水落時模而傳之往往祇得其数字惟余所得六百餘字獨為多也按潤州圖經以為王羲之書字亦奇特然不類羲之筆法而類顔魯公不知何人書也華陽真逸是顧况道號令不敢遂以為况者碑無年月不知何時疑前後有人同此號者也集古録

題華陽真逸撰莫詳其為何代人歐陽公集古録云華陽真逸是顧况道號全遍檢唐史及况

文集皆無此號惟況撰湖州刺史廳記自称華陽山人尔不知歐陽公何所據也金石録

資政邵公亢嘗就焦山下缺石攷次其文如左其不可知者闕之故差可讀然文首尾似粗可見雖文全亦止此百餘字尔而歐陽公集古録謂好事者往往只得數字唯余所得六百餘字獨為多矣蓋印書者傳說誤以十為百當時所蓋六十餘字故云比數家本為多此銘相傳為王右軍書故蘇舜欽子美詩云山陰不見換鵝經京口新傳瘞鶴銘文忠以為不類王法而類

顏魯公又疑是頤況之道號同人疑是王瓚僕今審定文格字法殊類陶弘景弘景自稱華陽隱居今曰真逸者豈其別號歟又其著真誥但云己卯歲而不著年名其他書亦爾今此銘壬辰歲甲午歲亦不書年名此又可證云壬辰者梁天監十一年也甲午者十三年也按隱居天監七年東遊海嶽權駐會稽永嘉十一年始還茅山十一年乙未歲其弟子周子良仙去為之作傳即十一十三年正在華陽矣此銘後又有題丹陽尉山陰宰數字及唐王瓚詩字畫

亦類似瘞鶴但筆勢差弱當是効陶書故題于石側也或以銘即瓚書誤矣王逸少以晉惠帝大安二年癸亥歲生年五十九至穆帝升平五年辛酉歲卒則成帝咸和九年甲午歲逸少方年三十二至永和七年辛亥歲年三十八始去會稽而閒居則不應三十二年已自称其逸也又未官于朝及閒居時不在華陽以是攷之此銘決非右軍也蜀

朱方鶴銘陶貞白書在焦山下石頑難刊且為水泐故字無鋒穎若掘筆書昧者從而効之滌

可一笑並東觀餘論

冬日陪群公泛舟詩

譎丹陽功曹掾王瓚撰在瘞鶴銘傍字畫亦同諸道石刻録

在瘞鶴銘傍其字畫正同蓋一人所書也題摘丹陽功曹掾而不見其名詩與書皆工然世頗罕傳金石録

宋文帝神道碑

太祖文皇帝之神道凡八大字而别無文詞惟以此為表織尔古人碑刻正當如此而後世鐫

刻功德爵里世系惟恐不詳然自後漢以來門生故吏多相與立碑頌德矣余家集古所録三三以來鍾鼎彝盤銘刻備有至後漢以後始有碑文欲求前漢時碑碣卒不可得是則冢墓碑自後漢以來始有也此碑無文疑非宋世立蓋自漢以來碑文務載世德宗氏子孫必未能超然獨見復古簡賛又南朝士又氣尚卑弱字書工者率以纖勁清媚為佳未有偉然巨筆如此者益疑後世所書集古録

梁招隱剎下銘

梁晉安王蕭綱撰不著書人名氏招隱寺剎王之所建也王後即位是爲簡文帝碑以普通三年九月立集古録目

唐荆王神廟碑

唐孫處玄撰正書无姓名先天二年三月立復齋碑録

唐荆王神祠記

唐張文瑾撰正書无姓名先天二年八月立復齋碑録

唐譙郡栢氏墓碑

分書無書撰人名氏篆額開元十五年八月十五日建復齋碑録

唐重修季子廟記

唐蕭定撰張從申正書大歷十四年八月金石録

唐縣令盧國遷建季子碑記

建中元年立在季子廟集古録目

唐縣令鄭播謁孔子廟題名

貞元三年集古録目

唐招隱寺朗然律師碑

唐柳識撰釋常靜正書并篆額建中三年撰文

貞元五年十一月七日樹碑復齋碑録

唐玉蘂花詩

唐潤州刺史李德裕洪州刺史沈傳師贈荅玉蘂花詩二首皆傳師書集古録目

唐瘞舍利記

唐李德裕撰大和三年二月十五日立復齋碑録

唐華中允墓誌

碑石磨滅書撰人及中允名皆亾咸通八年刻集古録目

唐尊勝陁羅尼經

唐于僧翰八分書咸通五年譙郡夏穆建集古録目

僧翰筆畫雖遒勁然失分隸之法遠矣所以録者亦自成一家而為流俗所貴故聊著之庶知博采之不遺尒集古録目

唐尊勝陁羅尼經幢

在今潤州墨寶亭中唐雲陽野夫王奐之書字畫頗為世俗所重故録之以備廣採集古録

唐封忠烈公隋司徒陳君新廟碑

唐頎雲撰正書姓名殘缺篆額乾符六年十月立復齋碑録

南唐重復練塘銘

呂延真述并書昇元七年刻并李華所述復練塘頌亦延真書（渡齋碑録）

湖州

春秋屬吳吳滅屬越戰國屬楚秦屬會稽鄣二郡漢屬會稽丹陽二郡東漢屬吳郡吳孫皓分置吳興郡晉宋齊梁陳因之梁兼置震州隋開皇九年平陳郡廢仁壽中置湖州大業初州廢屬餘杭吳二郡唐武德四年復置湖州天寶元年復曰吳興郡周陞為宣德軍節度皇朝景祐元年改昭慶軍今縣六

烏程　歸安　安吉

長興　德清　武康

漢梁相費君碑

隸書不著書撰人名氏君名汎字仲慮官至梁相碑不載其鄉里及刻石年月集古錄目

其額題漢故梁相費君之碑碑云梁相諱汎字

仲虙此邦之人也其先季父爲魯大夫有功封費因以爲姓秦項兵起避地於此遂留家焉碑無建立年月金石録

漢故梁相費府君之碑篆額費君名汎堂邑令鳳九江太守政之父也鳳以威宗熹平中卒碑載二子所終之官此蓋其孫均所立故其銘有穆穆顯祖之句隸釋

漢堂邑令費君碑

碑云惟熹平六年無射之月堂邑令費君寢疾卒嗚呼哀哉於是夫人元弟卜胤追而誄之其

後有銘詩碑所述費君事不甚詳悉而其名字世次官秩具載於碑陰金石録

漢故堂邑令費君之碑篆額費君名鳳自郎中嘗宰新平故鄣堂邑三縣以靈帝熹平六年卒其妻之弟卜君追誄之乃作此碑其後有門下功曹題名者九人隸釋

漢堂邑令費君碑陰

漢石勛撰隸書不著名氏鳳字伯簫漢安中歷守故鄣堂邑長勛自稱鳳舅家中孫文悉爲五字句不著所立年月集古録目

碑云君諱鳳字伯鸞梁相之元子九江太守之長兄也其後爲五字韻語詞頗古雅而時時殘缺不可次叙其前題君舅家中孫甘陵石勛字子才所述云金石録

伯鸞碑陰者石子才之所作也子才甘陵人自稱君舅家中孫睠彼碑誄不堪哀思而叙之以詩也其詩有云中表之思情兄弟與甥舅蔦與女蘿性樂松之茂好聞君顯令名舉宗爲歡喜不寤奄忽終藏形而匿影人云策馬循大道褰裳而涉洧惴惴之臨穴送君於𡋯土末又云一

别會無期相去三千里絶瀚永忼慷泣下不可止賢哉石君不遠三千里而會中表之喪也今之人以貴陵賤以富忽貧薄思敗禮喜不慶憂不弔者幾何人也嗚呼觀此碑者情友親學之心可不悠然而生矣集古後録

費鳳别碑刻舅家中孫甘陵石勛詩一篇其辭云瞻彼碑誄懷之好音謂卜君所作也其詩先叙世系歷官繼以韻語六十句其三句六言餘皆五言石君蓋鳳之中表也所述兄弟甥舅諸姑伯姊夫人孝孫悲傷哀痛之意宛轉淒切費

氏父子三碑今並列于吴興校官之壁不知者

指此爲碑陰趙氏亦有斯誤隷釋

陳烏程縣孝義寺塔銘并陰

釋慧景製天嘉二年立

碑陰吴興太守武陵王碑缺禎明元年八月復齋碑録

唐尊勝經幢

沙門明迥述正書開元五年五月建諸道石刻録

陳孝義寺碑并陰

陳人徐陵撰十世孫徐嶠之正書開元二十二

年正月十五日立在烏程復齋碑録

初陳徐陵爲孝義寺碑至開元十三年陵十世孫徐嶠之爲湖州刺史再書而刻之因記其事於碑陰金石録

徐陵文非佳而頗有内典故事又徐嶠之書有法故漫録之東觀餘論

唐吏部常選沈待瑗墓誌

開元二十四年十二月刻復齋碑録

唐烏程令常承慶德政碑

唐沈務本撰沈仲昌正書肅宗至德二年二月立金石録

唐金剛經尊勝經二石幢

唐朝議郎行河南府河陰縣主簿上柱國沈洽建太原郭彤書乾元元年八月三十日立新增

唐宣州博士沈縉墓誌

唐韋貞撰正書無名乾元二年十一月五日祔于東主（玉）山在武康縣復齋碑録

唐封孔子為文宣王詔

唐明皇撰開元二十七年下大歷四年十月一日孫沛建王全榮行書倒薤額復齋碑録

唐修建功德碑

唐湖州刺史蕭公創建佛室造三世佛及諸功
德等銘武康令韓章撰前衢州龍遊縣尉徐浩
書立悌篆額大歷六年立復齋碑録

唐立晉謝公碣
唐裴清撰僧道銳書大歷七年十月十一日龍
興寺沙門皎然建復齋碑録

唐謝公碑陰記
行書無書撰人姓名大歷七年十一月金石録

唐沈氏述祖德碑并碑陰記
碑下一半缺不見書撰人名氏大歷八年十二

月立碑録復筌

唐干禄字書

唐濠州刺史顔元孫撰湖州刺史顔真卿書初元孫以字書分四載定為正通俗三體真卿以大歷九年正月刻石於湖州集古録目

干禄字様别有摸本文注完全可備檢用此本刻石殘缺處多直以魯公所書真本而録之尔唐公書刻石者多而絶少小字惟此注最小而筆力精勁可法尤宜愛惜而世俗多傳摸本此以殘缺不傳獨余家藏之集古録

唐放生池碑

唐昇州刺史浙西節度使顔真卿撰并書肅宗乾元二年使驍衛郎將史元琮詔天下自山南至浙西七道臨江置放生池八十一所真卿為天下放生池銘上之碑以大歷九年正月立集古録目

唐乞御書放生池碑額表

表顔真卿書批荅唐肅宗御書表以上元元年上真卿時為刑部尚書碑以大歷九年立集古録目

唐乞御書放生池碑額表碑陰記

唐顏真卿撰并書初肅宗既許書額未及下而真卿貶碑不果立至大歷中爲湖州刺史始追建於州之駱駞橋東集批荅御書字以爲額又序其事於批荅碑陰以大歷九年立集古録目

唐射堂記

唐顏真卿撰并書碑石缺訛文理断續其事迹不可考大歷十二年四月立

唐項王碑陰述

唐顏真卿爲湖州刺史重建項羽廟舊碑以大歷七年五月刻記於碑陰集古録目

唐湖州石記

碑字殘缺不見年月及書撰姓名驗其字畫顔真卿書也凡湖州諸縣皆記其山川前古陵墓集古録目

文字殘缺其存者僅可識讀攷其所記不可詳也惟其筆畫奇偉非顔魯公不能書也公忠義之節明若日月而堅若金石自可以光後世傳無窮不待其書然後不朽然公所至必有遺跡故今處處有之唐人筆蹟見於今者惟公爲最多視其鉅書深刻或託于山崖其用意未嘗不

為無窮計也蓋亦有趣好所樂尒其在湖州所
書為世所傳者惟干禄字書放生池碑尚多見
于人家而干禄字書乃楊漢公摹本其真本以
訛缺遂不復傳獨余集録有之惟好古之士知
前人用意之深則其堙沉磨滅之餘尤為可惜
者也集古録

唐烏程縣新塈望記

唐縣尉陳莀撰顔次公分書大歷十三年八月
一十三日記復齋碑録

唐茶山詩并詩述

唐湖州刺史袁高撰前滁州長史徐璹書湖州之顧渚山歲修茶貢高爲刺史感其採製之勤而作是詩其後于頔爲刺史得之於壞垣爲之序而刻之貞元七年立集古録目

唐詩述碑陰記

唐李吉甫撰徐璹正書貞元十年正月立金石録

唐白蘋亭記

唐李直方撰史鎬八分書并篆額己卯歲作即貞元十五年也諸道石刻録

唐義興縣重修茶舍記

史鎬八分書訪碑錄

記云義興貢茶非舊也前此故御史大夫李栖筠実典是邦山僧有獻佳茗者會客嘗之野人陸羽以為芬香甘辣冠於他境可薦於上栖筠從之始進萬兩此其濫觴也厥後因之徵獻寖廣遂為任土之貢與常賦之邦侔矣每歲選匠徵夫至二十餘人云余嘗謂後世士大夫區區以口腹玩好之獻為愛君此與官官宮妾之見無異而其貽患百姓有不可勝言者如貢茶至末事也而調發之擾猶如此況其甚者乎羽蓋

不足道嗚呼孰謂栖筠之賢而為此手書之可以為後来之戒且以見唐世義興貢茶自羽與栖筠始也金石録

唐盩厔尉丘景朝墓誌

貞元十九年刻諸道石刻録

唐紀功銘并將士題名

唐時佐元撰胡季良分書元和二年秋九月李錡作亂至十月九日當州討平復齋碑録

唐封崇孔宣父故事記

唐辛秘撰元和四年二月刻諸道石刻録

唐丘氏大宗碑

元和四年十月二十二日建

唐烏程縣新水亭記

元和四年刻諸道石刻録

唐永興寺碑

元和五年刻諸道石刻録

唐永興寺僧伽和尚碑

裴昈撰胡季良篆額費濤行書元和九年十月

二日碑録復齋

唐尊勝經寳勝幢贊

胡季良墓并書 諸道石刻録

唐卞山普廣寺養山記

唐吴國忓撰吴士良行書吴仁傑篆額元和十四年三月二十日建 復齋碑録

唐大明寺賢聖冥道齋記

沙門鴻本書僧良建篆額大和元年十月 復齋碑録

唐德本寺碑陰

唐胡季良撰正書無姓名大和八年立 復齋碑録

唐立吴文皇帝廟碑

唐胡季良撰淩渭書大和八年立 復齋碑録

唐智者大師靈塔題

大和九年四月二十八日 復齋碑録

唐安公令嬪吳夫人墓誌

唐處士胡季良述并書大和九年五月 復齋碑録

唐重模干禄字今書

開成四年刺史楊漢公以舊本訛缺重模刻石并為記附於碑後今其本比顏魯公所刻差完可以備用 集古録目

真卿所書乃大歷九年刻石至開成中遽已訛缺漢公以謂一二工人用為衣食之業故模多

而速損者非也盖公筆法為世模楷而字書辨正偽謬尤為學者所資故當時盛傳於世所以摸多尔豈止工人為衣食業耶今世所傳乃漢公摸本而大歷真本以不完遂不復傳故余并録二本並藏之亦欲俾覽者知摸本之多失真也集古録

歐陽文忠言楊漢公謂此書以工人用為衣食之業故摹多而損速者非也盖魯公筆法為世楷模而字書辨正偽謬尤為學者所資故當時盛傳於世所以摹多尔豈正工人為衣食業耶

此論甚善但云漢公摸本多失真則不然今觀此書精隱勁媚殊得顏真楊自以爲不差纖毫信矣然文忠又云干祿之注持重舒和而不局促余輙易之曰持重而不局促舒和而含勁氣迺盡魯公之筆意也東觀餘論

唐新造白蘋洲五亭記

唐白居易撰馬纘正書開成四年十月立金石錄

唐范處士妻蔡氏墓誌

鄉貢進士李矩撰大中二年刻諸道石刻錄

唐文宣王新廟碑

唐鄭言撰并書篆額大中三年碑録

唐魯府君墓誌
大中四年諸道石刻録

唐陸文正墓誌
長男肱撰并正書大中十一年三月復齋碑録

唐處士馮湍妻全夫人墓誌
大中十二年十二月復齋碑録

唐姚華妻蔣夫人墓誌
大中十四年九月復齋碑録

唐報德寺新建尊勝寶幢記

唐蕭徵撰張時暕正書咸通四年四月十六日

記在長興復齋碑録

唐重置興國寺冥陽齋社記

沙門簡章述并書篆額咸通四年癸未八月十

九日立在烏程復齋碑録

唐尊勝經

唐于僧翰小字八分書咸通五年諸道石刻録

唐烏墩市古山索靖王廟碑

唐朱弘撰并書吴曄篆額咸通十三年歲在壬

辰四月立諸道石刻録

唐李府君墓誌
咸通十四年五月復齋碑録

唐三祖信心銘
沙門師立述沈咸正書并篆額乾符五年正月
三十日刻諸道石刻録

唐渤海高君妻彭城劉氏墓誌
乾符六年在德清復齋碑録

唐資聖寺宣和尚塔銘
沙門藴讓述楊光中正書陳漢温八分書額光
啓三年九月日塟復齋碑録

唐尉衛少卿沈公昇仙廟碣

唐於景休撰行書光啓三年六月六日記復齋碑録

唐烏程縣修建廨署記

唐布衣楊夔撰并正書南嶽道士張　賢篆額

乾寧三年正月七日建復齋碑録

唐安定胡應夫人清河張氏墓誌

唐于景木撰正書天復四年正月復齋碑録

唐大悲呪加句尊勝呪

天復四年諸道石刻録

唐勅書褒戰功記

篆額行書刻諸道石録

刺史李師悦碑

鍾離賓墓誌

碩渚山杜牧楊漢公題名

三碑諸道石刻録

常州

春秋屬吴戰国屬越後屬楚秦漢屬會稽郡東漢屬吴郡晋太康二年屬毗陵郡惠帝改曰晋陵郡宋齊梁陳因之隋平陳郡廢置常州大業初州廢置毗陵郡唐武德三年復置常州天寳元年曰晋陵郡後復曰毗陵皇朝因之今縣四

晋陵 武進 無錫 宜興

漢許司農夫人劉氏碑

司農夫人碑漢太尉許馘之室也首行有標題之文名已刓剥所存数十百字其漫滅者强半惟次行獨全故知其姓劉氏而為山陰之人其辭惟数句可讀如云骵性純淑非禮不行及孫

息盈房而已其云德配士列任似者以似爲以
也字畫多雜篆體所書以字全類孔宙碑其他
偏旁多與故民吳公碑中山相薛君題額相類
應劭漢官儀所載三公孝靈時有吳郡陽羨許
馘季軼漢紀光和四年馘以衛尉代劉寬為太
尉今許氏兩墓皆在宜興而此碑猶在夫人篆
旁吳處厚青箱雜記云義興有許馘廟其碑許
劭所作唐開元中諸孫重刊碑陰有八字云談
馬礪畢王田數七徐延休讀之曰談馬即言午
言午許字礪畢必石畢石畢碑字王田乃千里

千里重字数七是六一六一立字令其残碑總

有数十字其間載許君自司農遷衛尉此文称劉氏為司農夫人則銘墓時許猶未為衛尉也其碑在光和之前無疑臨川王厚之云其友陽羨邵偉嘗泛舟過許氏叢冢見水濱一石舉而察之則許君残碑也邵遂載以歸厚之字順伯樂古多聞山陰石臺鄉亦佳士相與搜奇抉恠俾助此書為多 隸續

許氏先君祖誄

許氏先君祖誄隸額六字作一行下並無一字

存在宜興寰宇碑録

吳國山封禪碑

在宜興世謂之囤碑諸道石刻録

不著撰人名氏吳中書東觀令史立信中郎將蘇建篆歸命侯天冊元年得玉璽於吳興文曰吳真皇帝遂改明年元為天璽刊石告禪于國山之陰其所述瑞應凡千有二百餘事集古録目

吳國山碑者孫皓天冊元年禪于國山改元天璽因紀其所獲瑞物刊石于山陰是歲晉咸寧元年後五年晉遂滅吳以皓昏虐其國將亾而

衆瑞並出不可勝數後世之言祥瑞者可以鑒矣集古録

其前叙孫皓即位以後郡國祥瑞凡千餘言其後云乃以涒灘之歲欽若昊天月正華元郊天祭地紀號天璽又云丞相沈太尉璆大司徒燮大司空朝等以為今衆瑞畢至三表納貢九八埏無不被澤率按典繇宜行禪禮訖勒天命遂於吳興國山之陰告祭刊石以對揚乾命廣報坤德按皓以丙申歲改元天璽碑言涒灘之歲是也皓淫虐無道人神憤疾而群臣方称述

符瑞讚頌功德盖刻石後四年遂爲晋所俘矣金石録

晋樂毅論

石在故高紳學士家紳歿家人初不知惜好事者往往就閱或摸傳其本其家秘藏之漸爲難得後其子弟以真石質錢於富人而富人家失大遂焚其石今無復有本矣益爲可惜也後有甚妙二字吾亡友聖俞書也集古録

石本舊藏高紳學士家集古録云紳歿其子弟以石質錢于富人而富人家失火遂焚其石非

也元佑間余侍親官徐州時故郎中趙竦被旨開呂梁洪挈此石隨行已斷裂用木為匣貯之竦尤珍惜親舊有求墨本者必手摹以遺之竦歿今遂不知所在（金石錄）

高紳為湖北轉運史道中聞砧敲清遠因得此本于其覆而已斷裂矣遂載以歸完理緝綴櫝以木箱所可辨者如此後世之傳布皆止於海字則其碎而不可緝者良可惜也（李之儀）

樂毅論石刻有二本其一元豐初吳人得其石于太湖水中石缺過半背面皆有刻面十三行

背六行後題永和四年十一月二十四日書賜官奴其上書異僧權即梁人朱异徐僧權也又有草書兩行云知足下行至吳念遠離不可居故當西尔今十七帖中亦有此一帖然不可居三字亦已缺不全後有小字一行云大和六年中勘畢大和唐文宗年號疑若唐玄度兄弟所摹蓋其字勢甚類玄度書故也其一即周越法書苑所記高紳學士得其石於秣陵井中者是也凡二十九行石缺一角後兩行只有最下一字至海字止紳之子安世獻于吳其家以石質

錢因没入州民錢氏石已破為數片以鐵束之

當官者每令摹拓錢氏獻之紿言比失火焚毁

矣熙寧中吳大饑疫吾姻家趙子立以黄金貿

淂之子立每欲摹本必躬濡紙傳石以綿帛漬

墨拓之自此雖權勢皆不可淂向之傳於人者

益寶之矣或以為舊傳樂毅論乃右軍親書于

石其後石入昭陵朱梁時温韜淂之復傳人間

即高氏本是也又按張彦遠法書要録記智永

云樂毅論者正書第一梁世摹出天下珍之蕭

阮之徒莫不臨摹又褚遂良記貞觀十二年内

出樂毅論是王右軍真蹟令直弘文館馮承素模寫賜長孫無忌等六人于是在外乃有六年並筆精妙備盡楷則又書譜云太平公主愛樂毅論則天與之以織成錦袋盛之主敗籍沒咸陽嫗竊舉袖中吏覺嫗投之灶中不可復得而攷此數者之說未審孰是而予立所得高氏本字勢奇絕非右軍親書于石亦損真蹟而刻之者然石已破裂而字蹟稍存得者宜寶藏之徐平甫

樂毅論淳熙癸卯歲徐仁叔持以見遺云此即

周越法書苑所記高紳學士淂于秣陵井中者也紳之子安世宦于吴其家以石質錢没入州民錢氏錢氏遺火石焚裂爲数片雖未甚損缺素厭州縣索取因紿以不存熙寧間吴中大饑疫始出碎石求售趙子立損黃金数十两淂之鑱掬匣藏躬自濡紙以綿帛漬墨浥取所傳于人益寡子立死以授徐平甫徐氏二世秘藏不以語人雖極加愛護亦日就剥落今則石面畫脫初見若不復有字側日細視僅存髣髴拓取稍不謹石屑隨紙而起想不復能傳遠矣子立

名竦泉南人曾漕两浙為都水使者二女無子
徐平甫諱康直实子立長婿仁㚢名壽卿平甫
孫也因以其説攷之歐陽公集古録云高紳死
其子弟以石質錢于富人富人失火遂焚其石
今無復有本矣趙德甫金石録云集古云非也
元祐間予侍親官徐州時故郎官趙竦被旨開
吕梁洪挈此石随行已斷裂用木匣貯之竦甚
珍惜親舊有求墨本者必手摹以遺之竦殁今
遂不知所在盖歐公為質錢所紿而趙德甫不
知後歸徐氏也按褚遂良右軍書目樂毅論四

十四行而高紳舊本存二十九行又缺一角損者九行而最後二行止有一字至海字止字之全者三百五十七令伯仁所摹可見者一百八十九字又内二十二字不全殊瘦僅存字骨不復見運筆勢矣予先得舊本校歐陽氏所藏忠公本分毫不異今又得此遂附其後可以見物之變遷雖金石之堅亦就泯滅也臨川王孠之

南齊紀僧真造釋迦像題

齊永明二年太歲甲子四月二十日弟子紀僧真為亡弟僧惠敬造在宜興復齋碑録

南齊周僧徽等造像記

齊永元元年歲次己卯十二月初八日釋迦清信弟子周僧徽僧義僧瓚僧琰等造碑目

梁許府君墓誌

郡太守河南褚翔造大同三年太歲丁巳正月丁酉朔十九日乙卯葬在宜興碑録

唐安國寺才法師碑

唐高智周撰吕保正書龍朔三年十月刻録諸道石

唐立隋司徒陳公神祠碑

唐齊光義序裴遵銘陸曾書并篆額乾元三年

二月建石毁建炎三年重刻復齋碑録

唐賀蘭夫人墓誌

唐兵部尚書陸贄撰據碑前書姪曾孫贄其下字缺不完疑亦贄所書也夫人河南人秘書監陸齊望之妻封滎陽縣君碑貞元七年立集古録目

唐立晉平西將軍周處廟碑

晉陸機撰王右軍書元和六年十一月重立在宜興廟中

唐遊善權寺詩

唐義興主簿羊士諤撰士諤門人李飛書元和

十三年刻集古録目

唐東莞臧君夫人周氏墓誌

唐張師素撰無書人名氏元和十三年三月立

在義興復齋碑録

唐立隋司徒陳公捨宅造寺銘

沙門德宣撰王遜書天寶四年述元和十五年

四月建復齋碑目

興寧寺律如瑫大師塔銘

僧張彪撰述并書寶歷元年在無錫復齋碑録

唐瑯琊諸葛府君墓誌

大中五年十月十一日己酉在宜興碑錄 寰齋

隋陳司徒告身并捨宅造寺疏序

唐俞珣撰并書太中八年五月金石錄

隋大業十一年陳果仁爲朝請大夫告身并果仁妻軫靜緣捨宅造寺疏同刻皆無書人名氏捨宅疏通稱明政二年者李子通年號也集古錄目

唐雅王府功曹殷縣墓誌

弟紹業撰并正書縣字舜臣大中十三年十二月塟在義興寰齋碑錄

唐李騭惠山寺詩

詩九首并記咸通十一年五月一日無錫令孫
元恭勒石復齋碑録

唐宿惠山寺并詩
唐王武陵序并詩朱宿竇群和貞元四年遊元
和二年竇群重遊為記正書咸通十二年七月
縣令周邦鄉刊復齋碑録

唐再建重居寺碑
唐任宇撰蔣崧分書咸通十三年二月立復齋碑録

唐報恩安國寺浮圖銘
正書無撰人名氏篆額咸通十三年十月立在

宜興[復齋碑録]

唐興道觀新建齋堂記

道士周漢賓撰并正書薤葉篆額乾符四年丁酉七月七日丙午建[復齋碑録]

唐忠烈公廟香爐贊

沙門藴讓述天台散人缺下碑録云濮陽鵬書字體甚佐乾符六年五月[復齋碑録]

唐報恩寺弘憲大師塔銘

唐張元逸撰并書篆額中和四年五月建[復齋碑録]

唐立東漢邑亭侯蔣澄碑

唐薛布昌八分書正書額諸道石刻録

南唐義興縣道觀北極殿碑

徐鍇撰并八分書徐鉉篆額戊辰歲建復齋碑録

盂簡修盂瀆記

崇勝戒壇記

善權寺重建寺勑

惠山寺尊勝幢

四碑諸道石刻録

嚴州

春秋戰國屬越後屬楚秦屬會稽鄣二郡漢屬會稽丹陽二郡東漢屬丹陽吴二郡梁置新安郡隋平陳郡廢仁壽二年置睦州大業和州廢置遂安郡唐武德四年改睦州天宝元年曰新安郡皇朝因之今縣六建德青溪桐廬分水遂安壽昌

唐龍興寺碑

唐康希銑撰徐嶠之正書開元三年二月立金石録

唐許尊師孝廬瑞芝記

唐何源撰并書正書額上元二年歲次辛丑十

二月一日記復齋碑録

唐游靈巖瀑布記

唐前濮州别駕康仲熊遊靈巖瀑布記不著書人名氏大歷十二年刻集古録目

唐立巖陵釣臺記

唐崔儒撰崔玄八分書并篆額興元元年四月

景辰建碑録復齋

唐烏龍山有道先生許公碑

唐李師尚撰并書貞元十一年七月立公諱法棱字道冲刻諸道石刻録

唐大廳記二

凡二本其一唐元和七年睦州刺史李通古撰

其一

皇朝將作監丞知同廬縣刁衎撰自唐顯慶至

中和刺史一百一十五人

皇朝太平興國中知州事二人題名書皆一體

不著名氏雍熙二年刻集古録目

唐立漢洛陽令方仙公碑

唐御史大夫張文成撰在青溪縣廟内訪碑録

城隍神記

馬目山新廟記

周堂書二碑諸道石刻錄

秀州

春秋時吴越分境於此吴亡屬越越敗屬楚秦屬會稽郡漢因之東漢晉宋屬吴郡隋唐屬藴州後屬杭州石晉時吴越錢氏奏置秀州

皇朝因之今縣四

嘉興　華亭　海鹽　崇德

吴陸禕碑

隸書不著書撰人名氏禕字元容吴郡吴人仕吴至征北將軍海鹽縣侯碑以東晉泰寧三年立集古録目

碑云禕字元容其先家于陸鄉因氏姓焉仕至黄門侍郎封海鹽縣侯碑以晉泰寧三年立南豐

晉陸喈碑 集古錄

隸書不著書撰人名氏喈字公叡褘之子也東晉初官至宣威內史前將軍碑以咸和七年六月立 集古錄目

唐處士沈元期墓誌

乾元二年十一月九日夫人吳興丘氏合塟祔於嘉興西五十七里車口村之舊里 復齋碑錄

唐丘君夫人虞氏石表

唐梁肅撰蔡遂正書貞元十年十月 金石錄

唐寶林寺碑

唐殿中侍御史郭儒立撰蘄州刺史于頔書秘書監陸齊望有女為尼曰法興齊望捨宅為寺以居之子渭等以永貞二年正月造寺始成立

此碑集古録目

唐處士李巖墓誌

無書撰人姓名元和元年十二月 復齋碑録

唐新建法雲禪院記

唐沈珹述并行書大中十四年十月二十五日

記在華亭顧亭林市 復齋碑録

唐朗州龍陽令褚𢧵墓誌

唐徐罕撰正書無名乾符六年十月復齋碑録

唐吴郡陸駢墓誌

中和二年九月復齋碑録

唐光興寺記

唐譚匡合撰龍紀二年立在海塩復齋碑録

吴越錢鏐金山廟刻石文

復齋碑録

江陰軍

梁分蘭陵縣置江陰郡隋平陳郡廢屬常州唐武德三年置暨州九年州廢来屬南唐置江陰軍皇朝因之今縣一

江陰

唐西王母授黄帝秘訣

唐張從申書大歷四年冬

唐沛郡朱夫人墓誌

唐處士丁厚之撰正書無姓名大中九年九月二十四日庚午湲齋碑撰

寶刻叢編卷第十四

寶刻叢編卷第十五

錢塘陳　思　纂次

江南東路

建康府

春秋屬吴戰國屬越後屬楚秦屬鄣郡二漢屬丹陽郡吴王孫權初鎮丹徒謂之京城後徙都秣陵改為建寧晉平吴以為丹陽郡及揚州刺史治東晉元帝渡江復都焉改丹陽太守為尹宋齊梁陳因之常以京口為重鎮隋平陳郡廢更于石頭城置蔣州大業初復置丹陽郡唐武德三年置揚州七年復改為蔣州八年又改為揚州九年州徙治江都以其地屬潤州至德二載新置江寧郡乾元元年曰昇州上元三年州廢光啓三年復置五代時南唐李氏竊據陞為

里年後陞江寧府建康節度縣
上元江寧句容溧水溧陽

漢校官碑

校官之碑隸額靈帝光和四年溧陽為其長潘
君作紹興十三年溧水尉喻仲遠得之固城湖
中碑今在溧水縣潘君名乾自曲阿尉來宰溧
陽興學宮讌賓射碑頌所由作也隸釋
溧陽長潘君諱乾字元卓陳國長平人光和四
年十月己丑朔二十一日己酉造本碑

漢奉車都尉耿君碑

漢隸碑額八字復齋碑録

漢武氏石室畫像

在府治紬書閣諸道石刻録

吴巖山紀功碑

篆書不著名氏今其文字斷續不可悉攷有曰天璽元年者其餘大抵言天錫讖命之意按吴歸命侯天璽元年歷陽山石成文刻石作頌此當是也集古録目

吴天璽元年斷碑其前云上天帝言又云帝曰太吴一萬方又云天發神讖文天璽元年七月

已酉朔又云天讖廣多不解解者十二字嗚呼其言可謂妖矣攄吴志天璽元年秋八月鄱陽言歷陽山石理成字凡二十明年改元大赦以協石文今此碑乃在金陵驗其文與吴志所載亦異莫可致究係皓在位凡八改元而六以符瑞然竟不能保其國蓋人事不修而假抱託神怪以矯誣天命其不終宜矣金石録

吴神讖碣丰半無文理其粗成文者有云天發神讖多所未解解者合五十㭍㭍字深甄歷數永歸大吴可以為怪誕矣此碣初在江寧縣南二十

里石高二丈折為三段人因名其岡為斷石岡
爲至元和六年胡宗師移置漕圃前年冬余有
荆楚之役假道金陵見之金陵府舍其字方嚴
古雅殊有佳處張懷瓘云吴皇象喜（善）書此
象書也皇象江都人仕至青州刺史

吴故衡陽郡太守葛府君之碑

晋故尚書左民郎建安太守史府君之墓誌

晋尚書令假節領軍將軍贈侍中成陽卞公墓誌

三碑諸道石刻録

晋建威將軍竺使君碑二

晉故建威將軍益州刺史領建平太守平忌縣侯竺使君之碑隸額君諱瑶以泰始三年薨故吏張頤之等立此碑

又碑主簿費敷等立無額作兩段復齋碑録

晉謝重墓誌

隸書小字晉驃騎大將軍開府儀同三司故長史豫州陳郡陽夏縣都鄉吉遷里謝重字景重隆安三年已亥六月二十二日丙午薨以七月九日癸酉葬復齋碑録

晉紀穆侯碑

晋紀穆侯碑

凡二十四字曰晋故僕射散騎常侍驃騎大将軍開府儀同三司紀穆侯之銘集古録目

碑上缺伯成仕至司徒存四十九字在句容縣治復齋碑録

晋平西将軍廣漢侯葛府君碑

在句容縣西七里墓前訪碑録

晋冠軍将軍史侯墓石柱

晋冠軍将軍中校尉北中郎将五兵尚書刺史史侯墓石柱在溧陽諸道石刻録

晋吕府君墓誌

正書題云晉故尚書起居郎廬陵太守呂府君之墓誌在溧陽恐是唐人所立復齋碑録

宋宗慈懿母劉夫人墓誌

不著書撰人名字慈仕宋為散騎常侍荊州大中正洮陽縣侯夫人姓劉氏碑以大明六年立集古録目

不著書撰人名字有誌無銘其後云譜牒子孫男女次第名位婚嫁如左蓋一時之制也集古録

宋散騎常侍謝濤埋銘

碑云濤字明遠春秋四十有缺元嘉十八年歲

次屠維月旅林鐘十七日卒其年九月三十日
窆穸于揚州丹陽郡建康縣東鄉土里山夫人
王氏大明七年歲次單閼十月十四日合祔復齋碑録

宋湘宮寺水陸田記

太始缺年立復齋碑録

齊海陵王墓誌

南齊長兼中書侍郎謝朓立不著書人
陵王名昭文文惠太子之子齊明帝廢其
林王而立之在位一年又廢為海陵王集古録目

慶歷中予在金陵有饔人以一方石鎮肉視之若有鐫刻試取石洗濯乃宋海陵王墓銘謝眺撰并書其字如鍾繇極可愛予携之十餘年文思副使夏元昭借去遂託以墮水今不知落何處沈存中

海陵誌在沈翰林括家沈慶歷中在金陵廚人以方石鎮肉視之有字刻乃此誌也後為人借去不還遂亡所在此本今世殊難得然海陵乃齊世而沈云宋海陵王非也又云謝眺撰并書而誌但云眺立耳然亦諱自以草隸名當時後

人目以飛花滿目殘霞照人此誌結字高雅必眺書也東觀餘論

梁許長史舊館壇碑

梁隱士陶弘景撰其前題曰弟子華陽隱居丹陽陶弘景謹造其傍又題曰此一行隱居手自書其文不知誰所書也弘景學道句曲山中有晉許長史故居壇塔為之記頌碑額又有四字曰天靈聖明不知為何語也在茅山集古錄目

陶弘景撰孫文韜書天監十七年立在玉晨觀諸道石刻錄

梁永陽昭王敬太妃墓誌銘

徐勉奉勅撰細書無姓名普通元年十一月九日己夘薨復齋碑録

梁侍中司空永陽昭王墓誌銘

徐勉奉勅撰細書無姓名梁武次兄齊建武四年薨梁天監元年追贈普通元年十一月太妃王氏薨合祔作誌復齋碑録

梁華陽石碣頌

梁普通三年五月五日略記正書無書撰人名氏刻在許長史舊館壇記碑陰復齋碑録

梁茅君碑并兩側題名

不著撰銘人名氏梁茅山道士孫文韜書領道士正張繹集茅山記茅君九錫文而刻之因為之銘碑以普通三年立在茅山集古録目

三茅者盈太元真君固定録真君衷保命仙君皆漢景帝中元間人盈天漢四年道成至元帝初元五年来江左句曲之山哀帝元壽二年乘雲而去固至孝元時拜執金吾衷宣帝地節四年拜上郡太守五更大夫並解任還家修學成帝永始三年固為定録真君衷為保命仙君梁

普通三年道士張繹建此碑係文韜書南豐集古録

普通三年壬寅五月壬辰朔十五日丙午

建立孫文韜正書碑陰右側題三洞法師

般靈養左側題三洞法師魯郡周顯明以己卯

誕世尋真宋末德茂齊梁復齋碑録

梁開善寺知藏法師碑

世號三蕭碑在蔣山按此碑紹興初為廣人所

焚諸道石刻録

梁新安太守蕭幾撰序湘東王繹撰銘尚書殿

中郎蕭挹書法師姓顧氏吴郡吴人居鍾山開

善寺碑以普通三年九月立集古録目

世號三蕭碑法師者姓頓氏幾挹皆稱弟子哀世之弊遂至于斯余于集古録而不忍遽棄者以其字畫粗可佳捨其所短取其所長斯可矣集古録

此楷法自鐘元常後惟江左諸賢頗得之故蕭殿中書是碑古雅可喜然下至隋唐其法遂亡虞歐褚薛勿能逮也此可與識者論云東觀餘論

齊侍中蕭穎胄碑

齊侍中尚書令丞相巴東獻武公蕭穎胄碑普

通五年太歲甲辰三月辛亥朔十日庚申鐫在
花林村復齋碑錄
梁侍中始興忠武王碑
徐勉造貝文淵正書張缺明監作吳賢明
部元明上石在花林清風村復齋碑錄
梁侍中司徒鄱陽忠烈王墓誌
梁張纘奉勅造普通七年二月二十五日葬復齋
碑錄
梁散騎常侍司空安成康王碑
故州民前廷尉卿彭城劉孝綽撰奉朝請吳興

貝義淵上書在花林村復齋碑録

梁臨州靖惠王神道二

梁故假黄鉞侍中大將軍揚州牧臨川靖惠王之神道雙闕各二十一字去城三十里北城鄉復齋碑録

梁新渝寬侯神道

梁故侍中仁威將軍新渝寬侯之神道復齋碑録

梁吴平忠侯蕭公神道

反書類隸字題云梁故侍中撫軍將軍開府儀同三司吴平忠侯蕭公神道在花林村復齋碑録

梁建安敏侯神道

梁故侍中左衛将軍建安敏侯之神道 正書十五字在淳化鎮 復齋碑録

梁故范府君神道

梁故昭遠将軍臨川王國侍郎范府君之神道 正書十八字 復齋碑録

梁故草堂法師之墓

篆書八字 復齋碑録

梁鄱陽王神道

正書 諸道石刻録

南

梁康王神道碑

篆書南六字諸道石刻録

梁史府南闇神道

梁故假節散騎常侍兖州刺史建昌縣開國侯

史府南闇之神道正書二十四字有武后時字恐

武后時立復齋碑録

梁陶隱居墓誌

梁昭明太子蕭統撰蕭綱書無立石年月復齋碑録

梁陶隱居法帖

在茅山玉晨觀

陳尼慧仙銘

碑首稱前安東諮議參軍而其下缺滅不見撰者姓名宣成王國常侍陳景哲書慧仙姓名石氏譙人也為尼居慧福寺碑以天嘉元年立集古錄目

隋景陽樓下井銘

隋煬帝作文帝開皇九年煬帝以晉王為元帥伐陳滅之後主與張麗華自投于井帝為銘刻于石井欄以為戒集古錄目

序云開皇九載余奉聖略孟春正月至于偽都叔寶衆叛逃形天地乃與愛姬張麗華等投于

此井系之以銘隸于石檻之側者晉王廣也集古錄目

隋平陳碑

薛道衡撰在上元縣石今亡諸道石刻錄

唐再立後漢史公神道碑

晉永和八年立唐貞觀十四年十八代孫仲謨再立碑題云後漢司空驃騎將軍史公神道碑諸道石刻錄

唐太平觀主王遠知碑

唐道士江旻撰法主弟子徐碩隸書法主名達遠

知字德廣琅琊臨沂人有盛名于隋唐間太宗時建太平宮于茅山以處之碑以貞觀十六年立在茅山集古録目

唐華陽觀主王軌碑

唐江寧縣令于敬之撰王玄宗書先生名軌字洪範又字道棲琅琊臨沂人爲道士師王遠知茅山華陽宮其所建也碑以乾封二年十一月立在茅山後有總章二年弟子李義扆題名集古録目

唐攝山明徵君碑

唐高宗撰高正臣行書王知敬篆額上元三年四月立徵君者梁明山賓也高宗朝其裔孫崇儼以方授技進故立此碑舊唐史言高宗自製文而書之非也蓋高宗撰文高正臣書耳金石錄

唐立吳太極左仙公葛公碑

梁陶隱居撰陳昇正書調露二年正月重建在句容縣諸道石刻錄

唐王法主碑

唐鳳閣侍郎同鳳閣鸞臺平章事劉禕之撰揚州登仕郎齊懷壽書法主名遠知居茅山華陽

宮追贈金紫光祿大夫諡曰昇真碑以文明元年立在茅山集古錄目

唐句容令岑植德政碑

雍州錄事參軍張景毓撰業行寺僧翹微書植字德茂南陽棘陽人自潤州句容縣令名還縣人為立此碑以景龍二年二月立集古錄目

唐立晉建安太守史憲神道碑

晉建安太守山陰侯史公神道碑從孫嶷撰從孫處權正書景龍四年二月立在溧陽復齋碑錄

唐崇元宮碑

唐左拾遺孫處玄撰楊幽經書崇玄宮者宗文帝路淑媛所立唐景雲二年制使道士葉法善奉五冊投龍設齋碑以太極元年四月立在茅山（集古録目）

唐永仙觀主宗先生碑

孫（缺）安撰周君儀書開元五年九月丁酉朔十日景午立在溧陽（復齋碑録）

唐立梁貞白先生陶隱居碑

梁郡邵陵王蕭綸撰隸書不著名字氏隱居名弘景字通明丹陽秣陵人齊末為宜都王侍讀棄

官隱居句曲山自號華陽隱居終于梁武帝時贈中散大夫謚曰貞白碑額曰解真貞白先生陶隱居碑碑在茅山集古錄目

開元十二年九月三日建在茅山玉晨觀復齋碑錄

唐溧陽縣城隍廟記

薛日用撰正書無名氏開元十七年己巳三月二日癸巳建在舊縣城復齋碑錄

唐景陽樓下井欄銘并記

開元二十二年江寧縣丞王震重刻并爲記八分書不著名氏其一潤州上元縣主簿張著撰

無刻石并年月及書人名氏集古録目

不著撰人名氏述隋滅陳叔寶與張麗華等投井事其後有銘以為戒又有唐江寧縣丞王震井記云井在興嚴寺其石檻銘有序稱余者晉王廣也其文字皆磨滅僅可識者十其一二叔寶事前史書之甚詳不必見于此然録之以見煬帝躬自滅陳目見叔寶事又嘗自銘以為戒如此及身為淫亂則又過之豈所謂下愚之不移者哉今其銘文隱隱尚可讀處有云前車不已傾負乘將没者又可歎也集古録

陳後主叔寶辱井記云　江寧縣興嚴寺井石檻銘莫知誰作也歷序隋文帝命晉王廣伐陳後主自投井中令人取之驚其太重及出乃與張貴妃孔貴人三人同束而上其末云唐開元二十二年三月十七日前單父縣令左轉此縣丞太原王已下闕南豐集古錄

唐貞白先生碑陰

唐天台華峯白雲道士　河内司馬道隱子微述并篆書開元二十三年四月立在玉晨觀復齋碑錄

唐栖霞寺鍾銘

天寶三載諸道石刻錄

唐明皇祠三清文

天寶七年立在茅山集古錄目

唐明皇投籙碑

御製在崇禧觀天寶七年諸道石刻錄

唐華陽洞唐玄宗授上清籙碑

唐張景頎撰諸道石刻錄

唐華陽頌玄宗詔附

梁貞白先生陶弘景撰不著書人名氏唐天寶九年紫陽宮主劉行矩等刻石集古錄目

唐玄宗尊號曰聖文神武皇帝可謂盛矣而其自稱曰上清弟子者何其陋哉集古録

唐玄靖先生碑

唐祕書郎栁識撰大理司直張從申書李陽氷篆額玄靖先生茅山道士李含光也碑以大歷四年八月立集古録目

張從申書李陽氷篆額唐世工書之士多故以書知名者難皕非有以過人者不能也然而張從申以書得名于當時者何也從申每所書碑李陽氷多為之篆額時人必稱為二絕其為世

所重如此余以集録古文閲書既多故雖不能書而稍識字法從申所書棄者多矣而時録其一二者以名取之也夫非衆人之所稱任獨見以自信君子于是慎之故特録之必待知者集古録

縈陽碑乃張從申書李陽冰題歐文忠不喜從申書集古録屢言之殊不知從申乃效子敬書頗有東晉風尚唐人知書者多故見重于世今人反此歐陽公初不閑法書則從申之迹見棄宜矣東觀録論

唐福興寺碑

唐許登撰張從申行書并篆額大歷五年六月一日壬辰建在江寧縣復齋碑録

唐立晉顏含太宗碑

含十四世孫唐撫州刺史顏真卿撰并書真卿罷撫州過含墓因叙含而下十五世子孫名字事迹立此碑以大歷六年十一月立集古録目

唐立晉顏含碑

晉江夏李闡撰傳含曾孫宗金紫光禄大夫顏延之撰銘十四世孫唐前撫州刺史真卿書含

字弘都瑯琊臨沂人東晉初官至右光祿大夫平西侯謚曰靖此銘舊有刻石大歷七年四月真卿重建集古錄目

唐玄靖先生後碑

唐湖州刺史顔真卿撰并書先生名含光廣陵江都人本姓弘避孝景皇帝諱改爲李氏玄宗師事之加號玄靖先生詔居茅山碑以大歷十二年五月立集古錄目

唐白鶴廟記

唐柳識撰劉明素書大歷十三年諸道石刻錄

唐王師乾神道碑

唐中書侍郎平章事楊綰撰大理司直張從申書師乾字脩然瑯琊臨沂人官至諫議大夫盧循道三州刺史碑以大歷十三年立在句容集古録目

張從申書余初不甚以為佳但恠唐人多稱之第録此碑以俟識者前歲在亳社曰與秦玠郎中論書玠學書于李西臺建中而西臺之名重于當世余曰問玠西臺學何人書云學張從申也問玠識從申書否云未嘗見也曰以此碑示

之玠大鷺曰西臺未能至也以此知世以鑒書為難者誠然也從申許書碑令絕不行于世惟予集録有之著（者）矣（吳）季子碑陰記崔圓頌德碑并此纔三尓集古録

唐祭酒史公碑

唐賈曾撰徐浩書李陽冰篆額代宗時立在溧陽復齋碑録

唐華陽三洞景昭大法師韋公碑

唐陸長源撰竇衆（泉）書并篆額貞元三年正月上元造在茅山玉晨觀復齋碑録

唐孝子張常洧旌表碑并門閭勅旌表碣贊附

唐貞元五年旌表張常洧門閭勅一道并紀孝行碑前許昌主簿高宇撰旌表碣贊句容主簿承瓌撰皆同刻不著書人名氏常洧字巨川句容人居父喪廬墓過期有芝草生墳上故見旌表集古録目

文字磨滅僅可見其髣髴蓋孝悌之為名人之所甚慕而旌表非一世勸也故特録之者惜其將遂不見于後世也其文辭筆畫点自可佳然不專取乎此也集古録

唐玄宗賜李鍊師詩詔

唐進士任良友書鍊師名會光號真靖先生玄宗所賜詩凡三首詔勅十鍊師所上表并荅詔十五貞元十四年道士包無降際等刻石在茅山集古録目

唐三茅君下泊宮記

唐黃洞元撰盧士元書貞元十五年諸道石刻録

唐揔悟上人鍾山林下集序

唐處士石洪撰序桂府観察判官張譜諸暨縣尉盧建上元縣尉盧少連詩共三首皆洪書為

鍾山僧揔悟所作也以貞元二十年十二月立集古録目

唐高陽郡許守珪墓誌

元和四年復齋碑録

唐脩下泊宫記

唐浙西觀察判官王師簡撰道士任叅玄書下泊故茅君宅也在三茅山下元和中浙西觀察使薛苹脩以為宫并立三茅君像以元和九年立此碑集古録目

唐紫陽觀常住莊園寺記

長慶三年八月立在茅山玉晨觀〔復齋碑録〕

唐崔玄亮遊山題記

唐刑部尚書崔玄亮長慶三年遊山題記在茅山〔集古録目〕

唐幽棲寺冲素和尚塔記

唐沙門靈遵行書長慶三年歸化寶歷二年正月起塔三月十日畢工〔復齋碑録〕

唐崇元聖祖院碑

唐常州刺史賈餗撰前陳州叅軍徐挺古八分

敬宗即位詔天下求有道之士李德裕為浙西

觀察使以道士周息元薦于朝為建此院勑賜號崇元聖祖院碑以寶歷二年立在茅山集古録目

唐鴻禧院記

唐賈餗文諸道石刻録

唐茅山三像記

八分書與崇元聖祖院記一体〔體〕書李德裕既建聖祖院并立玄元皇帝孔子尹喜三像援引傳記事迹作此記以寶歷三年刻集古録目

唐李德裕撰德裕自號上清玄都大洞三景弟子上為九廟聖主次為七代先靈下為一切含

識敬造老君孔子尹真人像三軀此固陋巷庸鄙人之所常為德裕為之有不足恠然以孔子與老君為伍而又居其下此豈止德裕之獨可罪耶今史記載孔子問禮于老聃聃戒孔子去其驕氣多慾而孔子歎其道猶龍之語著于耳目自漢以来學者未有以為非者豈止德裕之罪哉集古録

唐仙壇山銘

并石天尊像一唐道士周道賜書銘不著撰人名氏初道士宋文幹以山石自然成形因立壇

其後縣令岑仲琢石爲像碑以聖歷三年立在溧水集古録目

唐右補闕陸滂題名

滂自稱麋鹿臣字爲篆書大和三年題在茅山集古録目

唐景陽井欄口銘

篆書不著名大和四年六月刻在行宮復齋碑録

辱井有篆文云辱井在斯可不戒乎并下不文共十八字在井口檻上不知誰爲文南豐集古録

唐爐峰道場鐘銘

僧世用述趙景玄行書大和四年七月復齋碑録

唐攝山栖霞寺賢聖會記

擇善言撰周士年行書并題額大和五年九月十五日復齋碑録

唐沈傳師攝山題名

正書大和七年六月金石録

唐修水陸無遮齋題

大和七年六月諸道石刻録

唐禁山碣

并大和七年禁樵採勅同刻在茅山諸道石刻録

唐平泉院無尋田記

開成中立諸道石刻録

唐趙浩書金剛經

正書僧清濬篆額開成五年正月立復齋碑録

唐李德裕遥傷孫尊師詩

唐李德裕遥傷孫尊師詩三首寄題黄先生舊館詩一首附試祕書省校書郎裴方質八分德裕時為司空平章事以會昌三年刻在茅山集古録目

唐重换司空廟殿記

據碑司空漢光武時人二十三世孫唐杭州臨安縣令有則易其廟之故殿立此碑從生孫重厚撰族人文察書而皆不著姓當光武時為司空者非一人而有則于唐亦不顯不知其為何人也有則自稱宗長又有宗副都枝長宗正宗録都孔目廟祝衡陽侍郎等諸枝長孔目及職司題名者數十人皆其族人也碑以會昌六年八月立在溧陽集古録目

唐重修吴大帝廟階記

唐河陽三城節度團練衙推石湘撰不著書人

名氏永寧縣主簿周知素重修大帝廟階以大中六年立此記集古録目

唐重建開善寺碑

唐宗整撰宗渙正書并篆書額咸通三年十月建復齋碑録

唐僧伽殿記

不著書撰人名氏僧伽殿潘昉等所立并題名數十人碑以咸通七年立集古録目

唐奉禮郎戴府君誌

正書小字分書額懿宗時立在漂陽縣復齋碑録

唐孝子張府君旌表碑
唐王丞福書雷珍題額咸通十三年諸道石刻録
唐攝山栖霞寺律大德碑
唐王如玼撰沙門澄觀正書大歷四年三月建
乾符五年十一月重立復齋碑録
唐潘城縣碑
唐進士劉雎撰陶貞固正書并篆額中和三年
七月十五日立在溧水復齋碑録
唐立西漢御史大夫趙王廟記
林雲撰中和三年三月二十七日復齋碑録

唐車府君誌
唐天成軍都虞侯淮南押衙車府君誌光啓元年十二月二十八日立無書撰人名復齋碑録

唐重立許長史舊館壇碑
梁陶隐居撰并書普通二年正月記唐裴行矩重立諸道石刻録

唐三茅山記
唐人書不著名氏倫記三茅山四面所至地里遠近集古録目

唐景陽井欄記

唐閬州川上鈌縣主簿張著撰無書人名氏并刻石年月集古録目

唐禮部侍郎信州刺史劉大真碑

唐裴度撰蔣瀍正書在溧水縣諸道石刻録

鳳凰臺記

武仙重碑

玉霄庵碑

三碑諸道石刻録

吳開善寺浴院井記

無撰人姓名李陶正書并篆額順義七年六月

缺日記復齋碑録

吴徐温鑄興化院鐘記

武義二年十月二十三日立在府城香林寺復齋碑録

吴徐公重建靈寶院記

道士王西霞撰道士吕子元正書并篆額大和三年重光辛單閼夘九月九日癸巳記復齋碑録

南唐牛首山祖堂幽棲禪院佛殿記

沙門無業撰沙門處安正書并篆額昇元二年庚子二月記復齋碑録

南唐宋齊丘鳳台山詩刻二十韻

宋齊丘天祐八年題昇元三年奉勅立石王紹顏奉勅正書治平四年重撰復齋碑録

南唐天王記

不著書撰人名氏溧水縣人許儒造石天王像以昇元六年立此記集古録目

南唐方山洞玄觀勅還舊鐘記

道士劉日新撰道士李希曜正書并篆額保大元年十月七日立復齋碑録

南唐保寧院鐘贊

保大二年諸道石刻録

南唐義井記

保大三年諸道石刻録

南唐保大香爐記

保大三年乙巳歲五月二十四日巳未記復齋碑録

南唐中興佛窟寺碑

孫忌撰尉遲樞正書王文秉篆額保大四年丙午二月五日建復齋碑録

南唐方山寶華宮碑

撰人碑缺殷行書王文秉篆額并鐫保大四年六月五日建復齋碑録

南唐張懿公碑

殷崇義撰朱銑正書保大六年諸道石刻録

南唐辟支佛大廣現身記

周彦崇撰孟文益行書保大六年諸道石刻録

南唐保大井欄銘記

保大八年三月内建造此井復齋碑録

南唐祈澤寺碑

釋契恩撰并正書篆額保大八年庚戌六月二十八日建復齋碑録

南唐清涼寺悟空禪師碑

韓熙載撰并分書篆額保大九年七月二十五日立復齋碑録

南唐祭悟空禪師文

保大九年諸道石刻録

南唐貞素先生王栖霞碑號玄博大師

徐鍾撰并篆額徐鍇分書王文秉刻字保大壬子復齋碑録

南唐重立吴太極左仙公葛公碑

梁陶隐居撰保大十四年丙辰七月辛卯朔立日乙未重建復齋碑録

南唐題葛仙公碑陰文

句容縣令王玄撰并書男邕題額保大十四年

中秋月庚申朔記復齋碑録

南唐青元觀九天使者功德殿記

賈穆述王燮書保大十五年諸道石刻録

南唐紫陽觀碑

徐鉉撰楊元鼎書并篆額王文秉刻己未歲十

二月一日建復齋碑録

南唐徐鍇茅山題名篆書

太歲庚申弟子徐鍇敬謁復齋碑録

南唐般若心經

篆書不著名王文秉刻字諸道石刻録其後八分題曰左千牛衛兵曹叅軍王文秉刻字文秉南唐人善篆書此經字畫與文秉他所書相類然不知何以但稱刻字也石在人家集古録目

南唐許真人井銘

徐鉉撰并篆書在玉晨觀諸道石刻録

南唐蔣莊武帝廟碑

徐鉉撰朱銑正書諸道石刻録

南唐玄博大師王君碑（即王栖霞碑已見前）

徐鉉撰篆書并題額（諸道石刻録）徐鍇八分

南唐小篆千文

王文秉篆書建隆元年刻石在茅山（集古録目）

小篆千文者江南人王文秉書其後題云大唐庚申歲者建隆元年也僞唐李煜自周師取淮南畫江爲界以稱臣遂削去年號奉周正朔然世宗特許其稱帝故文秉猶稱唐而不書年號直云庚申歲也文秉在江南篆書遠過徐鉉而鉉以文學名重當時文秉人罕知者學者皆云

鉉筆雖未工而有字學一點一畫皆有法也文秉所書獨余集録屢得之此本得于大學楊南仲集古録

南唐紫陽宮石磬銘

張猷撰王文秉筆建隆二年刻石在人家集古録目

紫陽石磬銘余獨録于此而不附他書者文秉之書罕見于今也小篆自李陽冰後未見工者文秉江南人其字畫之精遠過徐鉉而中朝之士不知文秉但稱徐常侍者鉉以文章有重名于當時故也歲在辛酉晉天福六年李昪之昪

元五年也五代干戈之際士之藝有至于斯者太平之世學者可不勉哉集古録

騎省石

在句容縣治徐鉉曾題名故為騎省石諸道石刻録

南唐延賓亭記宗齊丘文

南唐龍山泉銘

南唐題明徵君墓詩徐鍇篆

南唐金剛藏經殿碑

韓熙載撰并書四碑諸道石刻録

宣州

春秋屬吴戰國屬越後屬楚秦屬鄣郡二漢屬丹陽郡吴為重鎮晋徙丹陽于建鄴而以其地置宣城郡宋齊梁陳因之梁兼置南豫州隋平陳郡廢改州為宣州大業初復置宣城郡唐武德三年曰宣州天寶元年曰宣城郡吴陞為寧國軍節度皇朝因之今縣六

宣城　南陵　泾縣

寧國　旌德　太平

唐修東門頌

唐武平一撰張敬玄書并題額開元十一年立

訪碑録

唐良吏記

唐大理司直攝監察御史陳簡甫撰大理司直陳泰階書大歷中宣州刺史陳碑不著名采開元以來州之良吏刺史裴曜卿刺史蕭江西採訪使班景倩竹承構裴敦復贈刺史李偁司功參軍張邈凡六人刻石為之記備常為涇縣令終于宣州長史廣德初淅中盜起過宣州者皆相戒不入其閭討擊使以聞贈宣州刺史碑以大歷四年立集古錄目

唐宣歙觀察使薛邕去思頌

唐崔巨撰裴業分書并篆額大歷十四年八月

五日立復齋碑録

唐顔魯公殘碑

大歷十四年諸道石刻録

唐禪定寺通公碑

唐嚴綬撰顔額正書永貞元年十一月二十五日建復齋碑録

唐杯渡禪師影堂碑

唐朱存撰釋巨鄰篆書太和三年立在隱靜山復齋碑録

唐修敬亭府君廟記

唐劉重鈞撰大和十年立在廟中訪碑録

唐福田寺經藏院記

唐崔從龜撰僧元孚書會昌二年立復齋碑録

唐鄭薰記顔魯公題蒲塘客旅

唐宣歙池觀察使鄭薰記大中十一年十一月十九日復齋碑録

唐新興寺碑

唐歙州刺史盧肇撰并書越州刺史楊嚴篆額

新興寺在宣州宣宗大中初悉復武宗所毁佛寺刺史裴休修之而立此碑以大中二年立

集古録目

唐疊嶂樓記

刺史獨孤霖書咸通十二年十二月辛亥復齋碑録

吴新興寺崇福院五百羅漢碑

大天德崇義正書大和癸巳歲十月建復齋碑録

多寶塔記

孟拱辰書諸道石刻録

琴高亭頌

杜禕撰八分書諸道石刻録

南唐涇縣文宣王廟記

徐鉉記徐鍇篆書太歲丁未十月九日吴光轉輔

徐廷祚立復齋碑録

南唐袁石題

徐廷祚篆書保大五年在涇縣復齋碑録

南唐魏惠王神道碑

常夢錫撰書人殘缺王文秉鐫保大七年己酉

十二月建復齋碑録

南唐彰城寺鐘銘

神仙戒

鄭畋文二碑諸道石刻録

徽州

春秋屬吳戰國屬越後屬楚秦屬鄣郡二漢屬丹陽郡吳孫權分置新都郡晋武帝改為新安郡宋齊因之梁廢隋平陳置歙州大業初置新安郡唐武德四年復置歙州天寶元年曰新安郡皇朝因之統縣六

歙縣　休寧　祁門

婺源　績溪　黟縣

唐薛稷祠堂記

陳允升撰李灝分書篆額年月漫滅 諸道石刻録

南唐婺源都置制新城地記

劉津記正書并篆額昇元二年十月五日 復齋碑録

江州

古楊荆二州之境春秋戰國屬楚之秦屬九江郡二漢屬廬江豫章二郡晉惠帝置尋陽郡兼置江州初治豫章武帝咸康六年移治尋陽中流襟帶常為重鎮宋齊梁陳因之隋平陳郡廢大業初州廢置九江郡唐武德四年復置江州天宝元年曰尋陽郡
皇朝因之今縣五
德化　德安　瑞昌
湖口　彭澤

宋慧遠法師碑

宋謝靈運撰張野序不著書人名氏慧遠姓賈氏雁門人東晉末居于廬山東林碑在廬山 集古

目錄

隋西林道場碑

隋太常博士歐陽詢撰不著書人名氏筆畫道勁或以為公自書按兩京記隋改寺為道場碑以大業十三年立在廬山西林寺集古錄目

渤海公在隋為太常博士時作不著書人名氏字畫道勁世或以為公自書公時年尚少又字法與公書不同不知何人書也集古錄

碑題太常博士歐陽詢撰而不著書人名氏余家藏隋姚辯墓誌元壽碑皆率更在大業中為博士時所書與此碑字體絶不類知其非率更

書也金石録

唐佛馱禪師舍利塔碑

月二十九日建復齋碑録

唐新𣗥東林寺菜園記

唐魯德璠撰林薿正書鄧初篆額咸通四年九

月三日復齋碑録

唐狄梁公碑

唐皮日休撰錢雍分書并篆額咸通五年立在

彭澤縣修真觀復齋碑録

唐觀察使武陽公韋公寫真贊

唐苗紳撰咸通八年書在東林寺諸道石刻録

唐重建東林寺大德言公碑

唐苗紳撰裴光遠分書并篆額咸通九年十二月十三日建復齋碑録

唐廣平公舊國記

唐薛正己撰劉詢書并篆額光啓二年六月二十一日立在東林諸道石刻録

唐圓通大師碑

唐裴廷裕撰張文祐捨手書訪碑録

南唐重修東林寺記

韓王知證記孟拱辰分書并篆額昇元六年七月一日復齋碑録

南唐太乙真人廟記

韓王知證記孟拱辰行書并篆額昇元六年七月二十九日立復齋碑録

唐西林題名

唐顔魯公書永泰丙午六月題集古録目

唐東林寺慧遠法師影堂碑

唐李演述僧惟高書王遹篆額貞元中建武宗時廢宣宗大中八年七月再立諸道石刻録

唐東林寺律大德熙怡大師碑

唐許堯佐撰李行言分書并篆額貞元十二年八月建武宗時廢宣宗大中八年再立 諸道石刻録

唐東林寺經藏碑

唐李肇撰元和七年九月建武宗時廢大中十三年七月八日馮譔重書再立并篆額 復齋碑録

唐東林寺律大德粲公碑

唐吉州司户許堯佐撰吴郡陸蔚之書并篆額元和八年端午建武宗時廢大中八年七月再立 復齋碑録

唐東林寺臨壇大德塔頌

唐劉軻撰弟子雲皐正書元和八年十月建武宗時廢大中八年七月重立諸道石刻録

唐崔融遊東林寺詩

正書無姓名元和十三年二月二十九日曾孫江州刺史能重刻復齋碑録

唐興果寺律大德奏公塔碣

唐白居易撰僧雲皐正書長慶二年閏十月一日建武宗時廢宣宗大中八年七月十五日重立復齋碑録

唐題東林寺影堂碑陰

唐李渤撰僧雲皐正書長慶三年二月七日立復齋碑録

唐廬山峯頂寺臨壇大德法真碑

唐李弘慶撰僧雲皐正書長慶三年四月立復齋碑録

唐東林寺律大德熙怡石墳哀誌銘

唐侯高撰僧雲皐正書長慶四年五月十三日立復齋碑録

唐辨石鐘山記

唐李渤字濬之撰不著書人名氏彭蠡湖之口

有石鐘山酈道元注水經以為水石相薄為鐘音因以得名瀏遊山中見有圓（卧）石叩之其鳴如鐘土人曰此石鐘也故為此記以辨之瀏時隱居白鹿洞稱白鹿先生後官至桂府（管）觀察使大和元年故吏吴文幹刻石在湖口鎮集古録目

唐東林大師真堂記

唐倪（貌）石（匡）明書并篆額大和三年諸道石刻録

唐栖霞寺大德玭律師碑

唐劉軻撰沙門雲臯正書齊餘篆額大和四年七月十一日建武宗時廢宣宗大中八年七月

二十三日再立復齋碑録

唐水閣院律大德齊朗和尚碑

唐鄭素卿撰僧道真行書大和六年三月六日

建大中八年再立諸道石刻録

唐東林寺德化王童置白氏文集記

僧匡白記余文真正書倪匡明篆額大和六年

八月十二日諸道石刻録

唐東林寺白氏文集記

唐白居易記僧雲皐正書大和九年八月金石録

唐寶稱大律師塔碑

唐秘書丞史館修撰劉軻撰江州司户參軍陳去疾書前振武節度參謀李庭彥篆額律師江南講僧也名智滿陶靖節之九世孫始出家于寶稱寺故以爲號碑以開成四年立大中八年重建在廬山集古録目

碑以開成四年四月二十七日建武宗時廢大中八年七月二十三日重立復齋碑録

唐曹汾去東林詩

會昌三年七月十三日刻在玭師碑陰諸道石刻録

唐東林寺觀音方丈記

江夏僧元楚記東夷溟島大玄都谷冲舜野叟書大中六年二月十五日復齋碑録

唐撫州景雲寺上弘和尚石塔碑

唐白居易撰李克恭正書段全緯篆額大中八年七月十五日重立在東林寺復齋碑録

唐隴西子德題名

大中十年同遊刻石西林寺諸道石刻録

唐東林寺建碑記

唐張又新撰裴光遠篆額大中十年四月三十日復齋碑録

唐復東林寺碑

唐湖南觀察使潭州刺史崔黯撰散騎常侍柳公權書寺在江州先被廢至宣宗時復立碑以大中十一年四月立在廬山東林寺集古錄目

會昌中被廢大中初黯為江州刺史而復之集古錄目

唐韋宙施錢再造經藏堂宇題

大中十二年刻石在東林寺諸道石刻錄

唐裴諴題名

刻在齊朗和尚碑陰大中十四年六月諸道石刻錄

唐經藏院碑陰記

唐撫州刺史蔡京撰　正書無名大中十四年五月　諸道石刻錄

南唐彌勒菩薩上生殿記

楊弼撰僧慕莊書保大三年二月二十日杜昌業建諸道石刻録

南唐太一觀董真人殿碑

道士倪少通撰道士鍾德載正書并篆額保大十一年十一月復齋碑録

南唐東林寺上方禪師舍利塔記

彭價撰并分書額伊從道正書保大十四年歲次丙辰十月庚申建王文東刻復齋碑録

南唐文宣王廟記

徐鉉撰諸道石刻録

南唐張靈宫記

徐鉉撰徐鍇書并篆額歲次癸酉上元立諸道石刻録

南唐義門陳氏書堂記

徐鉉撰徐鍇書并篆額諸道石刻録

池州

春秋屬吴戰國屬越後屬楚秦屬鄣郡二漢屬丹陽郡晋屬宣城郡宋齊梁陳隋因之唐武德四年析宣州置池州貞觀元年州廢永泰元年復置後曰池陽郡

皇朝因之今縣六貴池　青陽　銅陵　建德　石埭　東流

唐張嶙府君墓誌

唐韓勵躬撰正書無名貞元十四年十一月十一日立在建德縣復齋碑録

并書凡詩五首武陽郡公韋丹詩

唐崔瀚撰　京兆金石録

四年刻　集古録目

法王和尚塔碑

僧迴斌撰丘光道書　諸道石刻録

自十五卷饒州以下至十八卷合州止俱闕

饒州下俱闕

信州

太平州

南康軍

江南西路

隆興府

贛州

吉州

袁州

撫州

瑞州

臨江軍

建昌軍

寶刻叢編卷十六

錢塘陳　思　纂次

荆湖南路 俱闕

潭州

衡州

道州

耒州

郴州

荆湖北路

江陵府

鄂州

德安府

復州

常德府

峽州

岳州

歸州

辰州

荆陽軍

寶刻叢編第十七

錢塘陳　思　纂次

成都府路 俱闕

成都府

眉州

崇慶府

彭州

綿州

漢州

嘉定府

邛州

黎州

雅州

簡州

永康軍

隆州

寶刻叢編卷第十八

錢塘陳　思　纂次

梓州路

潼川府　闕

遂寧府　闕

果州　闕

資州　闕

普州　闕

叙州　闕

瀘州　闕

合州闕

渠州

懷安軍

利州路

興元府闕

利州闕

閬州闕

劍州闕

巴州

文州

沔州闕

蓬州闕

渠州

春秋戰國為巴地秦二漢屬巴郡晉初屬巴西郡惠帝分置宕渠郡宋齊屬巴渠郡梁立渠州西魏立流江郡後周因之隋開皇初郡廢大業初州廢為宕渠郡唐武德元年曰渠州天寶元年曰流江郡

皇朝因之今縣三

流江　隣水　潾山

漢賜豫州刺史馮煥詔

漢賜豫州刺史馮煥詔安帝元初六年也首云告豫州刺史馮煥者漢詔之式如此按馮君車騎將軍緄之父緄傳云煥為幽州刺史又有墓闕題云豫州幽州刺史馮使君神道

季年豫州境内無盜賊事上谷代郡皆幽州
部詔有北頤 心及頃屬樂浪之文亦幽州
也詔中諭其竭心盡慮而使之便宜教上必
自豫徙幽而賜此詔其石下斷惟存上八
意不能詳考煥猶在豫故其前尚稱故官也

漢幽州刺史馮煥神道

銘云故尚書侍郎河南京令豫州刺史馮使君
神道按後漢書馮緄傳緄父煥安帝時為幽州
刺史而緄碑亦云幽州君之元子此字在宕渠
緄墓前雙石闕上知其為煥闕也金石錄

漢幽州刺史馮煥神道今在渠州馮緄傳云父煥安帝時為幽州刺史建光元年卒隸釋有元初六年賜豫州刺史馮煥詔煥之殘碑有郎中尚書侍五字惟京令無所見也隸釋

漢馮煥殘碑

漢馮煥殘碑三十九字其云比鮮卑叛逆則元初六年詔除幽州時事也其云策書嘉嘆賜錢者馮緄傳載煥死于獄中帝愍之賜錢十萬當是此事也末有永寧二年四字盖其卒之年月也帝紀書建光元年正月幽州刺史馮煥卒

二郡太守討高句驪穢貊不克四月遼東都龐
奮承偽璽書殺元菟太守姚光緄傳云煥幽州
刺史疾忌姦惡元菟太守姚光亦失人建光元
年怨者詐作璽書賜煥光以歐刀下東龐奮行
刑奮即斬光収煥煥疑詔有異上自訟病死獄
中建光之元即永寧二年是歲月改元煥以四
月終故碑尚用舊年也碑字亡幾而皆與史合

隸釋

漢馮煥殘碑陰

漢馮煥殘碑陰諸曹史及帳下司馬武剛司馬

十餘人其間有貫潁川汝南陳國者皆豫州舊部也隸釋

漢車騎將軍馮緄碑

漢故車騎將軍馮公之碑篆額馮公名緄巴郡宕渠人碑云字皇卿而本傳作鴻卿碑云一要金紫十二銀艾緄終于廷尉而以將軍題碑首者以金紫之貴也緄以永康元年十二月卒隸釋

漢馮緄墓六玉碑二

其上有烏三足狐九尾其一則二驢有一人跨其右者最下一牛首蜀人謂之雙排六玉碑

又一碑與六玉碑同一石在馮緄墓道中蜀人謂之六物碑其上朱爵而下玄武其中没字非漫滅也並隸釋

漢馮緄墓單排六玉碑

上有朱雀玄武蜀人既以前碑為雙排而謂此單排恐亦是馮緄墓道中

漢是邦雄傑碑

无名碑以天祿為額其下刻一牛首又有碑上朱雀而下玄武其中則没字碑也此碑之云是邦峻生雄傑峻之上下各闕一字蓋言其

山川孕秀也其間有晉陽侯苗由彼遷梁揵為武陽之句疑其姓楊而家揵為也其初云咩羌動干戈州郡旡賦發君設貲寶當是出家財以禦寇也其中又有君將出征及賓布子亦是破賊之事碑今在西州字畫頗類李翊碑隸釋

漢是邦碑陰没字碑

没字碑是邦雄傑之陰也與馮緄墓道一碑相類非磨滅者朱雀在其上龜蛇在其下隸釋

漢益州太守城壇碑

旡名碑蜀人謂之城壇碑末有方三百里圍二

尺字及用人用日教似是記板築事首云肇自軒轅以臻于君則紀其族系也游學魯衛師孔氏門鈎深河雒綜覽典墳則美其學問也自此歷官皆刓缺多叙討擊寇攘鳩集散流之事有先零氐羌攻犯及四方會聚萬有餘人之語司隸議以其有謀謟拜益州太守餘或句有讀而上下文不相屬矣隸釋

漢廣漢屬國侯李翊碑

碑无頟碑云君諱翊字國輔歷五官功曹守祭孝為郎拜廣漢屬國侯熹平二年卒銘文

屬國李侯之語知其姓李復齋碑錄

漢廣漢屬國侯李翊夫人碑

漢廣漢屬國侯夫人碑李翊之配也兩碑今在渠州歐趙時皆未出其文云於戲夫人臧侯苗焉盖夫人之姓臧也其後歎辭未易曉中有重文數句惟其再出漢婦人墓銘見于文士刻存于今者獨此一碑爾

唐立魏太尉鄧公神廟碑

唐邢冊撰正書无名氏長慶四年二月五日立

唐創起歇馬五亭記 復齋碑録

唐南卓撰王朏正書并題額開成元年五月二十二日 復齋碑録

唐陰平縣記

唐鄭茵撰無書人名氏篆額大中六年五月十八日記 復齋碑録

唐重陽亭銘

唐李商隱撰正書無名氏大中八年九月 金石録

唐百神堂記

唐節度吴行魯記正書大字无姓名乾符三年
歲寄丙申四月二十日記復齋碑録

唐冊贈張丞相順濟王并祭文
正書无姓名廣明二年歲次辛丑正月庚戌朔
十七日丙寅立復齋碑録

唐新修順濟王廟記
正書書撰人姓名缺中和元年十二月記復齋碑録

唐冊贈鄧艾衛聖侯勅碑
唐歙州刺史姚卓狀鄧乾裕書并篆額中和五
年八月十日立復齋碑録

唐東溪亭詩

唐歙州節度行軍司馬任侗撰序并詩監軍使程山望等和者九人无書人名氏及刻石年月

集古録目

梓潼五婦山神廟碑

在梓潼北四十里

寰宇記

九龍堂記

諸道石刻録

巴州

春秋戰國為巴郡秦二漢屬巴郡蜀劉氏分屬巴西郡晉因之晉宋之閒為夷獠所據宋末始于嶺南立歸化郡齊因之梁又立木門郡元魏得其地立巴州及太谷郡後復入梁而大谷廢西魏後周皆立巴州隋開皇初歸化木門二郡並廢屬巴州大業初州廢置清化郡唐武德元年曰巴州天寶元年曰清化郡蜀王氏孟氏因之今縣五化城難江恩陽曾口通江

漢廣漢屬國都尉丁君碑

廣漢屬國都尉丁君碑威宗元嘉元年立丁君名魴字叔河其碑僅有數句成文如云耽樂術

藝文雅少疇治易韓詩垂意春秋其仕則初為
蜀郡屬國都尉三載功成還于廣漢立碑者
十餘人嚴子修為之首 隸釋

漢巴郡太守張納功德叙

其前題巴郡太守都亭侯張府君功德叙云君
諱納字子郎渤海南皮人也又云丙子璽書封
都亭侯碑死卒葬年月其後頗叙述政績而繫
以銘詩蓋巴郡太守德政碑爾 金石録

巴郡太守都亭侯張府君功德叙靈帝中平五
年立今在巴州張君名納渤海人碑云立姓定

氏應天文像蓋謂二十八舍有張宿其不經與柳敏碑同此碑乃椽屬李元等爲之碑陰各書曹掾之職而不稱故吏則是張君在郡之日所立隸釋

漢張納碑陰

張納碑陰題名七十有四人從事及丞則書其字主簿椽吏並書名蓋一郡之吏也隸釋

益州從事宕渠李元次公等七十四人題名末行云中平五年三月上旬書君升台祚承天百福子孫千億復齋碑録

唐龍興寺頌
唐崔璟撰王幼成書開元十五年立諸道石刻録

唐救苦觀世音像銘
乾元二年正月諸道石刻録

唐立巴郡太守嚴顏廟碑
唐韋曾撰无書人姓名貞元二十年諸道石刻録

唐羊士諤遊西龕詩
元和六年并題石壁寒食遊眺二詩復齋碑録

唐刺史喬公郡齋詩
長慶元年七月諸道石刻録

唐重修嚴顏廟碑

唐馮獬撰蒲君寀正書天復五年十月十五日立復齋碑録

唐光福寺楠木歌

唐嚴武史俊作訪碑録

唐古楠行

唐鮮于侁作諸道石刻録

唐嚴武題龍日寺西龕石壁詩

行書无姓名金石録

唐郄昂光福寺詩

行書无姓名金石録

唐河東薛公布政録

唐裴寘辭纂述王勛書諸道石刻録

唐南角山記

唐刺史楊師謀撰在集州即難江縣地唐武德四年立集州　皇朝熙寧五年州廢來屬

文州

春秋戰國及秦屬氐羌地漢爲廣漢郡晉泰始中立陰平郡西魏立文州及盧化郡後周因之隋開皇初郡廢大業初州廢屬武都郡義寧二年立陰平郡唐武德元年曰文州天寶元年曰陰平郡蜀王氏孟氏因之今縣一

曲水

唐[illegible][illegible]驛記

正書書撰人姓名缺碑漫滅正書額四字全天寶四年立 復亝碑錄

寶刻叢編卷第十九

錢塘陳　思　纂次

夔州路

夔州

都督府春秋爲庸國之魚邑庸滅屬巴秦及二漢屬巴南二郡初平六年分屬永寧郡建安六年劉璋改爲巴東郡蜀晉宋因之齊立巴州梁曰信州後周皆總管府隋開皇初巴州廢大業初府廢復立總管府唐武德元年改曰信州二年改曰夔州天寶元年曰雲安郡屬王氏陞鎮江軍節度後改曰寧江今縣二奉節　巫山

漢巴官鐵量銘

漢巴官鐵量銘云巴官永平七年三百五斤第二十七前代以永平紀年者凡五漢明帝晉惠帝後魏宣武李密僞蜀王建惟明帝至十八年其他皆無及七年者以此知爲明帝時物也金石錄

銘云巴官永平七年三百五斤第二十七此盆色類丹砂黄魯直石刻云其一曰秦刀巴官三百五十戊永平七年第二十七酉余紹興庚午親見之今在巫山縣治資古紹志錄

巴官鐵盆銘十六字顯宗永平七年造建中靖

國初黃魯直自戎州東歸，厥弟叔向攝邑巫山，有大盝盆積水堂下，以植蓮炎。魯直去其泥而識之，其文鑄出鐵上，故雖有發筆而勢不可縱。人或指以為篆，首行惟有一字如巳而及最後一字如西而有連筆，魯直以為前刀而後酉，亦之秦篆。又以斗為戊，皆誤也。隸續

漢巴官盪量銘 銘三行十六字。量在巫山，崔旧蓄水種蓮。建中初，山谷濯去污泥，得款識，謂前一行乃秦篆，曰刀；其二曰巳官五百五十咸（代）；其末曰永平七年第二十七酉。當是時，歐陽公以下世

不及見不得以入録趙德夫雖得以入録其攷正乃云巴官永平七年三百五斤第二十七殊失次序無義理余服山谷之言多是唯首行以乙為刀余疑是乙量以甲乙名之乙次甲其第二量乎次曰巴官三百五十戍代巴官巴都官量也以戍代為戊疑是斗言此量所容三十五石耳其最後行曰永平七年第二十七酉按明帝永平七年正月二日乙酉至十一月十九日丁酉凡二十七酉記此量成于丁酉亦絳老人四百四十五甲子之義也余生晚恨不見山谷

晋都鄉侯斷碑 集古後録

上半不存不知姓名末行有升平二年三月上旬立 復齋碑録

唐雜言神女祠

唐忠州刺史李吉甫撰正書無姓名貞元十四年正月二十五日刻 復齋碑録

唐題巫山詩

唐蔡𥞊撰沈幼真行書元和五年十一月 金石録

唐神女廟詩

唐荆南節度判官敬騫撰試左金吾衛兵曹參軍沈幼真書元和五年十二月刻在巫山集古録目

唐白帝城新修祠廟記

唐馬文約撰戴昇正書并額元和九年立復齋碑録

唐刺史廳壁記

唐劉禹錫撰正書無姓名長慶二年復齋碑録

唐神女廟詩

唐李貽孫撰正書無名會昌五年九月金石録

唐都督府記

唐夔州刺史李貽孫撰繆師愈書其記州之城

壘祠宇古跡甚備碑以會昌五年十一月立集古錄目

余嘗謂唐世人人工書故其名湮沒者不可勝数每與君謨歎息于斯也如[illegible]靈該繆師愈今人尚不知其姓名況其書乎余以集錄之博僅各得其一爾集古錄

唐丘玄素神女廟記

唐夔州刺史丘玄素詩一首無刻石年月集古錄目

後唐重修白帝廟記

劉綺述并行書篆額長興二年六月記復齋碑錄

前蜀重修水陸院佛殿記

右拾遺張恂撰諸道石刻録

白帝廟石笋詩三首

諸道石刻録

黔州

春秋為巴地戰國屬楚秦昭王義楚取黔中以為黔中郡二漢屬武陽郡晋宋齊皆因之後不賓服後周武帝時蠻帥以其地歸附初立泰州後改曰黔州不帯縣隋為黔安郡唐武德元年曰黔州天寶元年曰黔中郡屬王氏陞武泰軍節度今縣二

彭水　黔江

漢孝廉柳敏碑

碑云君諱敏其先盖五行星仲二十八舍柳宿之精也其說可謂怪矣此碑以柳君得姓出于柳宿果何所據哉金石録

孝廉柳君碑柳君名敏歷五官功曹宕渠令碑

以孝廉稱之重其行也其文亦因孝廉除郎中碑字雖有漫滅攷其文意蓋柳君以本初元年再為郡守所舉不幸而死後二十三年縣令趙臺念其墓無碑識故為立石時靈帝建寧二年也隸釋

孝廉柳敏碑今在黔州隸釋云敏嘗為郎中五官功曹宕渠令死後二十三年縣令趙臺念其墓無碑識故為立石時靈帝建寧二年也余攷之不然其以孝廉除郎中者敏之父也歷五官功曹宕渠令者敏也其言建寧元年趙臺念素

帛之義其二年十月甲子爲君立碑者建寧三年也按范曄漢紀建寧二年十月庚子晦日有食之逆數而上十月無甲子趙德夫金石録識于目録之下云建寧二年六月然此碑其稍漫不可識者則十有四字其可識者三百十字而十月甲子又特全好無昏舛可信而不疑况是年六月一日辛未亦無甲子惟建寧三年十月乃正得甲子朔碑所謂其二年者元年之後二年也集古後録

漢柳敏碑陰六玉

柳敏碑陰其上刻一禽若鳳其下則麟也中有牛首啣環兩旁凡六玉其右則瑁圭璧其左則琮璋璜隸續

忠州

春秋戰國為巴地秦屬巴郡二漢屬晉宋齊皆因之梁立臨江郡後周兼立臨州隋開皇初郡廢大業初州廢屬巴東郡義寧二年復立臨州唐貞觀八年改曰忠州天寶元年曰南賓郡前蜀後蜀因之今縣四

臨江　墊江

豐都　南賓

漢縣三老楊信碑

縣三老楊信碑石已剥鮮有成章者唯官氏名字俱存所云陳留太守則其父祖也其文有蠻夷盜賊及奬勵兵甲之句蓋是述其捍寇之績其官惟有官椽功曹四字其中有惟兮和平大

漢元年之文惟兮歎息之辭和平者威宗之紀年其末云七十有二遭疾則其所終之壽也隸釋

唐仙都觀王陰二仙翁碑

唐李處之撰施楚玉正書景雲二年正月立金石録

唐仙都觀王陰二真君碑

唐薛鏡一撰字文楚珪正書景雲三年正月立復齋碑録

唐明皇夢真容銘

開元中刻　諸道石刻録

唐明皇送太守康公詩

唐明皇御製并行書古篆額天寶十三年二月建　復齋碑録

唐御製御書詩刻石記

唐南賓太守康昭遠謹述天寶十三年甲午十二月七日癸酉建　復齋碑録

唐仙都觀王陰二真君影堂碑

唐李吉甫撰儲伯陽行書貞元十四年正月立　金石録

唐論土洲記往復書

唐段文昌撰房式述正書無姓名貞元十七年十一月 金石録

唐土洲耆老思舊記

唐段文昌撰王玄同正書貞元十五年記元和十五年十一月建 復齋碑録

唐修仙都觀記

唐段文昌撰李師復正書大和七年正月五日 記 復齋碑録

唐題仙都觀詩

唐南車張次宗作大和八年五月十八日復齋碑録

唐仙都觀修齋靈感記

唐叚成式撰李騰書咸通四年五月十七日立復齋碑録

唐扶風公創造仙都觀天尊殿石像記

唐蹇宗儒撰尹翶正書并題額咸通四年十二月二十三日記復齋碑録

唐仙都觀老君石像記

唐馮涯撰尹翶正書咸通五年七月五日記復齋碑録

唐仙都觀新建南楼記

唐柳騈撰，楊珪書。咸通三年四月。記乾符二年七月建（復齋碑録）

唐仙都觀黄籙齋祥瑞詺

中和二年（諸道石刻録）

前蜀仙都觀石函取經記

杜光庭撰，正書。天復七年四月（復齋碑録）

後蜀仙都觀重刻盧播平敎詩

廣政五年十月三日，楊仁煦以舊本重刻（復齋碑録）

萬州

春秋戰國為巴地秦二漢屬巴郡建安中分屬巴東郡晉宋齊皆因之後周立安鄉南都二郡蕭立南州後改安鄉曰萬州南都曰懷德隋州郡並廢屬巴東郡唐武德二年立南浦州八年州廢屬夔州九年復立曰浦州貞觀八年曰萬州天寶元年曰南浦郡前蜀後蜀因之今縣二

南浦

武寧

漢真道冢地碑

真道冢地碑延熹七年真道以錢八千從真敖兄弟市此地廣二十二丈其文戒約後世作冢取土方隅但得宿山居留不得爭訟舍地怖之

以天帝誅疾勸之以勉崇孝道戒之以不得違犯先人之約字札秦碎不能盡通續隸

唐永州刺史冉仁才碑

唐張昌齡序李崇真行書弟子恂書名龍朔三年二月十二日立復齋碑録

唐岑先生銘

唐嚴浚撰正書無姓名乾元三年四月金石録

唐大雲寺岑公石洞誌

唐段文昌撰元和八年十月立在大雲寺復齋碑録

涪州

春秋戰國屬巴地秦二漢屬巴郡建安二十一年蜀分立涪陵郡晉因之後唐廢而復立隋開皇初又廢屬渝州唐武德元年析置涪州天寶元年曰涪陵郡前蜀後蜀因之今縣三涪陵樂溫武龍

漢廣漢綿竹令王君神道

建寧元年十月造縣令字作岑漢人淳質文字相近者多假借用之如縣令字人所常用而尚假借何耶金石錄

廣漢綿竹令王君神道九字微雜篆體綿字作日下木略與縣字相混故趙氏誤作廣漢縣令

而謂其借吝爲令也歐陽公博收並蓄碩功深
攷姓名字畫多有誤讀者德父治郡之餘專意
金石刻辨證亦甚精確獨此碑爲可笑耳隸釋

漢劉讓閣道題

劉讓所題十六字相傳云在蜀中閣道建寧者
靈帝年號漢碑書揵爲之揵皆作楗隸釋
建寧元年十月上旬工楗爲武陽劉讓題十六
字作一行金石録誤以此合之廣漢王君神道

唐相思寺彌勒古像記

光化三年五月二十一日復齋碑録

恭州

古巴子之都戰國爲秦所得并立巴郡二漢因之初平六年分巴爲二郡以江州爲永寧郡建安六年復爲巴郡蜀晉宋齊因之梁蕭立楚州西魏後周因之隋開皇初郡廢改州曰渝州大業初州廢爲巴郡唐武德元年曰渝州天寶元年曰南平郡蜀王氏孟氏皆因之皇朝崇寧元年更名今縣三

中巴 江津 壁山

晉夜郎太守毋稚碑并陰

晉故寧遠將軍綏蠻護軍夜郎太守毋有君之神碑隸額二十字君諱稚字君孫隆安三年歲運巳亥十月十五日主簿張熊等立

碑陰司馬行談指令巴西陳碑缺參軍事行夜郎

令巴西楊王等題名復齋碑録

晉義熙靈石社日記

石以二月社日　先鑒傳銘于圯必泰今大篡

既正皇晉中興西寇有獨盡之勢關洛有可乘

之兆年豐氣和物寧其極曠代冥徵復著于今

輒抑奉時仰協人會飛于命旅廟寧岷夏矣義

熙三年二月八日戊申社日記復齋碑録

唐渝州遊仙觀杜法師功德碑

唐韓太冲撰王義臨書法師諱隱居字貞幹垂

拱三年立復齋碑録

唐張萱靈石碑

天寶十五載正月

下十五碑並諸道石刻録

唐王昪靈石碑

乾元三年二月

唐郭英幹靈石碑

廣德二年二月

唐楊晃靈石頌

大歷四年正月

唐李全靈石詩

大歷十年正月

唐任超靈石碑

建中四年正月

唐賀若公靈石碑

温從撰大和七年二月

唐陳君從靈石銘

陳憲撰會昌四年

唐牟崇厚靈石銘

張孟撰大順元年二月

唐張武題記

景福元年三月二日

唐牟知猷靈石詩

景福元年三月十日

梁山軍

皇朝開寶三年以石氏屯田務立縣一

梁山

漢都鄉孝子嚴舉碑

都鄉孝子嚴舉碑崇七尺其二分之下橫有裂文近歲出梁山軍所傳者皆至裂文止石理皴剥文意間斷不知其尚有闕遺也予再得之始是全碑嚴舉姓名甚分明其碑有文有頌又有

辭曰十六句蓋嚴舉之父仕至郡守三女無男以舉為後舉能和顏奉親送終盡孝母氏年老事繼若真德刑州里官表門閭弟子共為立碑又有數行載邑官甄表之因顏稱其為父行喪服制踰禮延熹之七年也 隸續

漢嚴舉碑陰

碑云承廣漢蜀國王杜字文拒右尉犍為南安周位字惠照三十六人題名多稱弟子者 復齋碑錄

漢謁者北屯司馬左都侯沈府君神道

漢交阯都尉沈君神道

交阯都尉沈君二神道其上各刻朱雀其形相向知此蓋是一人猶王稚子闕盡書其所歷官也其下又刻龜蛇虎首所畫甚工此字及馮焕王稚子闕皆是八分書張懷瓘所謂作威投戟騰氣揚波者也 隸釋

雲安軍

開寶六年以夔州雲安縣置軍縣一

雲安

漢鄭子真宅舍殘碑

鄭子真宅舍殘碑所在其上十數字餘石碎矣首云所居宅舍一區直百萬繼云故鄉子真地

中起舍一區七萬凡宅舍十有二區其次有辝語有歲月云平四年上存四點必熹平也隸釋

漢金廣延母氏紀產碑

金廣延母徐氏紀產碑其辭云光和元年五月中旬金廣延母自傷紀考姓徐氏元初產永壽元年出門託軀金掾李本自此之後其方半滅所存者其下段耳徐氏歸于李本有男曰恭字子肅早終故立從孫廣延為後廣延弱冠而仕又復不祿碑云廣延年十八娶婦徐氏子肅亦有年十八字而闕其下文當亦是載其昏聘子

肅殘碑亦有妻字可證此碑字子肅之上有兩字不甚明上一字髣髴是恭其下頗類成字但漢人無二名而金恭有墓闕及殘碑皆云恭字子肅可以證廣延之子字子肅者即金恭也但恭之下多一字所不可曉隸釋

漢鉅鹿太守金君闕

鉅鹿太守金君闕七字今在蜀道不知其人也隸釋

漢處士金恭闕

處士金恭字子六字子下一字惟存一筆以墓

碣及金廣延母碑參之知其字子肅也此石圭首甚銳其上刻三足烏其次横刻此数字其下有一人執扇而乗馬兩旁有鐍銜環近歳出于雲安軍土中隸釋

漢金恭碑

金恭碑其石剥缺殘章少有可句者金掾季本即其父也二弟曰廣延曰雍直其母徐氏有紀産𥐊崖碑隸釋

唐楊雲外尊師碑

杜光庭撰在雲昇宫復齋碑録

福建路

福州

大都督府春秋為七閩地秦為閩中郡漢武帝為治縣屬會稽郡東漢因之吴分屬建安郡晉太康三年立晉安郡宋齊因之陳兼立閩州後改曰豐州隋平陳郡廢改州曰泉州大業初州廢立建安郡唐武德元年曰泉州景雲二年曰閩州開元十三年改今名天寶元年曰長樂郡後陞威武軍節度唐末為閩王氏所據石晉時入吴越後周改彰武軍皇朝太平興國二年復改威武軍今縣十二

閩縣　侯官　福清　懷安　長溪

連江　古田　長樂　永福　閩清

羅源　寧德

觀音寺古篆

篆書十字在福州永泰縣觀音院后（後）山上閩人黄孝立為予說曰山無名而甚高峻石皆頑無復鐫刻之迹如人以手指畫泥而成文文隨圓石之形環布之孝立嘗至廣州見南番人以夷法事天日夕拜金書字圖號天篆者視其與此正同然不能攷也今世人亦有以道家之言譯者之曰勤道守三一中有不死術亦莫得而詳焉集古錄

無名書凡十字體如篆籀其文非字書所有在福州永泰縣觀音院后（後）山上如以手指書石而

為之非人迹也集古録目

唐東山愛同寺懷道闍黎碑

唐栝州刺史李邕撰并書闍黎姓陳氏為福州愛同寺僧碑以開元二十五年七月立集古録目

大乘愛同之寺

唐李邕書諸道石刻録

唐般若臺題

唐李陽冰篆大歷七年立金石録

在神光寺石壁上大字二十四字著作郎蕭監察御史李貢造諸道石刻録

唐東山懷一律師碑

唐皇甫政撰褚長文正書丘悌篆額貞元八年四月十五日立復齋碑録

唐愛同寺西院大律師碑

唐劉太真撰于頔書貞元八年立諸道石刻録

唐貞元無垢浄光塔銘

唐庚承宣撰無書人名字篆額貞元十五年四月立諸道石刻録

唐東山愛同兩寺食堂畫壁記

唐馮審撰顔顒書篆額元和四年五月諸道石刻録

唐毬場山亭記

唐馮審撰分書無姓名篆額元和八年立復齋碑録

唐聖泉寺法華院記

唐劉軻撰大和四年立碑三面皆刻字諸道石刻録

唐新造上生院記

唐李貽孫撰正書無名大中六年四月十三日

立在神光寺復齋碑録

唐毬場山亭二十韵并序

唐福州刺史裴次元作大中十一年刻諸道石刻録

唐閩遷新社記

唐攝館驛巡官前進士濮陽宁撰書爲八分不著名氏福州刺史楊君（碑不著名）改立新社稷風雨壇遂託其壇壝室宇之制碑以大中十年十一月立（集古錄目）

其辭云大中十年夏六月関西公命遷社于州城凡築四壇壇社稷其廣倍丈有五尺其高倍尺有五寸生以石壇風師廣丈有五尺高尺有五寸壇雨師廣丈而高尺云文字古雅甚可愛嗚呼唐之禮樂甚矣其遺文有足釆爲州縣社稷有主見于此記蓋大中時其禮猶在也按唐

書楊發自蘇州刺史為福建觀察使至大中十二年遷嶺南節度以歲月推之關西公者楊發也集古録

唐九峯鎮國禪院額

唐柳公權書咸通二年八月八日題閣中記云在懷安縣北諸道石刻録

唐建天王堂記

唐盧檦撰咸通七年立諸道石刻録

唐神光寺碑

唐李勛撰盧元書并篆額咸通八年十二月

閬中記云神光寺在城内烏石山正西 諸道石刻録

唐定光塔記

唐黄滔撰進士劉璣書并篆額天祐二年立 諸道石刻録

唐南澗寺石像記

唐四門助教歐陽詹撰 諸道石刻録

晉尊勝經幢

李紹元書天福九年立 諸道石刻録

後周尊勝經幢并記

僧文璵記顯德三年立 諸道石刻録

後周外陽院置田記

大德亞山高述顯德六年十一月立諸道石刻録

漳州故羅漢禪師碑

張廣撰僧匡正書閩王昶通文元年建諸道石刻録

閩忠懿王德政碑

于競撰諸道石刻録

大潙延聖禪師碑

崔胤撰諸道石刻録

建州

春秋為七閩地戰國為越人所居秦屬閩中郡二漢屬會稽郡吴永安三年分置建安郡晋宋齊梁因之陳屬閩州後屬豐州隋平陳郡廢屬泉州大業初州廢屬建安郡唐武德四年立建州天寶元年曰建安郡唐末為閩王氏所有陞鎮武軍節度石晋時入南唐改永安軍又改忠義軍後降軍事

皇朝端拱元年陞建寧軍令縣七

建安　甌寧　建陽　浦城

崇安　關隸　松溪

唐黄畬廟記

唐吴安世撰并正書廣德二年六月初三日記

復斋碑録

泉州

春秋為七閩地戰國為越人所居秦屬閩中郡漢屬閩越國後及東漢屬會稽郡吳屬建安郡晉屬晉安郡宋齊因之後置南安郡隋平陳郡廢屬泉州唐初亦屬爲聖歷二年立武榮州三年廢久視元年復置景雲二年更名天寶元年曰清源郡唐末為閩王氏所有石晉時附于南唐陞清源軍節度皇朝太平興國三年改平海軍今縣七

晉江　南安　同安　惠安

永春　清溪　德化

唐三公亭記

唐四門助教歐陽詹撰　在東湖　諸道石刻録

廣南東路

廣州

都督府古蠻夷之地春秋戰國為百越秦立南海郡二漢因之建安十五年兼立交州吴永安六年分立廣州晋宋齊梁陳曰之隋平陳郡廢仁壽元年曰番州大業初州廢復立南海郡唐武德四年平蕭詵立廣州天宝元年曰南海郡後建清海軍節度五代為南海劉氏所據皇朝開寶四年收復今縣七

南海 番禺 清遠 增城 懐集 東莞 新會

梁羅浮山銘

梁廣州刺史河東王蕭缺撰參軍蕭世貞書中

大同元年立集古録目

廣貪泉銘

唐南海别駕陳元伯撰嶺南黜陟判官薛希昌倒薤篆書天寶五年四月立集古録目

唐張九皐祭南海冊

天寶十載三月刻復齋碑録

廣南海廣利王神廟碑

唐袁州刺史韓愈撰循州刺史陳諫書并篆額元和十二年廣州刺史孔戣重修南海神祠以十五年十月立此碑在南海庙中集古録目

韶州

春秋為百越地戰國屬楚秦屬南海郡二漢屬桂陽郡吴甘露元年分立始興郡晋因之宋改曰廣興齊復曰始興梁陳因隋平陳郡廢屬廣州唐武德四年平蕭銑立番州尋改為東衡州貞觀元年更今名天寶元年曰始興郡唐為盧光稠所據後入南漢今縣五

曲江 翁源 樂昌 仁化 建福

漢周府君碑

漢隸不著書撰人名氏韶州圖經云郭蒼撰初桂陽有瀧水人患其險太守下邳周憬字君光頹山鑿石以通之延熹三年故吏區祉刻石以

紀功并祉等故吏題名者三十二人在韶州樂昌縣昌樂瀧上周君廟中集古錄目

按韶州圖經云後漢桂陽太守周府君廟在樂昌縣西一百一十八里武溪上武溪驚湍激石流數百里昔馬援南征其門人轅寄生善吹笛援為作歌和之名曰武溪深其辭曰滔滔武溪一何深鳥飛不渡獸不能臨嗟哉武溪何毒淫周使君開此溪下合真水桂楊人便之為立庙刻石又云碑在廟中郭蒼文今碑文磨滅云府君字君光而名已訛缺不可辨圖經但云周使

君亦不著其名後漢書又無傳遂不知為何人也按武水源出郴州臨武縣鸕鷀石南流三百里入桂陽而桂陽真水梨溪盧溪曹溪諸水皆與武水合流其俗謂水湍浚為瀧韓退之詩云南下昌樂瀧即此水也碑首題云神漢者如唐人云聖唐尔蓋當時已為此語而史傳他書無之獨見于此碑也

余初得前本恨其名遂磨滅後有國子監直講劉仲章者因出其碑而為余言前為樂昌令因道府君事云名憬問其何以見之云碑刻雖闕

尚可識也乃以此碑并陰遺余蓋前本特模者不工尒並集古録

神漢桂陽太守周府君功勳之紀銘隸額周君名憬自固始相爲桂陽守碑云熹平三年歲在攝提仲冬之月曲紅長區祉與邑子故吏建碑于瀧上蓋靈帝甲寅年也兹水發源王禽山千渠萬澮下湊六瀧舟楫過之若奔車失轡在牛無糜喪寶玩流象犀積有日矣周君思夏后龍門之績感李冰離堆之事排治湍梗人淂利涉故紀其功勳銘辭全逼騷雅有孺子歌遺意韓

退之詩云南下樂昌瀧險惡不可狀者即謂此也樂史寰宇記云瀧上有太守周昕廟今碑在韶州張九齡廟中其名尚隐隐可辨蓋憬字也予嘗侍親度嶺留英州其郡東六有瀧問之云彼處壤沃宜稲而山甚高峭儻有鳥道負担者不可下土人斬竹為簰以器貯米寘其上俟雨至澗通隨飛瀑魚貫而下注于深澤入水底始再出碎于石者什五六謂之瀧如此隸釋

漢周憬碑陰

周璟碑陰宰曲紅者一人貫曲紅者十六人熊

君碑亦同兩漢書皆作曲江諸家地理書皆云水流屈曲故曰曲江惟水経云縣昔號曲紅山山之名也前書工女大功皆只同用紅字未知水経何所據也隸釋

唐廣果寺能天師碑

唐武平一撰正書無姓名開元七年立諸道石刻録

唐張九齡贈司徒告

建中元年諸道石刻録

唐中書令張曲江碑

唐廣州刺史嶺南節度使徐浩撰并書曲江名

九齡字子壽一字傳物韶州曲江人開元中官至中書令罷爲尚書右丞相貶荆州長史謚曰文獻碑以大歷中書撰長慶三年刻石集古錄目

唐張九皋碑

唐工部尚書蕭昕撰九皋孫曾州刺史仲方書九皋范陽人仕至殿中監以長慶三年立

潮州

春秋爲七閩地戰國爲越人所居秦屬南海郡漢屬南越後及東漢屬南海晋屬東宜郡安帝分立義安郡宋齊以後因之梁立揚州改曰瀛州及陳時州廢隋平陳郡廢立潮州大業初州廢復立義安郡唐武德五年曰潮州天寶元年曰潮陽郡五代爲南漢所有今縣二

海陽

潮陽

唐大顛禪師壁記

大顛名寶通壁記歷敘其所居并退之請大顛三書皆國初重刻無書人名氏集古録目

連州

春秋為百越戰國屬楚秦屬長沙郡漢屬桂陽郡吳晉屬始興郡宋明帝立宋安郡後廢屬廣興郡齊復屬始興郡梁立陽山郡隋平陳郡廢置連州大業初州廢置熙平郡唐武德四年平蕭銑立連州天寶元年曰連山郡唐末為楚馬氏所有後入南漢今縣三

桂陽　陽山　連山

梁靜福山寥先生碑

先生姓冲字清虛梁中大同年居此山唐連州刺史蔣玠立此碑　復齋碑録

唐真女峽楞伽臺置寺勅

大歷六年十一月　諸道石刻録

唐放生池銘

寶歷元年四月二十一日刺史蔣防立 復齋碑録

端州

古百越地秦屬南海郡二漢吴晋屬蒼梧郡宋齊屬南海陳立高要郡隋平陳郡廢立端州大業初州廢立信安郡唐武德元年曰端州天寶元年曰高要郡五代爲南漢所有皇朝建中靖國元年陞興慶軍節度今縣二 四會 高要

唐石室記

唐李邕撰不著書人名氏攷其筆蹟似張庭珪書疑張庭珪所書也集古録

唐李邕撰并書端州刺史畢守恭與僚佐游于石室爲此記以開元十五年正月立集古録目

李北海端州石室記樂史所謂嵩臺在高要縣北五里李邕有記即此記也按南越志高要有有石室自生風烟南北三門狀如人巧以為神都仙因名嵩臺焉記無書人名氏歐陽公疑為張庭珪書集古後録

唐石室題名

唐端州司馬李紳長慶四年遊石室題名集古録目

端州石室李紳題名云長慶四年二月自戶部侍郎貶官至此嗟夫黨議之興君子窮也初紳為翰林學士與李德裕元積稹號三俊李逢吉中

傷元稹擯德裕引相牛僧孺立黨相軋又用八關十六子之計必于陷紳會穆宗上賓逢吉言于新天子曰紳嘗不利於陛下遂自户部貶端州司馬牛李之憾益甚搢紳之禍四十年不解嗟夫余念之悲恨數日集古後録

唐石室題名

魏元忠書諸道石刻録

新州

古百越之地秦屬南海郡二漢屬合浦郡晉屬蒼梧郡穆帝分立新寧郡宋齊曰之梁立新州隋平陳郡廢大業初州廢屬信安郡唐武德四年平蕭銑立新州天寶元年曰新昌郡後改曰新興五代為南漢所有今縣一

新興

唐新興縣令光燕客清德碑

唐閻朝隱撰王麟行書景龍二年戊申九月十七日建復齋碑録

康州德慶府

古百越地秦屬南海郡二漢吴晉屬蒼梧郡穆帝分立晉康郡宋以後因之梁又立開陽原平羅陽等郡隋平陳郡俱廢屬端瀧二州大業初屬信安永熙二郡唐武德四年立龍州六年立康州天宝元年康州曰晉康郡瀧州曰開陽郡五代為南漢所有

皇朝開宝五年廢康州入端州尋獲立六年廢龍州入晉康郡今縣二

端溪　瀧水

唐新修龍母廟楼碑

唐李景休撰郭齊正書大和六年正月一日記

復齋碑録

英州

古越地戰國屬楚秦屬南海郡二漢屬桂陽郡吴屬始興郡晋宋以後因之梁又立衡州及陽山郡隋平陳郡並廢改州曰洭州開皇二十年州廢屬廣州唐因之五代時南漢立英州今縣二

直陽 浛光

唐南巖亭記并到雞篇

唐李蕃撰不著書人名氏湞陽縣南山岩上有石室縣令侯著因之以立亭故以為名河南府

唐果業寺開洞谷記

唐元傑撰不著書人名氏湞陽果業寺之東有石洞谷嘗有方士學道于其中其石座丹竈猶存歲久荒廢無復有跡傑與寺僧智提復開其路以元和十一年立此記集古録目

廣南西路

静江府

都督府古百越之地戰國屬楚秦屬桂林郡二漢屬零陵蒼梧二郡吳甘露元年立始安郡晉因之宋明帝改為始建國齊復曰始安梁兼立桂州隋平陳郡廢大業初州廢復為始安郡唐武德四年平蕭銑立桂州天寶元年曰始安郡唐末陞靜江軍節度為楚馬氏所有後入南漢今縣十

臨桂 興安 靈川 陽朔 荔浦

永福 修仁 義寧 理定 古縣

唐平蠻頌

唐韓雲卿撰韓秀寔分書李陽冰篆額大歷二年立諸道石刻録

按西原蠻在唐為邊患久矣自肅宗至德以来百餘年間諸蠻更相雄長作服作叛攻桂管十八州所至焚廬舍掠士女元道州所謂城池井邑但生荒草登高極望不見人烟蓋寔録也今此碑所序大歷十一年賊帥潘長安僞稱南安王誘脅夷蠻連跨州邑南距雕題交趾西控昆明夜郎北洎黔巫衡湘毒如彼其廣天子命隴西縣男昌巙持節招討擒獲元惡并其將率八十四人生獻闕下其俘虜二十餘萬並給耕牛種粮令還舊居勛烈如此之著其列傳俱闕而

不書歐趙集古金石之文又偶不得此碑入録鄉非事著於碑而碑録于余其遂無聞矣集古録目

唐新步虚詞十九首

茅山玄靜先生門人朝議郎守太府卿韋渠牟撰貞元十七年立字畫清勁（諸道石刻録）

唐新開隱山六洞記

唐都防禦判官侍御史内供奉吴武陵撰防禦衙推韓方明分書并篆額李渤遊于州之西山其溪谷潭洞皆人所未嘗至者遂名之曰隱山

構亭榭子其上以寶歷元年八月立此記集古録目

唐隱山六洞記

唐韋宗卿撰李方右書寶歷元年刻諸道石刻録

唐杜鵑花詩二首

唐張濬及嶺南節度使劉崇龜唱和杜鵑花詩二首前監察御史張儼書乾寧元年刻集古録目

唐新修堯舜二祠祭器記

唐趙觀文撰顔起正書并篆額乾寧五年八月十五日建復齋碑録

宣元綸書

諸道石刻録

容州

都督府古百越之地秦屬象郡漢屬南越後及東漢屬合浦郡晋宋以後因之隋為合浦永平二郡唐武德四年平蕭銑立銅州貞觀八年改為容州天寶元年曰普寧郡五代為南漢所有陞為寧遠軍節度皇朝開寶五年廢繡禺順三州入焉今縣三

晋寧 北流

陸川

唐景星寺碑

唐容州都督盧藏用撰并分書篆額開元四年立 諸道石刻録

唐元結德政碑

唐大歷中立諸道石刻録

梧州

古百越之地秦屬桂林郡
立蒼梧郡東漢建安八年
此十五年徙治番禺晉宋
梧郡隋平陳郡廢屬封州
唐武德四年平蕭銑立梧
曰蒼梧郡五代爲楚馬氏所有後入南
漢今縣一
蒼梧

唐氷泉銘

唐大歴間容州刺史元結撰貞元十二年正月
十六日韋武重修并書復齋碑録

柳州

古百越之地秦以後地理與象州同唐平蕭銑立昆州是年改曰南昆州貞觀八年又以地當柳星更名天寶元年曰龍城郡五代為南漢所有今縣三馬平洛容柳城

唐柳州山水記

唐柳宗元撰元初十年立諸道石刻録

唐重復大雲寺記

唐柳宗元撰正書無名篆額憲宗時立復齋碑録

唐羅池廟碑

唐吏部侍郎韓愈撰中書舍人沈傳師書柳州

刺史柳宗元歿而爲神州人立廟于羅池碑以長慶元年正月立集古録目

唐柳州井銘

唐柳宗元撰沈傳師書長慶三年立字畫頗不工疑後人僞爲然以子厚集本校之不同者數字此本爲善又恐土人摸刻不甚精好尒金石録

寶刻叢編卷第十九

寶刻叢編卷第二十

錢唐陳　思　纂次

諸書所録刻石地理未詳

西漢石刻

鄭三益闕銘

武帝建元二年自劉聰後屡以建元紀年此銘字畫非晉已後人書金石録

尉府靈璧甎文金石録作陽朔博字

陽朔塼字云尉府壺璧陽朔四年正朔始造設已所行字畫竒古西漢文字世不多有此字完

好可喜然所謂尉府壺壁人云已所行者莫曉其為何等語金石錄
尉府靈壁甎文四行十二字成帝陽朔四年造西漢字見于婁罷者皆是篆文此甎分行作碁局大眼數字畧有隸體與會稽路都尉闕頗相似趙德夫云士大夫攷正前代遺事其失常在好奇孔子曰君子於其所不知蓋闕如也予謂建元名年不止西都有之鄭三益闕全是晉人筆札趙乃定為武帝時碑深誤後學闕如之戒若何資州重刻讌然銘自竇憲之後誰曾再登

此山若當時椎拓者無緣留到今日兼東都之
初石刻未如此齊整一見可知其僞

隸释

東漢石刻

路君闕銘二

其一云會稽東部都尉路君闕永平八年四月
十四日庚申造其一云君故豫州刺史温令元
城令公車司馬令開陽令謁者議郎徵試博士
路君不知爲何人按漢書志建武六年省諸郡
都尉唯邊郡往往有之豈會稽邊海故置此官

欣又任延嘗為會稽西部都尉而此云東部疑當時會稽分東西部各置都尉史不載尔金石録

會稽東部都尉路君闕明帝永平八年造東都冢墓間石刻傳于後世者自此始趙氏云建武中省諸郡都尉唯邉郡有之豈會稽邉海故置此官欣任延嘗為會稽西部都尉而此云東部疑會稽分東西部各置都尉史不載尔予按衡方碑亦嘗為會稽東部都尉乃威宗之時則東都蓋有此官未嘗併省范史雖不具載而他書亦可稽據

豫州刺史路君二闕前闕七行二十七字書其所歷豫州刺史至徵試博士几八官後闕亦七行二十一字云會稽東部都尉路君闕其次書造闕年月日永平之八年也字畫蕭用篆體前闕人物之後小字一行却是隸文豫州前後各一人執杖負斂嚮字立東部之前亦一人執杖負斂又有一人正面立腰下垂佩兩手各有所執未亦一人執杖自斂而其前又有一人側面嚮字立于中亦有所執蓋是墓前双闕如王稚子高貫方之類但二闕無姓名此其異尓並隸續

延年益壽榑題字

延年益壽榑文三行十八字今在蜀中安帝永初七年造謂之萬歲延年益壽榑當是壽冢中所刻如梁相孔耽碑之類建初中曾叔文汝伯寧甎皆有萬歲舍之文恐彼亦是壽藏之物續隸

孝子董蒲闕

孝子董蒲闕其中刻一禽頗大兩傍各一獸銜環佩之屬甚類處士金恭闕禽之下横書七行云孝子澄鄉宜利里董蒲亦與金恭闕相類禽之右有一行云永寧二年三月辛巳朔十一日

辛邠掾李純有秩張成其閒数字難辨此闕先書年月朔日又有掾史姓名與墓門之闕不同必董君孝行著聞官為甄表而立此闕二獸不見下體恐所刊文辭或在其下隸續

馮君開道碑

馮君開道碑威宗和平元年刻凡六十九字紀其披山開道人民歡悦之利末有曹史孔固三人題名隸續

益州太守無名碑并陰

益州太守碑以朱爵為額龜蛇為趺龍虎銜璧

在其兩旁一宗碑也首云永壽元年三月十九日益州太守某君卒其姓獨刓滅或有謂之馮君者豈予所藏偶不明邪碑之左有功曹掾故吏題名四十八人皆屬邑建伶牧靡楪榆滇池穀昌俞元之人也僅有王李數姓可辨名字皆不具矣隸釋

益州太守碑陰有牧靡故吏三人題名在趺之右此碑刻五玉三獸下有牛首蜀中漢碑如是者有柳敏碑陰馮緄墓道雙排六玉碑又有單排六玉碑與此凡四隸釋

張休嵯渼銘

唐磨厓險路銘四言十四句威宗延熹二年三月刻末有張休姓名姑以名其碑其文謂此山高擬太山險比劔道上瓹彼蒼相去能幾行人過玆鮮不亟渧十數年前藏碑者得之蜀人令尤延之李仲南家有之續隷

封丘令王元賞碑

隷書不著書撰人名氏碑以延熹四年立王君嘗為封丘令辟司空府元賞其字也碑已漫滅元賞之名及其鄉里皆不可見故以其字稱之

集古錄目

碑云君諱某字元賞御史君之孫茂林君之子也歷泰及漢有國有家宰相牧守踵武相襲又云郡察孝廉郎中謁者莞陵丞封丘令毋憂去官服祥辟司空府延熹四年五月辛酉遺命而終其父字磨滅隱〻可見者如此其名既亡又不序其　惟其銘云於惟王君以此知其姓王尓集古錄

其姓名已殘缺所可見者字元賞而已碑云察舉孝廉郎謁者考工莞陵葉封丘令而銘文亦

有撫臨三國之語歐公集古録云為莞陵丞者蓋誤以葉字為丞尔碑陰載門生姓名有云右奔喪右斬杖三年者（金石録）

封丘令王元賓碑隸額兩行所存其下令碑二字歐趙皆以為王元賞予所得者却是元賞字畫分明非是測度其名彷彿是紹一碑之中不可識者纔數字王君以察孝廉為郎謁者故銘詩云宿衛帝側嘗宰莞陵葉封丘三城故云王用錫命撫臨三國以延熹四年卒（隸續）

封丘令王元賓碑陰

王元賓碑陰四横稱故吏者四人有名字郡邑者十數人餘皆凋落不偹其中有立碑錢各五百之文又有石奔喪石斬杖三年之文歐趙有其碑而亡其名碑云門徒雨集盛于誅泗故哀杖過禮等于事父惜乎碑名淪碎姓名不能盡見歐云碑有錢各五百字似是修廟人所記其可見者濟陰定陶蔡顥子盛山陰金鄉張諺季德又特有故吏字不知為何人祠廟按此碑既有故吏又有奔喪斬杖之文謂之修廟人題名非也威宗延熹四年立並隸續

蒼頡廟人名

延熹五年正月立歐陽公集古録云此碑有蓮勺左鄉有秩池陽左鄉有秩池陽集水有秩皆不知是何名號又有夏陽侯長衙祤侯長則是縣吏之名其字畫不甚精又無事𡨥可攷姑疑其名號以俟知者尒按前漢書張敞以鄉有秩補太守卒史後漢書百官志鄉置有秩三老游徼本注曰有秩郡所署秩百石掌一鄉人注引漢官曰鄉戶五千則置有秩風俗通曰秩則田間大夫言其官裁有秩尒然則有秩葢亦鄉吏

名也金石錄

平輿令薛君碑

碑云惟延熹六年春二月平輿令薛君卒烏虖哀哉吏民其咨咨君之德廼建碑石于墓之側其後有銘三百餘言叙述甚詳惟不載其名字世系故莫得而攷焉金石錄

漢故平輿令薛君碑隸額前有叙凡三十六字大畧云卒平輿以延熹六年二月卒吏民咨其德建碑于墓之側次有銘詩三百四言文雖無缺而不書其名字其云我君肇祖廼侯于薛者謂

夏之車正奚仲也續隷

蒼頡廟碑

文字殘缺其畧可辨者有云蒼頡天生德于大聖四目靈光為百王作憲而其銘曰穆穆聖蒼知為蒼頡碑也攷其歲月蓋熹平六年立金石録

右侍無名人墓闕

漢右侍之墓五字藏碑者宣和間中分為兩粘裝作帙漢官有左右署侍郎漢人題闕作碑多省文如郭仲奇為北軍中候而碑中省其北字高頤作北部府丞而題闕省其部字馮緄之右

郎中署字于文六省四侍字之下必有漫滅之
文為貼碑者所翦其左有光和三年四小字隸續

种氏石虎刻字
种氏石虎刻字光和七年四月五日己丑孝子
神覽元博所造趙氏得漢代兩墓石獸膊上字
宗資天祿辟邪是篆文州輔二獸所刻予訪之未獲
隸續

仲秋下旬碑
無名碑字畫清逸頗類故吏所立劉寬碑但石

損字缺所餘亡幾其云紀涒者歲在涒灘也仲秋下旬粤日辛者其所終之月日也又云辭病不降淹瘵累載知其久昔沉疴也銘云爰茲哀徵三命縮嬴知其嘗選貢也又云背爾嬪儷孤嗣禅䔍知其有妻孥也隸釋

頻陽令宋君殘碑

漢故頻陽令宋君表其篆額兩行獨不殘缺碑十行〻有七字惟聖賢之冑丕闡休敎朝廷咨謀來歸靈字数句成文趙氏所藏者亦是殘碑恐不至如斯之解也額之左有令丞簿尉五人

題名乃本朝官制其右有文云後漢潁陽令宋君碑記其碑云宋君漢良宰也鄉人冝之餘亦缺矣續隷

防東尉司馬李德碑

山陽府卒史防東守尉司馬君碑其名闕其字季德有所終之月日而其年則磨滅此云山陽府卒史防東守尉者以郡曹而攝邑官其本秩自如故猶今之兼權也防東二字頗晻昧難辨故趙氏以山陽卒史名之續隷

益州刺史薛君巴郡太守劉君碑

碑已斷裂不完惟存上一段而其額尚全題漢故益州刺史中山相薛君巴郡太守宗正卿成平侯相劉君碑〻古無兩人共立一碑者惟見于此爾金石録

漢故益州刺史中山相薛君巴郡太守宗正卿成平侯劉君碑隷額額雜篆體其碑髣髴二十行所餘其上一段他石斷裂不存矣第一行有益州刺史中山相薛八字第二行有巴郡太守宗正卿成八字第三行有惟二君三字餘皆不可句讀蓋前兩行各舉其官後行始是碑語與

廣漢屬國辛李二君碑正同其間有癸亥者及薛劉征討字殆是紀述平寇之事趙氏誤以為墓刻故云古無兩人共立一碑者又以劉君為成平侯相詳其額初無相字此蓋王子侯也

隸續

處士嚴發殘碑

處士嚴發殘碑所存十有二行〻凡十字其大畧載栢譚陳章所言處士嚴發有曾閔之行栖遲衡門誠于朋友引春秋衰儀甫之事後有聽表門閭復之文復下字闕蓋邑官稱嚴之行遂

表其門閭復其祖繇而碑之所由立也未有丞汝南畨君及戶曹掾題名當是其時官寮也其首行月日之下有彭城字乃其鄉國也此碑不見歲月疑其非漢刻雖字畫不工都不類魏晉以後書法續隸

征南將軍劉君神道

有漢征南將軍劉君神道十字大小與王稚子闕相類而剛勁過之惟後兩字刓損兩漢雜號將軍掌征伐背叛事訖則罷不常置也唐杜佑云四征興於漢代四安起於魏初四鎮通於柔

遠四平止於喪亂在光武時岑彭嘗建征南之號矣牛僧孺玄怪録載盧公涣爲明州刺史時有盜發漢征南劉將軍墓者盖在明之翁山縣其官氏偶同非此劉君也隷續

舉吏張玄殘題名

舉吏汝南張玄殘題名其可見者故吏河内一人門生東郡三人門生濟南二人門生平原任城各一人薛令有其官而亡其姓名惟虞升一人郡邑名字及所出錢無一字缺者漢碑稱舉將者有二外黄令高彪碑及三公山碑其自稱

舉吏者獨于此碑見之隸續

貞女羅鳳墓闕

漢貞女羅鳳墓六字筆勢甚清逸頗類景謁者墓表字之上以朱爵為額蓋墓闕也隸續

侍中楊文父神道

漢楊侍中文父之神道字體畧與馮幽州闕相似必西州所刻者隸續

蜀郡太守任君神道

漢蜀郡太守任君神道九字〻畫壯偉然不著名字鄉里歲月莫詳其為何人也金石錄

雍丘令殘畫碑

雍丘令殘畫像，其標題皆已磨滅，獨存泰山爲雍丘令一牓六字，所謂泰山者，疑是祢其所終之官，其書法亦猶朱浮碑云府君作令時之比。此畫形制甚有朱君者，但作一旁行，則與之不類，又人馬之形貌亦不類駕車，各以一馬，凡車之上有蓋，乘車者之後有一人爲其御也，惟第七車無蓋，而御者執斧，其次則導者二人各執其物，有如箭者，次二人乘馬，次導者又二人，然後至所謂雍丘令之車，次二人乘馬從之，復有一車惟見其馬與車之半輪餘則缺矣此刻及朱浮畫乃是寫其平生車騎之容納之幽穸者亦塗車芻靈之意後世神祠佛剎中圖畫于廊廡間有此類者隸續

成王周公畫像

成王周公畫像有標題者六皆偏而不正惟成王周公二榜不漫滅其間張幕設案有總角垂衰而中立者成王也冕而跪于東者曰周公則西者當是召公漢碑有龍虎者隨其文而觀之則先龍而後虎蓋以碑之所向為左右也立于

二公之後者六人其西三人則無標題皆有所執如弓矢之屬一馬在其後此碑所列諸臣翼如也與武梁朱浮畫像法式皆異雍丘令及此圖皆洛陽朱敦儒希真所藏者朱云齊魯間漢公卿墓中物亦不詳其主名武帝嘗畫周公負成王朝諸侯以賜霍光此畫之意良未諭也

隸續

孔子見老子畫像

孔子見老子畫像人物七車二馬三標榜四惟老子後一榜漫滅孔子面右贄鴈老子面左曳

曲竹杖中間復有一雁一人俛首在鴈下一物拄地若扇之狀石有裂文不能詳辨侍孔子者一人其後雙馬駕車〻上一人馬首外向老子之後一馬駕車〻上亦一人車後一人回首向外史記魯昭公予孔子一乘車兩馬一豎子同南宫敬叔適周問禮于老子此畫與聖輿兩驂似是據此隸續

陽都長徐君篆闕

鍾君碑

二碑無年月其字畫皆東漢人書金石錄

魏石刻

太保任公神道

魏太保任公神道七字金石録

蜀石刻

鄧芝闕

蜀户部尚書鄧芝闕銘九字又有小字題識漫滅不可讀莫知其為何代所立資古所録魏晉三國遺文獨無蜀刻姑以附卷中資古紹志録

西晉石刻

護羌校尉彭祈碑并陰

元康二年三月立碑云君諱祈字子京隴西襄武人也又云有詔以軍州始分河右未清豺狼肆害授君節蓋除護羌校尉統攝凉土前後軍功應封七侯勞謙退讓陰德不伐年未知命以太康十年三月癸酉薨西晉石刻見于今者絶少又多殘缺此碑文字完好可喜金石録

碑陰題名者凡三百十二人有故孝廉計掾計史良吏廉吏計左主簿領校録事中部督郵西部督郵軍議從事和戎從事記室督軍謀從事録事史户曹史賊曹史金曹史田曹史倉曹史

鎧曹史兵曹史客曹史記室史節史車曹史水部都督中部都督功曹典事武猛從事舍人蜀渠都水行事中部勸農西部勸農東都水蜀渠平水門下賊曹門下議生録事金曹掾兵曹掾作部史法曹史參戰騎督步督散督門下書佐弓馬從事監牧史戟史金曹典事武猛史門下通事門下小史凡一官多者十人少者不減數人其餘稱故吏者無官號者百六十餘人當時州郡官屬其濫如此蓋自漢以來太守皆得自署置僚佐彭君為邉郡守故其所辟尤衆今盡録

其名號以見一時之制焉金石録

鴻臚成公重墓刻

碑云永寧二年四月辛巳朔十五日乙未守鴻臚關中侯成公重魏夫人之靈柩金石録

青山君神頌

永安元年九月金石録

東晉石刻

夜郎太守母雜碑

隆安三年六月金石録

僞趙石刻

橫山李君神碑

碑題建武六年歲在庚子三月己亥二十一日癸丑立金石錄

後魏石刻

造三級浮圖碑

太和十二年七月金石錄

太尉于烈碑

景明四年四月金石錄

淮陽太守梁鑒碑

延昌四年十月金石錄

齊兗二州刺史傅公碑

孝明熙平元年十二月金石錄

兗州刺史羊使君碑

不著書撰人名氏君名缺不可見而有其字曰靈引太山平陽人也為京兆王愉長史愉將反君不從見殺詔贈兗州刺史謚曰威碑以熙平二年立集古錄目

瀛州刺史孫惠蔚墓誌

神龜元年五月立其名字鄉里年壽皆不載獨其末載贈官制書云故安東將軍銀青光祿大

夫棗強縣開國男孫蔚知其名蔚又云歸葬于世邑武遂知其為邑人也按後魏書儒林傳有孫惠蔚其所書事跡與誌皆合傳云先單名蔚正始中侍講禁內衣論佛經有愜帝旨詔使加惠號惠蔚法師焉金石録

叱閭神寶修閿城名

銘題右將軍西中郎將叱閭神寶銘又云維天魏神龜元年歲次戊午十一月壬午朔十日壬辰起功三十萬修治閿城并作館第敬造三級浮圖金石録

贈司空元暉碑

正光三年四月金石録

望都令侯宗碑

正光三年六月金石録

揚麴仁造老子釋迦文佛記

正光三年集古録目

僧會碑

不著書撰人名氏僧會名集安定朝那人碑缺亡其姓名任後魏至衞大將軍贈侍中司空碑以正光四年立集古録目

邑義一千人造像記
正光五年四月金石録

孟思文等造像碑
正光六年四月金石録

房曇淵等造像記
莊帝永安三年十月金石録

斛斯疋碑
不著書撰人名氏疋字眷敦河南洛陽人任後魏至驃騎大將軍贈侍中司徒謚武昭碑以永熙二年立集古録目

御史臺雙塔頌

永熙二年 金石録

大鴻臚卿鄭亂伯碑

無立石年月 金石録

東魏石刻

造石碑像記

天平元年十月 金石録

造寺碑

隷書不著書撰人名氏寺後魏太武帝所立東魏天平中〻軍將軍元景康重修不知其為何

寺也集古錄目

石像記

不著書撰人名氏石像邑人所共造盧江太守逢榮等刻銘以興和二年立集古錄目

三塚寺碑

不著書撰人名氏後魏缺人董興壽等造石佛像于三塚寺以興和二年立此碑集古錄目

張甲墓誌

興和二年十月金石錄

張奢碑

不著書撰人名氏殘缺尤甚奪之字及鄉里皆亡其可見者以興和三年葬尒其額曰魏故渤海太守張君碑以此又知其官爵姓氏也集古錄目

魏蘭根碑

興和四年金石錄

造石觀音像記

武定元年平南將軍焦永安造集古錄目

瀛州刺史李公碑

武定三年二月金石錄

樂陵太守劉公碑

武定二年二月金石錄

劉起貴造像碑

武定二年五月金石錄

比丘曇妙等造像記并題名

武定三年集古錄目

造石塔記

無書撰人名字氏魯郡白源寺沙門志紹村人

劉志義等造石塔記東魏武定四年刻其後題

名百餘人集古錄目

安州刺史赫連翊碑

武定五年四月金石録

鎮東將軍劉乾碑

碑云君諱乾字天自胡夷亂華典章文物掃地而盡至于名字書〻皆一出其私意而無復稽考可謂亂世矣若劉君者名乾字天豈不恠哉

碑無立石年月金石録

西魏石刻

化政寺石窟銘

文帝大統七年十二月金石録

造像記

大統十五年六月金石録

北齊石刻

九級塔像銘

不著書撰人名氏北齊天保三年衆造九級塔像之碑也其間多称後魏年號集古録目

不見書撰人名氏蓋北齊時所作也碑文淺陋蓋鄙俚之人所為惟其字畫多異往往奇恠故録之以備廣覽集古録

造像記

天保四年五月金石録

郭道尊等造像記

天保四年八月金石録

孫士淵造像記

天保五年九月金石録

建陵山修靖館碑

天保六年十月金石録

郁久閭業碑

天保七年五月金石録

石當門等造像碑

天保七年十二月金石録

李威碑

不著書撰人名氏威字鍾葵趙郡柏仁人此碑字畫古怪不可悉辯其題額曰大齊府君李公之碑以天保九年立集古錄目

造像碑

皇建元年金石錄

石像頌

皇建元年金石錄

閻亮造像記

比丘道常書齊武成河清元年九月金石錄

鳴球山禪房記

不著書撰人名氏前有比丘邑子題名其後有頌亦無書撰人名氏皆北齊人造經像立浮圖記也鳴球山碑以河清元年立集古錄目

捄疾經偈

河清二年二月金石錄

華陽公主碑

河清二年八月金石錄

權法師碑

河清二年十月金石錄

三像頌

不著撰人名氏北齊東豫州参軍宗元進書河清二年邑主宗士端等造释迦定先弥勒三佛石像作此頌其後有東豫州中兵外兵参軍宗歡儁等題名者数十人集古録目

造石浮圖記

不著書撰人名氏建州長史馮文顯等造石浮圖以河清二年刻此記題名者称維那或称佛主左右菩薩東西堪主其称號甚多凡百七十餘人集古録目

河清二年歲在癸未河清北齊高湛年號也碑文鄙俚而鐫刻訛謬時〻字有完者筆畫清婉可喜故録之集古録目

邑義人造像記

天統二年七月金石録

造雙塔碑

天統三年三月金石録

造石經并記

天統四年六月金石録

造石像記

無書撰人名氏南濟陰功曹高志遠等與邑人造石像記天統四年刻其後題名百餘人集古録目

趙志初造像碑

天統五年十一月金石録

後魏曹公碑

隷書其文之亡者過半書撰人與公之名字鄉里皆不可見公後魏人也孝昌中官至散騎常侍其子顯于齊爲侍中追贈公鴻臚卿趙州刺史謚曰宣以武平元年立此碑﹅之所存如此而已集古録目

龍華寺造浮圖碑

不著書撰人名氏據碑稱維那劉顯等于雙井村共造龍華浮圖一區爵離一區碑以北齊武平元年立釋氏謂寺為爵離今北朝石刻往往有之集古録目

隴東王胡長仁碑

武平二年四月金石録

觀音石像碑

武平二年八月金石録

造像記

武平二年九月（金石錄）

長樂王尉景碑

武平三年七月（金石錄）

白長命碑

武平四年立碑云公字長命而其名已殘缺長命白建之父也（金石錄）

唐邕造佛文

北齊散騎常侍中書侍郎李德林撰通直常侍中書舍人姚淵隸書驃騎大將軍録尚書事唐邕造佛像三萬二千軀以武平五年立此碑（集古錄目）

大安樂寺碑

武平五年四月立其額題廣業王大安樂寺碑廣業王者尉㲈命之子破侯也碑云魏末離亂㲈命營營護此寺其後破侯其與弟興敬復加營葺故立此碑金石録

開明寺弥勒像碑

武平五年八月金石録

賈羅侯等造像碑

武平五年十月金石録

造像記

齊武平五年張買等造像記有銘辭及題名不著書撰人名氏集古録目

邸珍碑

武平六年二月金石録

宗悦和等造像碑

武平七年七月金石録

唐邕造寺碑

隸書不著書撰人名氏北齊録尚書事晋昌王唐邕造四生延覺寺之記也不著所立年月集古録目

宜陽國太妃傅氏碑

其額題齊故女侍中宜陽國貞穆太妃傅氏碑

碑云太妃諱華清河丹丘人也按北史後魏置

女侍中視二品然本後宫嬪御之職今以宰相

母爲之惟見於此傅氏趙彦深之母有賢操事

載于吏金石録

贈司空趙奉碑

奉彦深父也碑云君諱奉字奉伯而北齊書及

北史但云名奉伯而已金石録

司空趙起碑

碑云起自滄州刺史還闕除吏部尚書判外兵省事遷光禄大夫以本官兼尚書左僕射出行懷州事轉膠州刺史封南泉郡王而卒金石録

永樂十六角題名

不著書人名氏刻石年月不知為何時所立永樂十六角者浮圖也題名凡二百餘人集古録目

永樂十六角題名不著年月列人名甚多皆無顯者莫可攷究不知為何時碑其字畫頗恠而不精似是東魏北齊人所書十六角者庸俗所造佛塔其後又書云造十六角鎮國大浮屠則

知為塔矣其謂之十六角只見此碑而後親時

又有常山義七級碑蓋當時俚俗語類皆如此

集古録

二聖寺龍華讚佛碑

造釋迦像碑

宋使君像碑

高隆之造像碑

以上四碑無年月或殘缺金石録

後周石刻

宇文衆造像碑

閔帝武成元年十月金石録

延壽公碑頌

保定元年三月金石録

于寔靈塔頌

不著書撰人名氏周大都督勛州諸軍事勛州刺史萬紐紐于寔所立塔頌也以保定元年立集古録目

同州刺史普六如忠墓誌

天和三年七月金石録

温州刺史烏丸僧修墓誌

天和七年三月金石録

降魔寺碑

後周鄖國公府長史拓跋寧奉教撰總管府兵賓曹謝威奉教書降魔寺者鄖國公宇文寬之所建碑以武德二年立集古

隋石刻

源使君碑

文帝開皇元年金石録

呂龜碑

開皇二年十一月金石録

北齊造像碑

北齊仁州刺史黄門郎劉狄之撰不著書人名氏邑人趙紹等造佛像記也不著所立年月據其記稱大齊而其後又題曰隋潞州司馬薛邈侍佛乃知隋人所追建也集古録目

北齊徐州張長史碑

開皇九年十月金石録

齊國太夫人楊氏墓誌

開皇十年三月金石録

鄂國公造鎮國大像碑

開皇十一年九月金石録

董明府清德頌

開皇十二年三月金石録

劉景韶造像碑

開皇十三年四月金石録

趙君寶塔碑

開皇十三年十月金石録

造像碑

開皇十五年九月金石録

李氏像碑

開皇十六年七月 金石錄

聖泉寺真應禪師碑

不著書撰人名氏其額曰聖泉寺真應禪師妙德碑真應禪師者姓蓋氏漢蓋延之後碑以開皇十七年立 集古錄目

王明府造像碑

開皇十七年八月 金石錄

五原國太夫人鄭氏墓誌

開皇二十年二月 金石錄

舍利塔記

仁壽元年三月金石録

舍利寶塔下銘

仁壽二年四月

栖岩道場舍利塔碑

仁壽二年金石録

願力寺舍利寶塔函銘

仁壽三年四月相州刺史薛胄建金石録

周羅睺墓誌

徐敞撰無書人姓名大業元年四月立而歐陽

率更在大業中所書姚辯墓誌元長壽碑與此

碑字體正同盖率更書也經時書學博士米芾善書尤精于鑒裁亦以余言為然羅睺名將隋書有傳金石録

海州刺史劉逵墓誌

大業六年十一月金石録

黄門侍郎𨚫旦墓誌

大業六年十一月金石録

平都治碑

大業十一年八月金石録

大都督袁君碑

大業十二年二月金石録

滏山石窟碑

虞世則造像記

造等身像記

以上三碑無年月或殘缺金石録

唐石刻

劉亮墓誌

正書無姓名武德八年十二月金石録

王悦等造像碑

正書無姓名貞觀六年五月金石録

宕渠令孟略碑

正書無書撰人姓名金石録

益州刺史裴鏡民碑

李伯藥撰殷令民正書貞觀十一年十月立令民與其子仲容皆以能書擅名一時而令民遺跡存者惟此碑耳筆法精抄不減歐虞惜不多見金石録

姜寶誼碑

正書無書撰人姓名貞觀十二年十月金石録

李先生碑

田世榮造劉君誥正書貞觀十五年五月金石録

樂鄉縣令長孫逈墓誌

正書無書撰人姓名貞觀十七年九月復齋碑録

神劔碑

正書無書撰人姓名貞觀十七年十月金石録

鄭國公殷元嗣墓誌

正書無書撰人姓名貞觀二十一年六月金石録

太府卿李襲譽墓誌

正書無書撰人姓名貞觀二十三年三月金石録

聞喜縣令江彥碑

正書無書撰人姓名永徽二年十月金石録

宜州別駕楊旻墓誌

正書無書撰人姓名永徽二年十二月金石録

房仁裕母清河李夫人碑

分書無書撰人姓名永徽三年六月立復齋碑録

潤州當塗令董智乘誌

諱智乘字希保隴西狄道人也顯慶二年七月

卒以三年二月二十三日窆于舊塋復齋碑録

乞伏士幹墓誌

正書無書撰人姓名顯慶三年五月金石録

隋辛奈墓誌

正書無書撰人姓名顯慶三年十二月金石録

紀公碑

正書無書撰人姓名顯慶四年三月金石録

齊興寺碑

正書無書撰人姓名龍朔二年六月金石録

改造彌勒閣碑

正書無書撰人姓名龍朔三年正月金石録

孫仁師百濟班師碑

唐前隨州光化縣尉馬大斌撰不著書人名氏

高宗既平百濟已而其國人復叛右威衛將軍孫仁師為熊津道行軍大總管伐而平之師還至都州刻石紀功以麟德元年立集古錄目

袁遊擊碑

遊擊子義愔撰并書遊擊名神通字玄濟河南宜陽人仕唐官至遊擊將軍右武衛唐興府左果毅都尉碑以麟德元年立集古錄目

唐立後魏郢州刺史劉寶碑

八分書無書撰人姓名麟德二年四月其孫立金石錄

紀國先妃陸氏碑
正書無書撰人姓名乾封元年十二月金石録
滁州刺史劉君碑
李儼撰顏有意正書乾封二年二月金石録
杜延基造心經
藴休奕正書總章元年六月金石録
曹王府典君劉公碑
趙務言撰正書無姓名總章二年二月金石録
張士相墓誌
正書無書撰人姓名咸亨四年二月復齋碑録

興昔亡單于阿史那弥射碑

正書無書撰人姓名咸亨四年二月金石録

幽州都督盧承慶碑

八分書無書撰人姓名咸亨四年五月金石録

越州長史李基碑

張太素撰行書無姓名上元二年九月金石録

尹府君碑

正書無書撰人姓名上元二年十二月金石録

李德攜造像碑

正書無書撰人姓名上元二年金石録

平原寺舍利塔碑

撰人名缺僧仁基正書唐上元三年二月金石録

金剛經

正書無姓名儀鳳三年四月金石録

觀音十大願品經

正書無姓名儀鳳三年四月金石録

陽翟侯夫人陸氏墓誌

周思茂撰正書無姓名開耀二年正月金石録

劉黑仁等造徘徊碑

行書無書撰人姓名永淳二年七月金石録

奉仙観老君像碑

李審幾撰沮渠智烈書垂拱元年金石録

趙君碑

正書無書撰人姓名垂拱元年十一月金石録

舍利塔銘

陳思順造正書無姓名垂拱二年二月金石録

周贈冀州刺史成公碑

楊炯撰正書無姓名天授二年二月金石録

周祭玄元皇帝碑

行書無姓名天授二年二月金石録

周冬官尚書李冲玄墓誌

正書無書撰人姓名證聖元年十月金石録

周南官昌墓誌

正書無書撰人姓名萬歲通天元年金石録

周賈烋清德頌

詳正學士張顯思撰正書無姓名萬歲通天二年九月建復齋碑録

周長安主簿龐君碑

行書無書撰人姓名神功元年十月金石録

周護軍王君碑

行書無書撰人姓名聖曆二年六月金石録

周舍利寶函記

篆書無姓名久視元年七月金石録

周許由廟碑

則天撰相王旦正書大足元年五月金石録

周閔居士夫人塔銘

正書無書撰人姓名大足元年十月立金石録

周栖巖寺詩

高宗則天撰韓懷信正書長安二年金石録

周都官郎中孔昌寓碑

盧藏用撰并八分書長安三年二月金石録

周思簡律師塔銘

正書無書撰人姓名長安四年三月金石録

周游仙篇

武后撰薛曜正書武后時立金石録

周堯廟碑

盧永慶撰劉濟物正書武后時立

周光武皇帝碑

正書無書撰人姓名武后時立無年月

胡元絢墓誌

不著書撰人名氏元絢字子寔涇州安定人官至雅州嚴道縣令碑以神龍元年立集古録目

王仲詳等造像碑

正書無書撰人姓名神龍三年正月金石録

徐有功碑

徐彦伯撰正書姓名殘缺景龍二年四月金石録

騎都尉劉君墓誌

正書無書撰人姓名景龍三年十月金石録

天竺寺碑

蘇頲撰蘇詵八分書睿宗景雲元年十月金石録

勝業寺双弥勒像碑

褚慶文撰趙冬曦正書景雲二年二月金石録

大雲寺石燈臺頌

景初陽撰殷子陽八分書景雲二年金石録

司農卿盧萬石碑

李義撰八分書無姓名先天元年十月金石録

元公浮圖祠堂頌

八分書無書撰人姓名先天二年八月金石録

導善寺大像碑

羅邈撰行書無姓名明皇開元〻年五月金石録

贈石僕射王洎碑
盧藏用撰甘献誠八分書開元二年二月立洎
字文洎王仁皎父也金石録
南亭記
王翼撰八分書無姓名開元二年三月金石録
辨機法師塔銘
趙冬曦撰正書姓名缺開元二年九月金石録
杭州刺史裴惓碑
族子〻餘撰孫令缺行書盧曉八分題額開元
三年九月金石録

陳延喜妻穆氏墓誌

齊望之撰蕭元晈正書開元六年正月金石録

鬱林観東嶌壁記

崔逸撰八分書無姓名開元七年正月金石録

永豐陂堰頌

徐嶠之撰并八分書開元七年

嘉禾寺禪院碑

徐楚璧撰姚思義八分書開元八年八月金石録

六公詠

李邕撰胡履虛八分書開元十一年刻初余讀

杜甫八哀詩云朗詠六公篇憂來豁蒙蔽恨不見其詩晩得石本入録其文辭髙古真一代之佳作也六公者五王為一章狄丞相别為一章云金石録

普寂禪師碑

盧鴻撰并八分書開元十二年正月金石録

神泉寺石經西塔銘

唐昭明撰田昌正書開元十二年正月金石録

明皇行次成臯詩

艾叙行書開元十三年十月金石録

崔慧爽傳

薛僅撰行書無姓名開元十四年二月金石録

彭思義建父至德碑

行書無姓名開元十四年金石録

濟源令蕭公墓誌

権徵撰正書無姓名開元十五年二月復齋碑録

房山湯記

張嘉貞撰行書無姓名開元十五年四月金石録

大雲寺丈八佛像記

叚履氷撰行書無姓名開元十七年九月金石録

老子廟碑

于璠卿撰房自謙正書開元十八年三月 金石録

東夏師資正傳

僧慧超述李岩正書開元十八年四月 金石録

曇榮禪師碑

崔禹撰蘇晛銘常鑒八分書開元十八年八月 金石録

貞法師旌德記

分書無書撰人姓名開元十八年十二月 金石録

阿弥陀佛讚

殷彦方撰鍾紹京正書開元二十年五月金石錄

源公石幢記

封利建撰賀遂回八分書開元二十一年金石錄

同州刺史解琬碑

蘇頲撰梁昇卿八分書琬武后中書朝為將有功開元六年辛開元二十三年五月立碑金石錄

相州刺史侯莫陳涉墓誌

鄭同昇撰盧自勵正書開元二十三年乙亥十一月壬子朔九日庚申復齋碑錄

光祿卿鄭曾碑

梁昇卿撰并八分書開元二十四年五月金石録

潁王府司馬蕭擢墓誌

正書無書撰人姓名開元二十四年十月金石録

傳菩薩戒頌

楊仲昌撰沙門温古行書開元二十五年六月金石録

定進岩碑

嚴浚撰蔡有隣分書開元二十六年十月金石録

述靈記

張嘉祐行書無姓名開元二十七年三月金石録

長孫君夫人李氏墓誌

正書無書撰人姓名開元二十七年七月金石録

忠武将軍王暕墓誌

行書無書撰人姓名開元二十七年十月金石録

内常侍趙泰宗碑

男尚容撰胡秀分書開元二十八年二月金石録

将軍慕容嘉勗墓誌

馮璩撰正書無姓名開元二十八年二月金石録

龍興寺淨土院碑

記并引慶等題名附（集古録目）

百家岩寺碑

崔巨撰崔倚正書天寶八年二月（金石録）

康珽告

徐浩行書天寶十年二月（金石録）

新安郡太守張公碑

韋述撰徐浩正書史惟則篆額天寶十年十一月（金石録）

鉅鹿郡夫人魏氏墓誌

李積撰薛邕八分書天寶十一年九月（金石録）

處子瑗墓誌

行書無書撰人姓名天寶十一年十一月金石録

四禪寺萬菩薩像記

趙子餘撰林混元八分書天寶十一年金石録

治浦橋記

蔡希綜撰并行書天寶十二年正月金石録

哥舒翰等造阿弥陀經

正書無姓名天寶十二年九月金石録

明皇注金剛經

八分書無姓名天寶中立金石録

南叟訓

祁順之撰皇三從姪延宥正書乾元二年三月金石録

鄂州長史游浦碑

分書撰人姓名殘缺永泰二年十一月金石録

永泰寺鐘銘

崔巨撰房集書大歷元年十二月金石録

亳州刺史劉瓌碑

路雖撰李著分書并篆額大歷二年十月金石録

義井記

邵真撰王佑書大歷六年三月金石録

特進梁公碑

王翛然撰王執行書大歷六年四月金石録

呂府君勅葬碑

喻伯僑八分書大歷六年五月立呂府君名恵恭僧大濟之父代宗朝元載王縉用事宗尚浮圖之法大濟為帝常修功德使殿中監故裒贈其父為兖州刺史官為營辦葬事爵賞之濫一至于此金石録

黄石公祠記并碑陰記

李卓撰八分書姓名殘缺大歷八年七月金石録

文宣王廟新三門記

裴孝智撰裴平分書并篆額大歷八年十二月金石録

恬石銘

樊晃撰張從申行書大歷十年十月金石録

章仇公夫人魏氏墓誌

李積撰薛邕八分書大歷十一年九月金石録

題朝陽巖詩

李舟撰并正書大歷十三年九月李當牛從詩

附録金石

蕭和尚靈塔銘

正書姓名残鈌德宗建中元年二月録金石

張茂昭功德碑

王𤅢撰并行書建中三年録金石

扶陽郡君韋氏墓誌

杜黄裳撰正書無姓名建中四年二月録金石

定光上人塔銘

吉中孚撰行書姓名残鈌貞元〻年十月録金石

均法師碑

沙門惟心撰高述書貞元三年五月金石録

安國大德律師塔銘

徐峴撰并正書貞元七年十月金石録

鄭叔清碑

于翰撰韓秀榮八分書貞元九年七月金石録

濟遠寺功德碑

郭邕撰劉雲行書貞元十年二月金石録

菩薩戒石壇記

沙門大觀述屈賁正書貞元十一年二月金石録

白楊新廟碑

令狐楚撰鄭造正書貞元十六年七月金石録

惠昕大師碑

齊推撰正書姓名殘缺貞元十七年金石録

萬州刺史苗極碑

張棨撰王德八分書苗端題額順宗永貞元年十二月金石録

大詈禪師碑

張和靖撰分書姓名殘缺元和二年七月金石録

國子司業辛璿碑

姪宗撰正書無姓名胡季良篆額元和四年五

月金石録

智浩律師碑

段文昌撰蕭延慶正書元和九年十二月金石録

紫王山禪師碑

李承翟撰屈師穆書元和九年金石録

太子賓客孔述睿碑

鄭絪撰鄭餘慶正書元和十一年六月金石録

太府寺丞李泳墓誌

令狐楚撰段全緯書元和十二年十一月金石録

太子少保田公碑

李宗閔撰篆書姓名殘缺元和十五年立文字殘缺以事攷之盖田弘正之兄融碑也弘正師魏詔以融為相州刺史使之相近碑為篆字題嵩山布衣書而名姓磨滅不可識其筆跡頗佳金石録

張誠碑

白居易撰武翊黄正書姪孫磻篆額長慶二年六月金石録

贈太保李良臣碑

李宗閔撰楊正書長慶二年立金石録

題恪石詩

世傳李德裕作長慶二年二月金石録

贈左僕射郭公碑

李宗閔撰蕭佑正書長慶三年八月金石録

相里友諒墓誌

撰人名缺王玄弼正書長慶四年十二月金石録

裴度白居易聯句

正書無姓名大和三年十二月金石録

春城院佛殿記

劉憕撰鄭師仁八分書大和九年五月金石録

皇甫曙題石佛谷詩
李道夷正書開成元年十月金石録
文宣王新廟碑
劉禹錫撰盧逵正書開成二年二月金石録
蔚州刺史馬紓墓誌
楊倞撰正書無姓名會昌四年七月金石録
會昌投龍文
唐武宗會昌五年内出脩金籙齋詞一告盧口
雲臺等治詞一帝自稱承道繼玄昭明三光弟
子南嶽炎上真人其詞皆叙南嶽節度衙推趙圓

月金石録

萬石君廟記
石晏撰王藩行書并篆額大中十三年十一月金石録

義昌軍節度使社中立碑
裴坦撰杜宣猷正書大中十四年八月金石録

禮部尚書許康佐碑
書撰人姓名殘缺大中〻立金石録

修繁城廟記
曹分撰篆書無姓名咸通十二年九月金石録

寂照寺雙浮圖碑

單江撰八分書金石録

栟陵陂詩

韋瓘撰正書金石録

通神寺鳳陽門銘

八分書無書撰人姓名金石録

尊勝幢贊

韓極文郭真行書金石録

玄元皇帝道德銘

李華撰張敬仙書金石録

後唐汾陽王真堂記

李稅撰李鶚正書朱帝清泰三年八月立鶚五代時仕至國子丞九經印板多其所書前輩頗貴重之余後得此記其筆法蓋出于歐陽率更然窘于法度而韻不能高非名書也金石錄

漢大藏經音序

郭忠恕撰并篆袁正己正書乾祐元年四月金石錄

寶刻叢編卷第二十

至正庚寅冬、溽于武林河下之書舖歸置于竹

江舊隐之凝清齋俞子中文誌

至順改元夏五月五日收此書本　保居敬記

寶刻叢編